Le Grand Cours Économie

Les Grands Sujets Pour Comprendre Notre Monde

一周一堂经济学课

为了更好地理解这个世界

［法］雷诺·夏图瓦尔（Renaud Chartoire） 著
［法］雷米·让南（Rémi Jeannin）

施晋捷 王钰婷 译

山西出版传媒集团　山西人民出版社

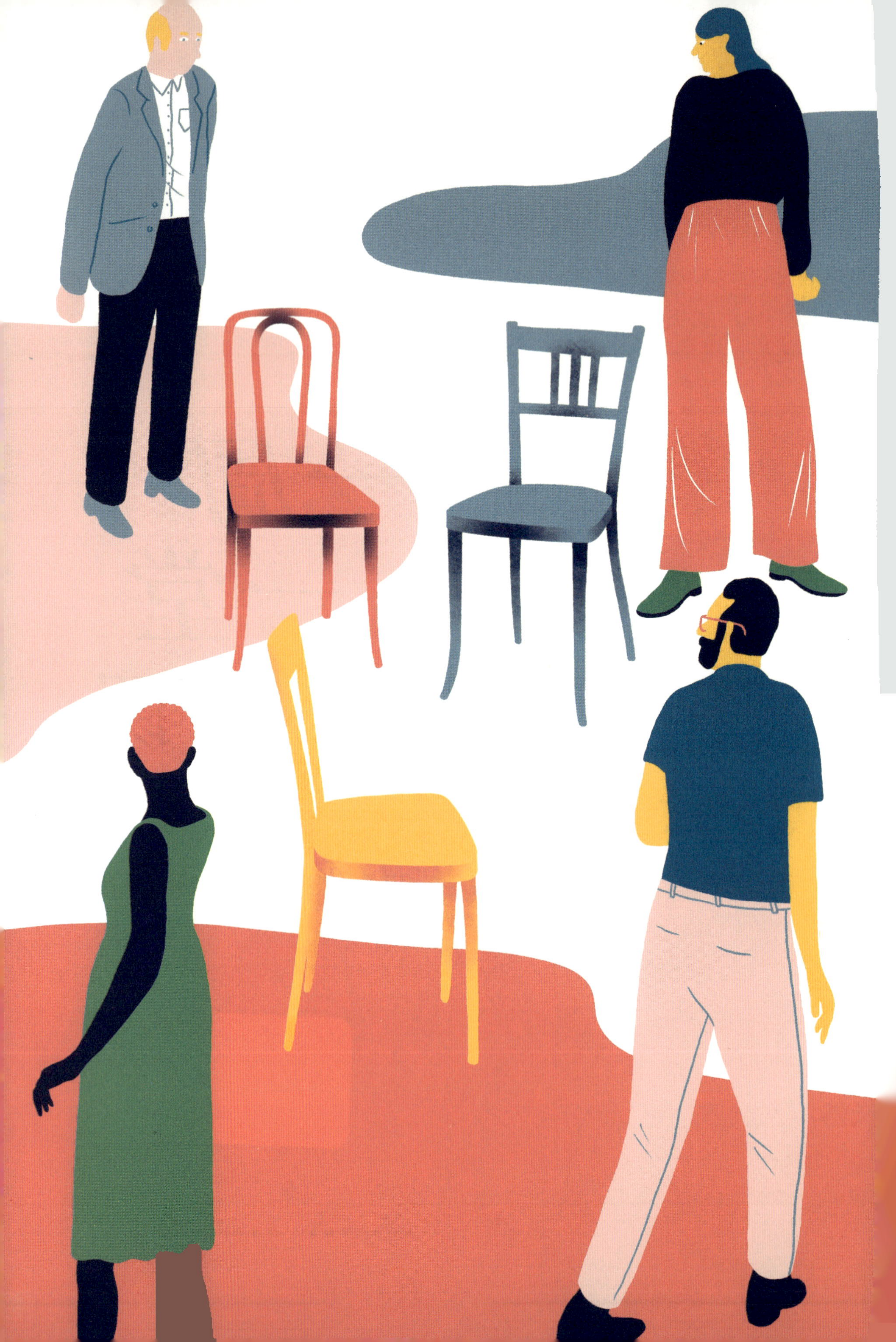

目　录

畅游经济学与经济学家的国度　　　　　　　　　　　　　　　　001

生产
1　生产是什么？　　　　　　　　　　　　　　　　006
2　谁来生产？　　　　　　　　　　　　　　　　　014
3　企业：利润，一切只为了利润？　　　　　　　　020
4　增长，是好是坏？　　　　　　　　　　　　　　028

劳动
5　机器人，对就业的冲击？　　　　　　　　　　　042
6　失业，无法避免？　　　　　　　　　　　　　　048
7　为什么薪酬不平等？　　　　　　　　　　　　　056
8　缩短工作时间，一个好主意？　　　　　　　　　064

交换
9　单一市场还是多市场？　　　　　　　　　　　　076
10　如何制定价格？　　　　　　　　　　　　　　　084
11　竞争：天堂还是地狱？　　　　　　　　　　　　092
12　无懈可击的市场？　　　　　　　　　　　　　　098

货币
13　一个经济体没有货币：这可能吗？　　　　　　　110
14　货币是如何产生的？　　　　　　　　　　　　　118
15　通货膨胀或通货紧缩　　　　　　　　　　　　　124
16　中央银行扮演了怎样的角色？　　　　　　　　　132
17　没有货币的国家？　　　　　　　　　　　　　　140

投资与筹款
18　金融是什么？　　　　　　　　　　　　　　　　152
19　金融公司的职能是什么？　　　　　　　　　　　160
20　金融资产的价格是如何确定的？　　　　　　　　168
21　金融对经济有害吗？　　　　　　　　　　　　　176

国家，经济的中心

22　作为生产者的国家？	**188**
23　为什么要再分配，又该怎么做？	**196**
24　国家需要稳定经济吗？	**204**
25　一个国家会破产吗？	**212**

全球化

26　全球化到哪一步了？	**224**
27　为什么国家要交换？	**232**
28　跨国公司有哪些战略？	**240**
29　全球化可逆吗？	**248**

经济与自然

30　经济发展是否消耗了太多资源？	**262**
31　经济发展会导致气候变暖吗？	**270**
32　该采取什么措施保护环境？	**278**
33　要放弃增长吗？	**286**

经济学家的小世界

之一　经济学家如何工作？	**036**
之二　我们是理性人吗？	**070**
之三　经济理论能否用于现实？	**104**
之四　经济学家是否只关注经济问题？	**148**
之五　我们能相信经济学家吗？	**184**
之六　经济学能让人获得幸福吗？	**220**
之七　经济学家是谁？	**256**
之八　自然：被遗忘的重要对象？	**294**

名词索引	**299**
本书提及的经济学家	**301**

畅游经济学与经济学家的国度

欢迎走进"经济学"！您对经济学多少有些了解，因为您每天都在实践，比如购买这本书。但您真的了解所有使之成为可能的经济活动与经济主体吗？

买书的时候您使用货币支付，这就牵涉到以中央银行为主导的整个银行体系。之所以使用这种货币，是因为国家不仅要求它在贸易中被接受，还要求使用它来支付税款。与所有其他书一样，这本书存在于一个市场中，在其中您可以比较作品各自的优点，然后根据您的喜好、价格、预期的品质做出选择，当然也有可能参考身边的人或互联网上的陌生人的推荐。还有生产者，不仅仅是设计和销售这些书的公司，还有那些生产纸张的公司，那些组织回收的公司，那些运输、储存和销售的公司，等等。还有国家，我们得再提一下国家，因为它建设并养护了道路，保障了劳动者的教育和健康，同时创造了能使所有参与者互动的规则。

经济学，熟悉的土壤

如上所言，经济学对每个人来说都是一块熟悉的土壤。从很小的时候开始，我们就已经是消费者了：食物、衣服、玩具、服务，其中有些是付费的（比如游乐园），有些是不收取费用或只收取少量费用的（比如教育和卫生，国家间情况不一）。我们也是生产者，但大多数情况下并没有意识到这一点：比如为全家人或班级旅行而制作的蛋糕，再比如我们为数据公司提供的数据，这些数据也换来了公司为我们提供的免费服务。我们也是纳税人（在学校对面的面包店买的糖果要交税），是"宅内"劳动力，是或货币支付或礼物赠送的经济交换中的一方，也是并不总被花掉的零花钱的储蓄者。同时，从我们出生的那一刻起，因为不断使用自然资源且生产生活过程中会产生废物，我们也就有了生态足迹。

这片熟悉的土壤，就是经济学。在这层含义上，它与英语中"经济"（economy）一词意义相近：生产、交换和使用财富的一系列活动。

遥远而未知的土地

然而，经济学也是一片遥远而未知的土地。当经济学家谈论经济学时，他们的言语间尽是专业词汇。这并非经济学所独有，所有的科学都是如此：分析现实需要建立起分类标准，并对现实中的事物进行分类，给它们贴上标签。谈论原子的物理学家、谈论分子的化学家、谈论细胞的生物学家，以及谈论经济主体、市场、价格、成本、国家、自然和环境的经济学家都是如此。这片遥远而未知的土地，也是经济学，在这层含义上，它与英语中"经济学"（economics）一词的意义相近：自称或被称为"经济学家"的学者群体的活动。早在公元前4世纪的古希腊，色诺芬就在《经济论》中创造出了"经济"这个词，用于指代家政（希腊语为oikos）管理的规则（希腊语为nomos）研究，亦即农业经营。但直到18世纪，某些学者才开始以"经济学家"自称，提出力求科学的研究方法：在理论与事实的对照中，分析并解释现实。这种方法从本质上来说是有政治意味的：物理学家的目的可不是用他对天体的知识来改变天体的运行轨迹，而即便经济学家自己否认，他们也总想用自己的学识来改善经济的运行。

这本书即是一次探索

我们邀请您打开这本书，开启一段特别的探索之旅。本次探索的领域主要覆盖您的日常生活、您的行动与决定、时下新闻，以及塑造我们生活的世界历史，事无巨细（最大的事也不过投票）。本次探索将划分为八个章节：生产、劳动、交换、货币、投资、国家、全球化和自然。

随着章节的进展和探索的深入，这块区域的全貌将一点一点在您眼前展现出来：其间的主要地点与主要人物、在那里要采取的行动、这片土地上闪耀至今的历史、各种运行规则等等。您可以从主题 1 通读到主题 33 来完成这次探索，也可以根据您自己的兴趣和各主题之间的联系、按照您自己的方式来进行。每一个主题里，都有绘制的简易图表来辅助您的探索。

有陪伴的生动旅程

通过陌生的视角探索熟悉的事物可能会让人望而生畏。这就是为什么这本书尽可能地以实例、故事和事实来切入。这样您才能更好地明白经济学家对这些有时具有欺骗性的现实情况的分析。您将会了解拍卖会上一幅突然被认定为达·芬奇画作的油画该如何定价，明白为何石轮或是扑克牌能作为流通的货币，理解隐藏在像在露天坐席上支付咖啡钱这样简单的行为背后的制度（或者说是规则），等等。

在这段旅程中，您还能接触到同行的探索者：从古希腊至今一直从事经济学研究的经济学家和其他学者。经过几代人的努力，他们构建起"经济学家的小世界"，其间有规则，有守护者，有一致，也有分歧。每一章末尾的八篇短文就以此为主题展开。

旅程结束后，面向全新的可能！

在这段旅程结束时，您不会成为一个经济学家，就像您从英国旅行回来也不会变成英国人，从中国回来也不会变成中国人。但是，正如小说家亨利·米勒所说，"我们的目的地从来不是一个地方，而是一种看待事物的新方式"（《大瑟尔》，1957 年）。美妙的旅程能滋养我们，因为它改变了我们对一些事物——那些我们曾经认为理所当然、实则不然的事物——的看法。

旅程途中或是旅程结束时，您可能会问自己这个相当重要的问题，它提醒着我们，经济学是一门关于集体构建的社会科学：为什么事情是这样的，而不是那样的呢？

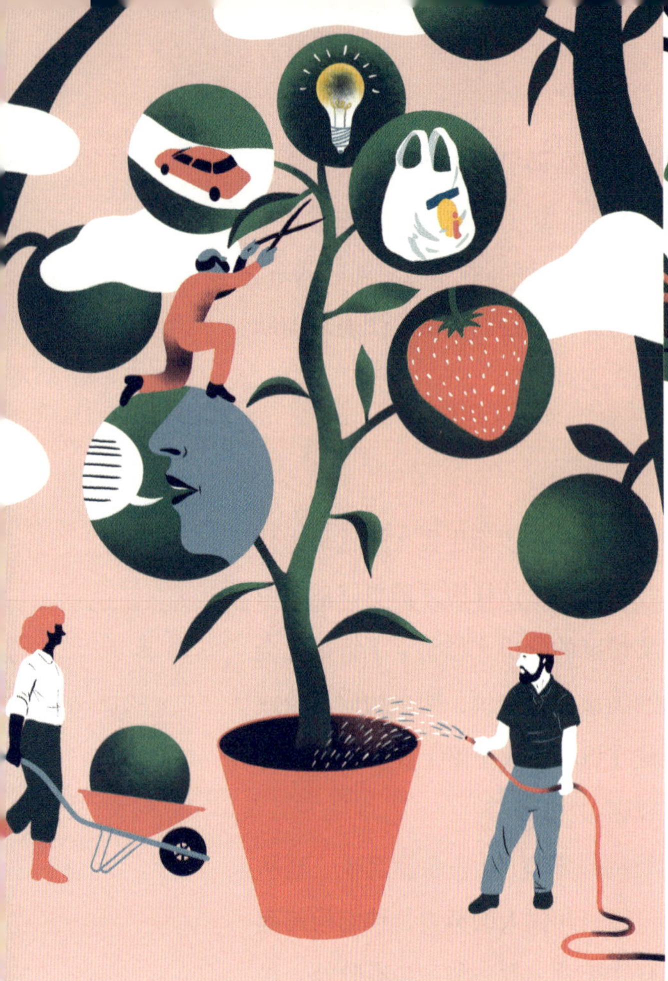
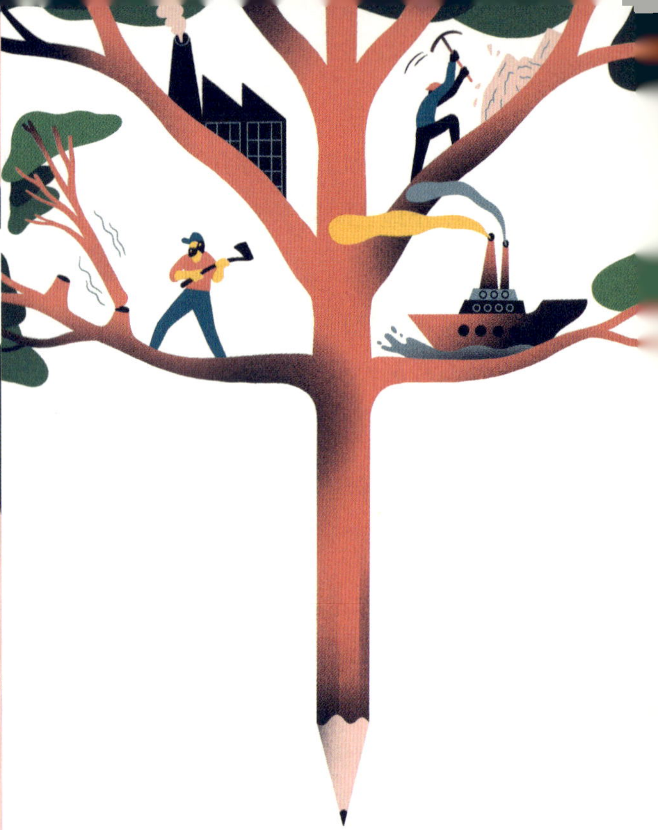
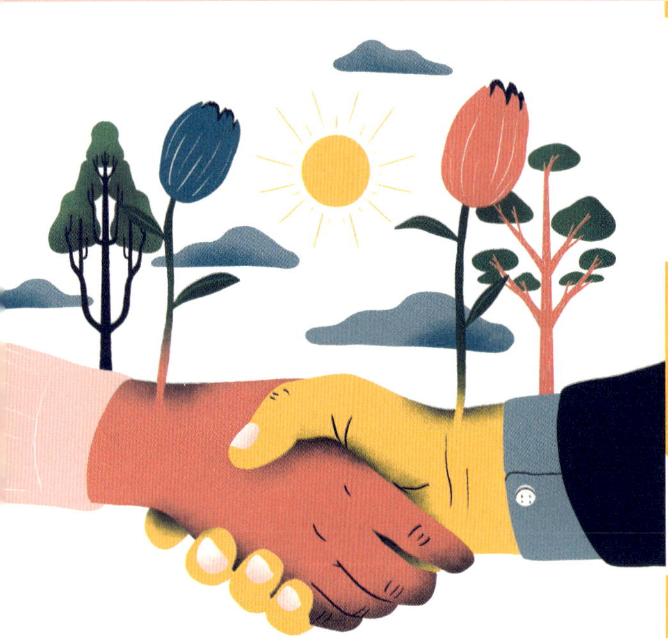
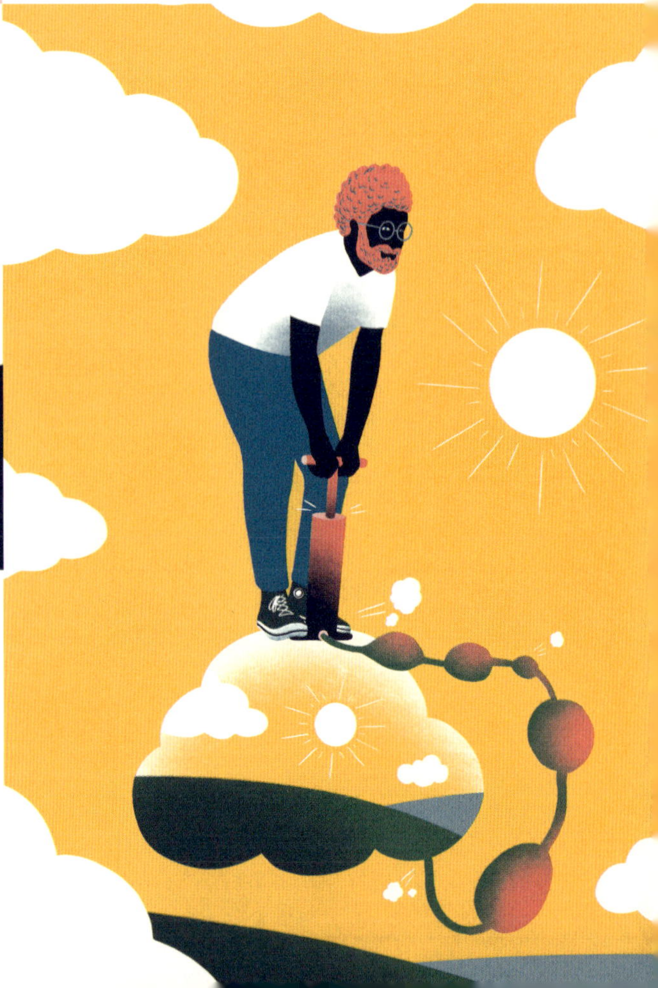

生 产

1. 生产是什么？　　　　　　　　　　　　006
2. 谁来生产？　　　　　　　　　　　　　014
3. 企业：利润，一切只为了利润？　　　　020
4. 增长，是好是坏？　　　　　　　　　　028

生产是什么？

如何用有限的资源满足我们无限的需求

从富足的神话开始说起

《圣经》的头几节讲述了亚当与夏娃如何幸福地生活在伊甸园里，他们无须劳动就能满足自己的需求，一生都在享用大自然的丰盛财富——而且他们是永生的。谁没有梦想过不动一根手指就拥有这种无止境的富足呢？但亚当与夏娃的故事结局并不好。这两位最初的人类违逆上帝，被驱逐出了伊甸园，从此只能在有限的生命里挥汗劳作，自给自足。

关于富足的原始神话在许多宗教和社会中都出现过，它揭示了人的境况：我们都是生活在**稀缺**中的凡人。事实上，我们所消耗的几乎所有东西都是有限的，因为它们是人类生产活动的结果。

即使是看上去最天然的东西，比如水果、蔬菜和谷物，也是生产的结果。唯一的例外或许是我们呼吸的空气，但这种情况还能持续多久呢？来自山涧的水或许也算是例外，但仅限当场饮用，如果必须汲取或运输，这水也成了生产的产物了。

生产，即是以旧创新

但生产究竟是什么？生产是消耗（例如能源）或转化（例如材料）从其他生产者那里购买到的要素，以创造出新事物，即产品。这些东西被称为**中间消耗**：它们确实是"被消耗"了，因为无论是被消耗还是被转化，它们都被使用了；但这种消耗是"中间的"，因为它被用来生产其他东西。

生产消耗并转化资源。

这种以旧创新的转变如何实现呢？这就需要调动**生产要素**：劳动与资本。

劳动指所有参与生产的人类活动，从我们游牧民族祖先的采集和狩猎到今天在

历史回顾

富足与稀缺的简史

狩猎采集者的生产：猎物很容易逃跑，因此狩猎十分艰难，必须找到浆果和其他陆生食物来吃。但史前人类学研究显示，狩猎采集者不需要很多时间和工具就能很好养活自己。因此，从历史的角度来说，富足的神话并没有错。

随着一万年前新月沃地（现在的中东）农业和畜牧业的出现，为了养活第一批出现的村庄和城市中人口更多、更密集的社区，食物的生产规模大大增加。然而，大自然并不能很好满足人的需求：种植谷物的田地会受到野生动植物、病害和恶劣天气的侵袭；灌溉需要大量的水；播种、监测、收获、储存、运输等环节一个都不能少。因此，我们今天吃的小麦不太可能是天然的：它是经过一万年的物种选育而得到的高产量品种。而这些品种在没有人类的情况下很难在自然界生存，就像牧场上的大多数奶牛一样。

自人类诞生以来，经济一直是关于生产的，而且是生产稀有的东西，因为自然提供的可能性是有限的，而人的欲望是无限的。

稀缺性

→ 在技术和社会现状的框架内，资源的可用数量有限、并可能低于需求的特征。

增加值

→ 生产通过调动劳动力与资本，在生产过程中因消耗或转化的中间消耗从而增加的价值。

营利性生产活动与非营利性生产活动

→ 利用劳动力和资本（如机器）将资源转化为产品的过程。如果产品在市场上以不低的价格出售，那么生产就是营利性的。如果产品是免费或几乎免费的，或者与生产成本相比以非常低的价格出售，生产就是非营利性的。

生产是什么？　007

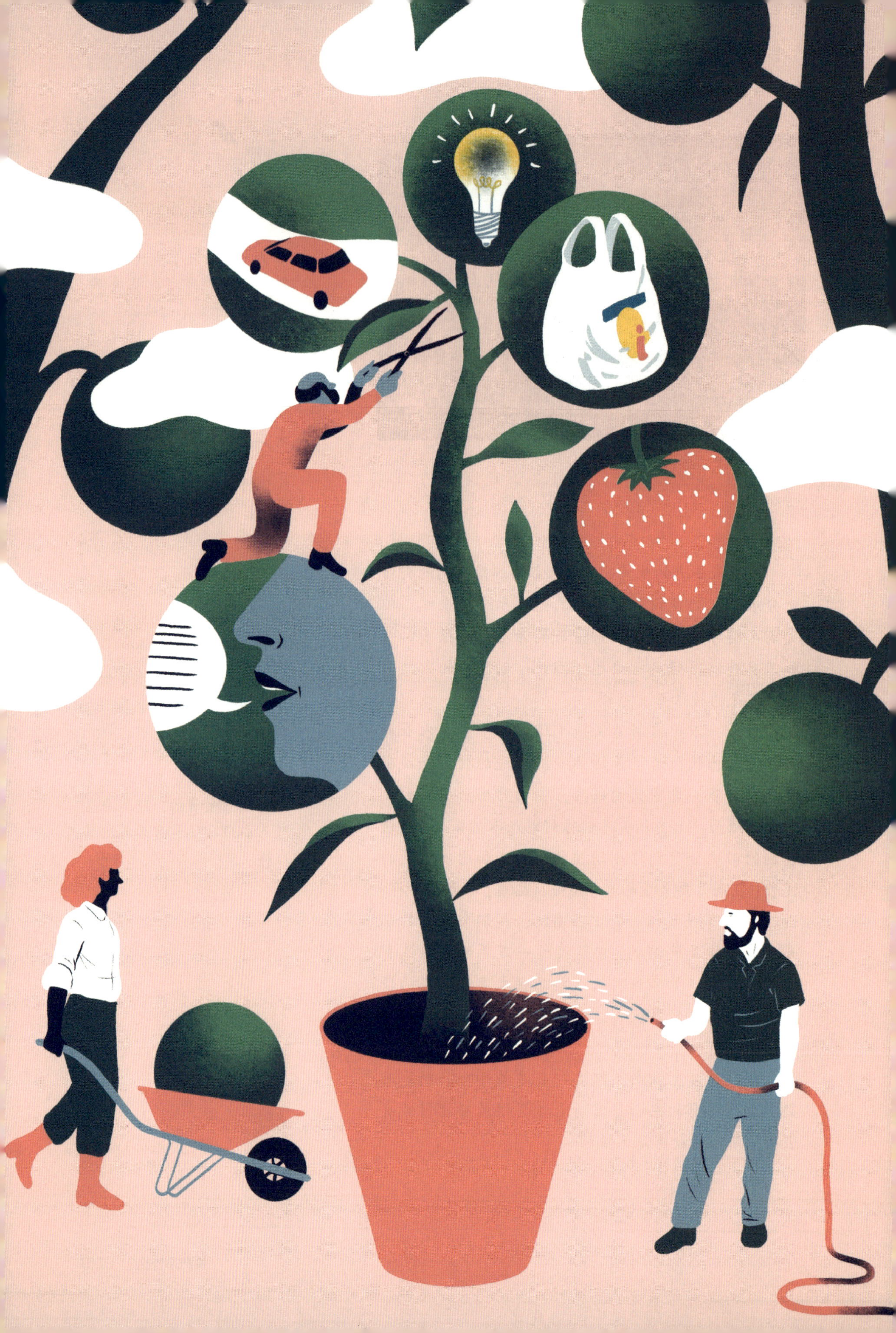

→→→

"我们消耗的所有东西都是人类劳动的产物,即使是那些通常被认为最'天然'的东西,比如小麦、土豆或水果。"

让·富拉斯蒂埃(1907—1990),
《我们为什么劳动》,1959年

电脑前度过的久坐时间，都是劳动。**资本**是劳动所必需的一切，但不会因生产行为而迅速被消耗或转化，比如提供生产场所的建筑物和生产所需的设备，还有软件、车辆等等。

有形的还是无形的？

产品不一定是有形的，也就是说不一定是**物品**。产品也可以是无形的，换句话说是**服务**。

追随 1776 年写下《国富论》的苏格兰哲学家、经济学家亚当·斯密的脚步，长期以来经济学家仅仅是将生产等同于物品。的确，只有物品能被储存和累积，能在一个时间被生产出来、另一个时间被消费。以医生问诊为例，它是无形的，因此被归为一种服务：它本质上是由医生的劳动生产出来的；这种产品似乎与生产它的劳动融合在一起；最重要的是，医生的咨询是无法被储存或累积的，因为您在它被生产出来的那一刻就消费了这项服务。法国经济学家让-巴蒂斯特·萨伊（Jean-Baptiste Say）曾赞同将生产仅归结为物品的分析。但在 1803 年，他为"新古典主义"经济学家提供了将生产的定义扩展到服务的关键性思路："生产不是物质的创造，而是效用的创造。"效用是每个人对事物价值的主观评价，比如可以用预备牺牲以完成生产的其他东西进行衡量：金钱、劳动时间、注意力、其他产品，等等。因此，医生生产的不仅仅是他的劳动，更是他劳动的成果：您带着一份诊断、一份治疗方案和一个也许好些了的健康状态离开了诊室。而您在健康、教育和文化方面得到的收获，不是作为物品堆

生产，就是创造效用，因此也就是创造价值。

积起来，而是累积在可能从中受益的每个人身上。

因此，生产是由物品和服务组成的，所有物品和服务都为使用它们的人创造效用，这也是满足需求的另一种说法。而效用本身也创造了价值。

如何计算生产

生产创造价值，而"增加值"能用来计算生产。**增加值**是产值与生产所需、被消耗或转化的要素——即"中间消耗"——的价值之间的差值。

巴勃罗·毕加索经常讲起一段轶事，此事也能彰显他的身份：生前不单是伟大的艺术家，还是"高增加值"的艺术家。一天晚上，毕加索去了金鸽餐厅，这家餐厅位于圣保罗-德旺斯，口碑颇好，他爱在那里和十几个人聚餐。某次吃完饭后，没有人愿意支付高额账单。餐馆老板很好说话："没问题，您在桌布上给我画一幅小画就行了。"毕加索照办，很快画了一只鸽子，但没

有签名。餐馆老板很惊讶，毕加索回答说："您看，我只是为这顿饭买单，可不是要买下整个餐馆！"一语破的，不失机敏。

此情景下，毕加索的增加值是他所生产的东西的价值（此时用高价来衡量）和必要的中间消耗的价值之间的差值，而这中间消耗实在微不足道（纸桌布、笔墨）。这就是毕加索为这些非常基本的要素增加的价值，这要归功于他多年的劳作和特殊的天赋。可不要轻易模仿：您大概不是那样高增加值的艺术家！

毕加索：高增加值的艺术家！

同样，牛仔裤、智能手机、法律咨询和演唱会都有不同程度的增加值。附加在中间消耗上的价值取决于熟练劳动与技术资本的炼金术式的结合。它还依赖构成一部分资本的无形要素，比如印在某些衣服上的商标（拉科斯特Polo衫的标志鳄鱼自1927年诞生以来产生了大量的增加值）或是给生产商的在期限内的独家许可证和专利。

不是所有生产出来的东西都有价格

不过，为了计算增加值，产品必须有一个可以用货币量化的价值。在市场上销售的产品就是这种情况，也就是**营利性生产活动**。在这种情况下，产值等于价格乘以生产数量。然后，从产值中减去中间消耗，就可以得到市场增加值。

其他产品不在市场上销售，也就是**非营利性生产活动**。它们是免费提供的，也就是说使用者不直接付钱，或者支付的价格极低。除了某些高速公路外，大多数道路都可以无偿使用，并由国家或地方当局维护，具体情

亚当·斯密
→（1723—1790）
苏格兰哲学家，著有经济学奠基之作之一的《国富论》（1776年），他在书中解释了国家的财富是由完全受自身利益驱动的行为者之间的分工来实现的。

让-巴蒂斯特·萨伊
→（1767—1832）
法国经济学家、古典经济学派代表人物之一，深受亚当·斯密和大卫·李嘉图的影响，创造性地提出了效用价值论。

况国家间不一。不过，它们的建设和维护都有中间消耗，并调动了劳动与资本，这些要素的费用都由国家税收覆盖。在这种情况下，既然产值不能由价格来定义，那么该如何计算增加值呢？按照惯例，经济学家将生产过程中的所有成本相加，来计算产值。这里的产值指的是不同集体提供这些服务（教育、治安、司法、国防等）的花费。非营利性增加值的计算方式同上：产值减去中间消耗。

无法计算的重要生产活动

不是所有的生产都可以通过增加值来计算，因为有些生产活动不仅没有价格，而且是通过没有报酬的中间消耗和生产要素来完成的。**家务劳动**尤其如此，这些活儿仍沉重地压在妇女的肩上。在家做家务会生产出一种自己消费的服务，一种非营利性的服务。但既然没有报酬，经济学家就没有办法直接计算这项活动的附加值，因此家务劳动的附加值并没有被算在**国内生产总值**中，后者指居住在一国之内的所有经济主体生产的附加值的总和。

因此，附加值的计算会漏掉一部分生产活动。就如经济学家让·富拉斯蒂埃（Jean Fourastié）所说，如果他与清洁女工结婚，就会使国内生产总值降低。当然，如果一个富有的女人与她的司机结婚，也会产生同样的效果。

因此，像所有的计算一样，生产的计算无外乎是约定俗成，我们需要了解这些规定产生的原因，也需要理解其局限性：什么被计算，什么没有被计算，以及为什么这样算。

如果我们算上
家务劳动的增加值呢？

从生产要素到生产

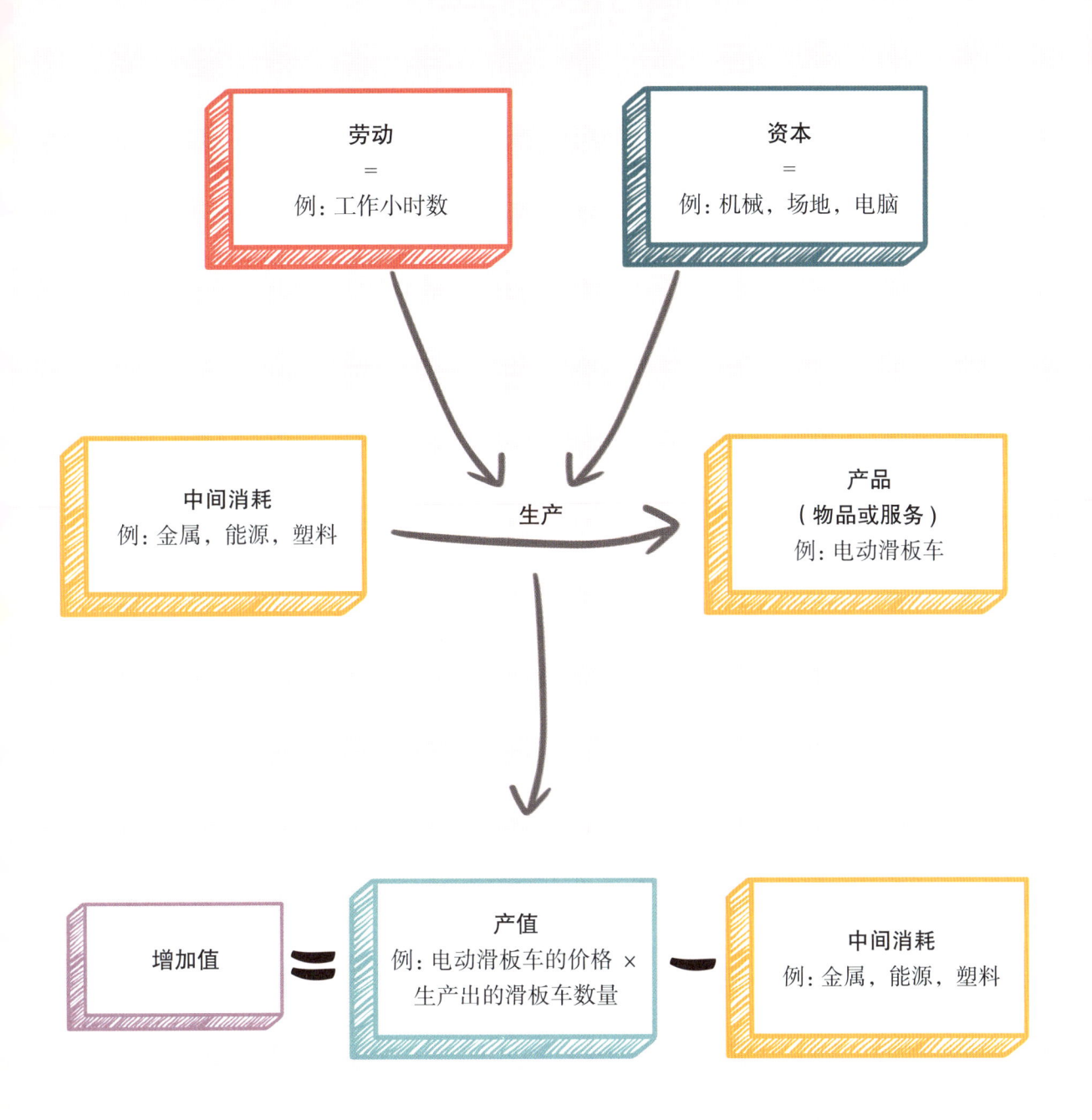

```
    ┌─────────────┐              ┌─────────────┐
    │    劳动      │              │    资本      │
    │     =       │              │     =       │
    │ 例：工作小时数 │              │例：机械，场地，电脑│
    └──────┬──────┘              └──────┬──────┘
           │                            │
           └──────────┐      ┌──────────┘
                      ↓      ↓
┌─────────────┐                                  ┌─────────────────┐
│   中间消耗    │          生产            →      │      产品        │
│例：金属，能源，塑料│                              │  （物品或服务）   │
└─────────────┘                                  │  例：电动滑板车    │
                            │                    └─────────────────┘
                            ↓
┌───────┐   ┌──────────────────────┐   ┌─────────────┐
│       │   │        产值           │   │   中间消耗    │
│ 增加值 │ = │例：电动滑板车的价格 ×   │ − │例：金属，能源，塑料│
│       │   │   生产出的滑板车数量    │   │             │
└───────┘   └──────────────────────┘   └─────────────┘
```

2

谁来生产？

一支铅笔的生产何以牵动全社会？

一个人是不知道怎么做一支铅笔的

没有比铅笔更平常的东西了……但没有人可以自己一个人完成铅笔制作的全部流程，从削出石墨铅和木制笔身到组装：可以试试看，就知道完全不可能。同理，烤面包机肯定是生产过程最简单的日常用品之一，比微波炉或冰箱都简单得多。英国设计师托马斯·斯韦茨（Thomas Thwaites）尝试迎战，想要自己做出一个在折扣超市里花5欧元左右就可以买到的基础型号烤面包机。他先拆解了买来的那台烤面包机，拆出了400多个零部件，并努力将机器的设计简化，但他仍然需要找到生产这些小到金属电阻、大到塑料外壳的零部件的材料。他花了9个月的时间，花费……比他在超市买的烤面包机多250倍。结果，做出来的烤面包机一插上电源，烤的不是面包，而是整个机器。

无论是简单还是复杂，都没有人能完全掌握制造我们使用的产品所需的所有技能。

生产背后，是市场"看不见的手"？

由此，自由放任主义经济学家伦纳德·里德（Leonard E. Read）写了一篇寓言故事：《我，一支铅笔》，后来同是自由放任主义经济学家的米尔顿·弗里德曼（Milton Friedman，1976年诺贝尔奖得主）也在广播节目中重述了这个故事。文中，铅笔以第一人称讲述了它是如何被众人合力生产出来的，从斯里兰卡的石墨矿工到南美砍伐树木的伐木工，再到美国铅笔厂的工人和厂长。这些人互不相识。他们都不是出于利他主义而劳动，也根本不是因为他们想创造牵动一整个文明的杰作——铅笔，而只是为了自己的利益，为了挣钱养活自己。

用亚当·斯密在《国富论》（1776年）中的话来说，这就好

历史回顾

大型企业的到来

18世纪末工业革命于英国、法国和荷兰开展之前，大部分生产活动是在家庭中进行的：那是一种农业生产，其中大部分产物由家庭自己消费，剩下的会被出售。

在农村家庭里也能看到工业革命的开始。纺织品和其他物品的工业生产有很大一部分依靠农村家庭为城市的制造商代工，使用的是水力和风力这种自然可再生能源驱动的织布机和纺纱机。

此前，大型企业一直被限制在金融和国际贸易这两项活动中。直到19世纪，随着大型城市工厂开始使用以燃煤为动力的蒸汽机，大型企业才得以在所有经济领域内发展。

生产组织

→ 将劳动力和资本结合起来以生产产品（物品或服务）的结构。

家庭

→ 共享同一个住所的一群人。

企业

→ 在市场上销售其产品的生产组织。当它是一个法律上独立存在的个体时，就成了公司，可以是私人的，也可以是公共的（国有的）。

公共行政

→ 进行非营利性生产或对生产收入再分配的公共生产组织。

非营利性组织

→ 私营生产组织（协会、基金会、工会、政党、宗教组织等），其产出不在市场上出售，或不计成本进行低价销售。
→ 进行非营利性生产或对生产收入再分配的公共生产组织。

谁来生产？

">>>

"我，一支铅笔，虽然看起来平平无奇，但也值得你惊奇和敬畏。……平平无奇吗？可是这个地球上没有一个人完整地知道如何制造我。"

伦纳德·里德，
《我，一支铅笔》，1958 年

像有一只**看不见的手**在引导每个生产者的利益走向一个目标，这个目标确实是他们行动的结果，但不是他们行动的意图，因为他们只是为了自己的利益。对斯密来说——当然弗里德曼和里德持同样观点——是**市场**使这种协调成为可能，它为生产铅笔所需的每个要素设定了价格：中间消耗（石墨、木材、油漆、能源等）、劳动（矿工、伐木工人、运输用船上的水手、工厂厂长等人的工资）、资本（矿主、林主、工厂主等人的利润）。

和所有寓言故事一样，弗里德曼和里德所讲述的故事包含着寓意：解放生产中的参与者，就让他们完成自己的事情，就这样去制造部件和产品，这样每个人都可以为了自己的利益自愿参与到全球生产中，且每个人只需要掌控很小的一部分。

不同组织的"看得见的手"

然而，这个寓言故事却忽略了参与铅笔、烤面包机和其他更复杂产品生产的重要角色。首先，令人惊讶的是，寓言中没有提及企业的作用，或者更普遍地来说，忽略了组织的作用，而过于强调市场的看不见的手的"神奇性"。

在**生产组织**中，并不是市场上的价格协调所有的活动。对劳动者来说，工资是由劳动合同确定的，雇员并不会每次当雇主要求他们完成新任务时都会去谈判津贴或薪资的变动。

罗纳德·科斯（Ronald Coase，1991年诺贝尔经济学奖得主）在其1937年的一篇科学短文中揭示了这一点，也因此名垂青史。科斯认为，市场交易中除了商品价格之外，还存在一种被他称为**交易成本**的成本：信息搜索成本、合同谈判成本、合同执行成本等等。组织是一种选择在内部进行某些生产活动以节约交易成本的结构。不过，当交易成本较低时，它们会在市场上购买某些产品而不是自己生产。因此，组织可能更愿意签订劳动合同、雇佣伐木工人，而不是

亚当·斯密
→（1723—1790）
苏格兰哲学家，著有经济学奠基之作之一的《国富论》（1776年），他在书中解释了国家的财富是由完全受自身利益驱动的行为者之间的分工来实现的。

罗纳德·科斯
→（1910—2013）
美国经济学家，发现了组织和市场在资源配置中的重要作用。他于1991年被授予诺贝尔经济学奖。

米尔顿·弗里德曼
→（1912—2006）
美国经济学家，提出了新古典经济学中著名的货币主义理论，强调通过控制通货膨胀来保持货币的稳定。他于1976年获得诺贝尔经济学奖。

伦纳德·里德
→（1898—1983）
美国经济学家，于1946年创立美国经济教育基金会（FEE），撰写了大量论文与新闻文章，旨在为基于自由市场、减少政府干预的经济体系正名。

花钱买伐木工的服务，每次都与伐木工人谈判砍伐和切割树木的费用。对于雇员来说，这份合同为他们确保了预先确定的工资，从而减少了不确定性。作为交换，组织及其管理者获得了决定如何利用工作时间的权力。

因此，在生产铅笔或烤面包机的公司中，员工只会因为雇主给他们下达了指令，才会从自己负责的生产活动转而从事另一项生产活动，并不会因为在"看不见的手"的作用下另一项生产活动的价格增加而转移活动。一般来说，"看不见的手"于企业与组织中，由其中的领导人引领。同时，各部门间协调的实现依赖于对利益相关者的活动进行某种形式的计划：管理。

营利性生产活动的参与者

在一个经济体中，生产由多种类型的参与者完成，经济学家称之为"经济主体"。其中一些参与者的生产活动以在市场上出售、覆盖生产成本为目的，因此属于**营利性生产活动**。另一些参与者进行的则是**非营利性生产活动**：他们不出售自己的产出，而使之惠及大众，或者根据与销售价格无关的其他标准对产出进行分配，即使产出有售价，也非常低廉。

一部分生产是由组成**家庭**的个人，即所有在同一屋檐下生活的自然人完成的。一个家庭可以生产物品或服务，其中一些可以在市场上销售，但大部分不能销售（比如家务劳动）。直到19世纪初工业革命之前，大部分生产都在家庭内部进行。

对于那些以个体劳动者身份参与劳动的人来说，比如数字平台上的送货司机（亚马逊、优步、户户送等），情况仍然如此。家庭成了**个体企业**：因为它生产的东西在市场上销售，所以是一个企业；但它也是个体的，因为在法律上，企业和个人只是同一人。尽管数字化为人们提供了新的自主创业机会，但个体劳动者变得越来越少（在高收入国家，个体劳动者占比不到十分之一）。现在，生产越来越复杂，规模也越来越大，大到与全球市场相关联，比如全球铅笔市场及相关跨国公司。

因此，现在有很大一部分生产是在规模更大的企业内进行的，这些企业不再是个体的，而具有**公司**的法律地位。从法律上讲，创办企业的自然人或法人（其他组织）决定赋予这个实体法人地位，以便公司拥有特定的账户、权利与义务。举例来说，世界上第一家铅笔制造商是一家名为辉柏嘉的德国公司，而它起源于18世纪纽伦堡地区一个木工家族。一些国家所有的公营企业同样如此，比如法国的国家铁路公司（SNCF）。

非营利性生产活动的参与者

其他组织进行**非营利性生产活动**，他们不在市场上销售他们的产品，或者以不覆盖生产成本的价格进行销售。所有

公共行政部门都是如此，它们集合在一起就形成了国家。公共行政部门提供的"非营利性"服务以对社会所有成员的强制性征税作为资金来源。其中一部分服务能惠及所有人，比如公安和司法带来的安全。其他服务对一部分人有益，比如教育和卫生服务。国家并不是唯一进行非营利性生产活动的组织。政党、工会、宗教机构和慈善组织等**私人非营利组织**也提供这种服务，以成员的自愿捐款作为资金来源，生产出服务后免费发放。

市场生产参与者之间必要的互补性

经济的运行依赖于这些组织间的互补性，无论它们是私人的还是公共的，是营利性的还是非营利性的。每个组织的生产都源于这种互补性。因此，由于没有人能够独自制造出一支铅笔，我们需要整个社会，甚至更广泛的合作来进行生产。

生产铅笔的企业使用了道路和其他运输所需的基础设施，且无须付费。企业也雇用了受过教育的劳动者，并因他们的技能而受益。企业在一个法律规范、安全有保障的国家进行生产。企业可以依靠免费的技术和科学知识来生产某些部件，并通过专利来保护自己的创新。实际上，正是辉柏嘉的创始人之一洛泰·冯·法贝尔（Lothar von Faber）在1875年发起了一项请愿，促使德国政府设立了知识产权法。每个经济体、每个社会在市场或非市场、私人或公共的不同范围内都做出了不同的选择，这些独特的组合体现了不同的价值观与折中方式，并有可能随着时间的推移而发生变化。

总而言之……

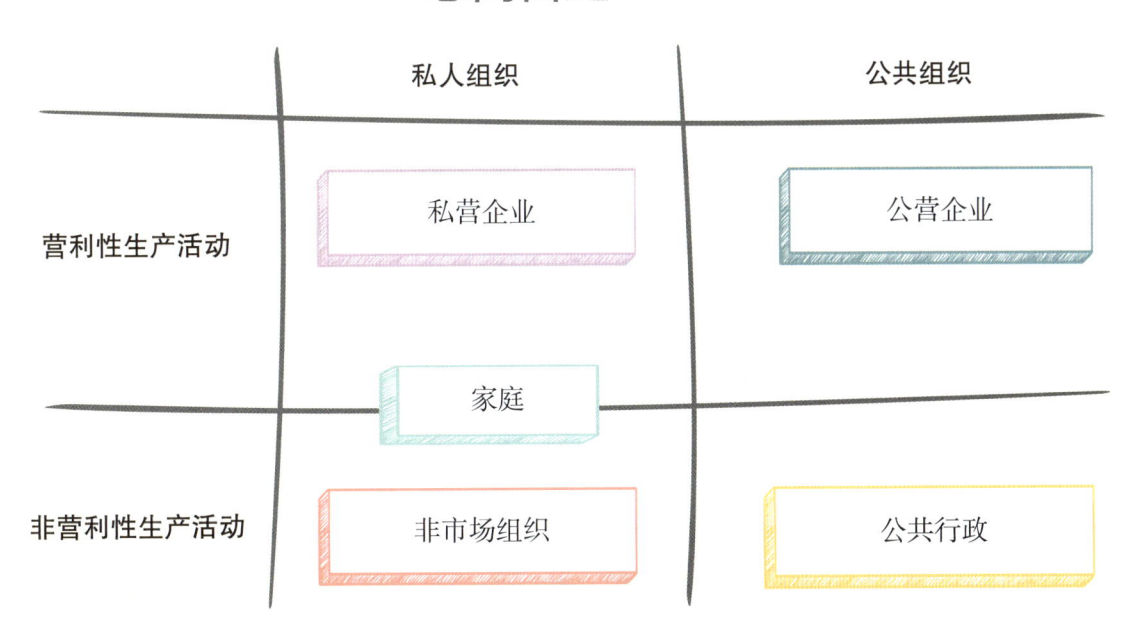

	私人组织	公共组织
营利性生产活动	私营企业	公营企业
	家庭	
非营利性生产活动	非市场组织	公共行政

谁来生产？

3 企业：利润，一切只为了利润？

具有社会和环境责任的法人

技艺人（拉丁语为 homo faber），利益相关者与股东之间

2021年，迫于少数不满的股东的压力，达能集团的首席执行官范易谋（Emmanuel Faber）被董事会解雇。2020年，他通过股东大会将达能转型为"使命型公司"，既追求盈利以回报股东，又追求"通过食品为更多人带来健康"的使命，同时制定了社会和环境目标。达能集团的创始人安托万·李布（Antoine Riboud）在1972年就曾说过："企业考虑到所有利益相关者并非出于信仰，而是出于理性：没有企业能在一片荒漠中繁荣发展。"

达能集团的做法与其竞争对手并没有太大的区别，但它强调将所有**利益相关者**（股东、员工、管理层、分包商、国家、客户等）纳入决策过程，这与几年后爱德华·弗里曼（Edward Freeman）提出的理论中的治理模式不谋而合，而与认为治理只属于股东的观念背道而驰。

能否改变企业的治理方式并将这种权力扩大到更多人身上？

一个具有社会和环境责任的企业？

一家企业是否仅应以追求利润最大化为唯一目标，还是作为社会一分子，应该**具备社会和环境责任**？该如何解读范易谋被解除达能集团首席执行官一职？这是否仅仅因为企业的经济战略出现了问题？或者说这一解雇是否意味着社会和环境责任无法兼容股东的要求？

利润对企业至关重要

首先，值得注意的是，**企业**的最大特点就在于其资

历史回顾

从管理资本主义到股东资本主义

19世纪末20世纪初，大型企业的快速发展使其不得不寻求越来越多的资本。1932年，阿道夫·伯利（Adolf Berle）和加尔迪内·米恩斯（Gardiner Means）观察到，在美国，超大型企业的第一大股东很少拥有超过5%的股份。与此同时，股东们开始聘请越来越有能力的管理者，以领导这些日益复杂的组织结构。于是，资本的所有权（极度分散）与企业的管理权（通常不是由股东担任）发生了分离。

在这种背景下，**管理资本主义**在1970年代之前得以确立，管理者掌控着企业的命运，并追求不同于股东利益的目标。

1980年代开始，金融全球化使形势改变：企业的融资越来越依赖于股东，这些股东善于利用约束和激励机制来引导管理者决策，以符合自己的利益。在这种**股东资本主义**中，股东重新回到了企业治理的前端。

1986年，华盛顿州雷德蒙德：比尔·盖茨，微软的所有者和创始人，站在数百件微软产品前拍照。3月，微软首次公开发行250万股的股票。年底时，31岁的比尔·盖茨成为亿万富翁。微软是第一家以其MS-DOS系统和Windows系统主导个人电脑市场的公司。

利润
→ 销售收入（即销售额）与总生产成本之间的差异。

营利性
→ 指企业将部分利润重新分配给所有者的目的。

管理
→ 所有规章制度的集合，用于组织机构的决策制定，并影响其旨在实现的目标。

利益相关者
→ 指可以起到影响或受到企业决策影响的各方（股东、雇员、管理层、分包商、债权人、国家、公民、以协会为代表的消费者等）。在英语中称为"stakeholders"。

总生产成本 / 生产成本
指组织在特定时期内为生产所承担的全部成本。

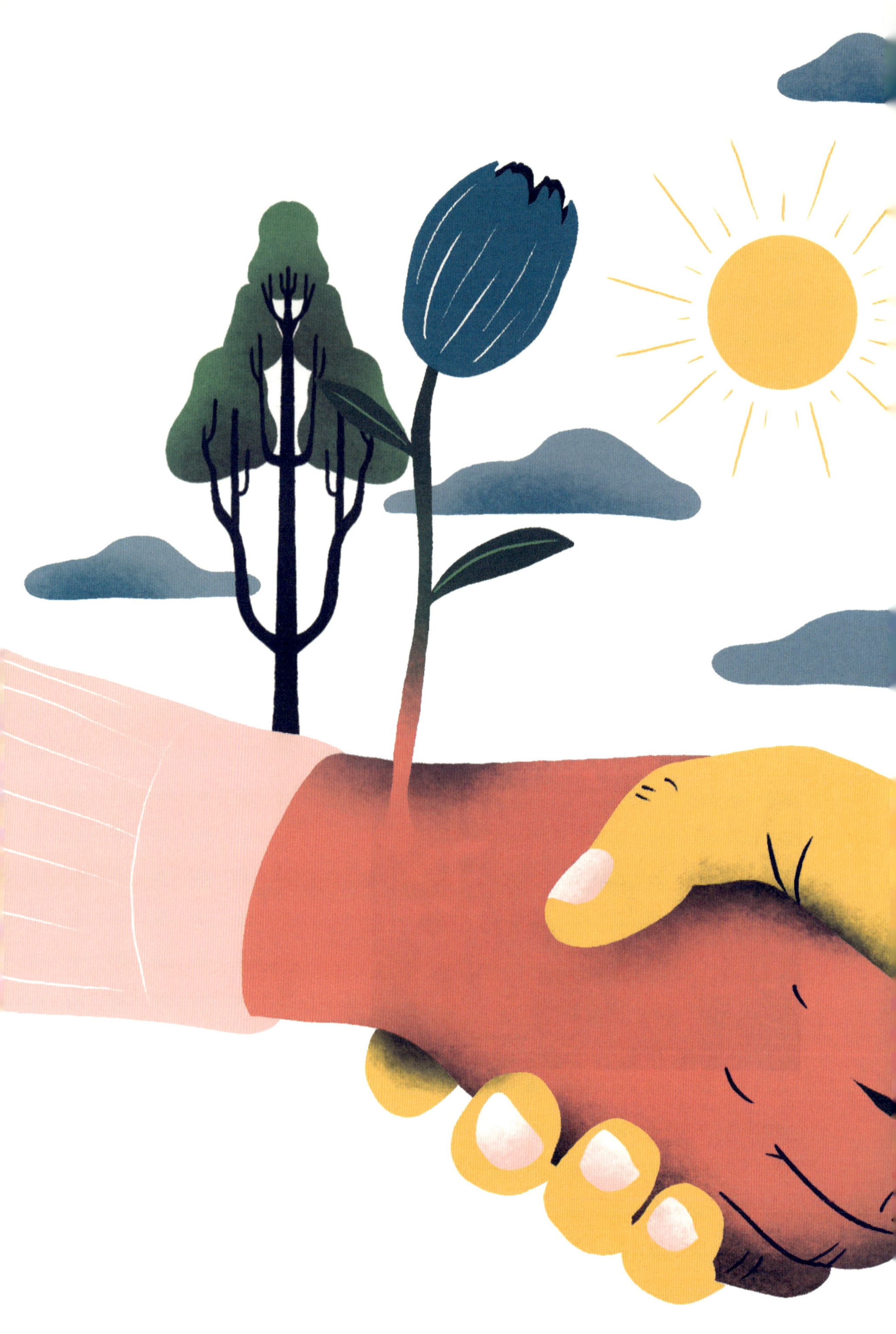

爱德华·弗里曼
➔（1951— ）
哲学家、管理学教授，提出了旨在理解企业为何以及如何将各方利益相关者、而不仅仅是股东的预期纳入考量的理论。

米尔顿·弗里德曼
➔（1912—2006）
美国经济学家，提出了新古典经济学中著名的货币主义理论，强调通过控制通货膨胀来保持货币的稳定。他于1976年获得诺贝尔经济学奖。

加尔迪内·米恩斯
（1896—1988）
➔ 美国经济学家，与阿道夫·伯利共同撰写了《现代公司与私有财产》（1932年），这本开创性的著作成为了企业治理领域的参考之作。书中，两人着重分析了不断增长的管理者权力。

企业：利润，一切只为了利润？

源的来源——大部分依靠产品销售带来的利润。因此，企业都有一张损益表，收入部分包括销售所得款项：即**销售额**；简单来说，就是产品价格与销售数量的乘积。而支出部分则包括所有构成**总生产成本**的要素：能源成本、材料成本、场地成本、设备成本、员工薪酬等等。

销售额与生产成本之间的差额就是年度财务报表中的业绩，也被称为**利润**，可能是负值（亏损）也可能是正值（盈利）。

如果一家企业连续亏损会发生什么？

当利润为负时，年度收入无法覆盖支出。企业的亏损可以通过动用之前储备的资金来弥补，也可以通过出售企业拥有的资产（例如专利、场地、机器等），或依靠外部资本提供者（股东、贷款人等）来解决。

因此，亏损不能一直存在，因为它会损害企业的自主性，撼动其自身存在。一家连续多年亏损的企业可能会进入**破产**的过程：首先是停止支付（企业无法履行其支出，寄希望于法律保护，希望实现复苏），然后是法定清算（企业消失，其资产被出售以偿还部分债务）。

利润有什么用？

因此，利润为正，或至少不为负，是确保企业持续存在的条件，除非它每年都能得到金主慷慨的资助，比如那些大型足球俱乐部，追求体育荣耀的富有赞助者会去支持它们，再比如那些公营企业，它们在进行普遍利益事业时无法获利，因而得到国家资助。

一直增加，直到饱和？

除了这些特殊情况外，通常来说，盈利对于企业的业务持续和发展是必要的。实际上，盈利可以用来建立储备以应对未来的亏损，提供资金进行投资，支付债务利息，并向为企业提供股本的经济主体（例如股东）支付**股息**。

营利性企业是否仅仅追求营利目标？

尽管盈利通常是必要的，但并不一定是企业的终极目标。除了个体企业情况特殊外，企业通常拥有赋予它们独立存在权利的法律地位，法律界称之为"法人实体"。拥有这种法律地位后也需要遵守有关企业**管理**的规定，即企业内部决策的组织方式以及为各方利益相关者谋利益的组织方式。

因此，对于股份公司而言，章程规定每年需召开一次股东大会。股东大会大多数情况是在春天召开，会上需召集所有股东。股东大会上会确认前一年的财务报表，决定利润的使用方式、特别是每股股息的金额，并选举董事会——这个机构将参与到未来的重大决策中。

股份公司通常**以营利为目标**：它们旨在将部分利润分配给股东。然而，许多大型企业在某些股东、国家或民间社会的压力下，响应非政府组织（如绿色和平、世界自然基金会、国际特赦组织等）的号召，将**社会和环境责任**扛在肩上。

本章开头提到的达能集团以及全球最大的资产管理公司之一贝莱德集团就是这样的公司，它们多年来一直强调环境与社会可持续发展的目标。

企业管理，由股东控制

这种公开宣称的社会和环境责任只是一种巧妙的传播策略，还是对减少不平等和保护环境的可信承诺？事实上，1980年代以来，金融全球化使得大规模的集体股东得以出现，这些股东更多是**机构投资者**而不是个人投资者：投资银行、投资基金、资产管理公司、对冲基金、养老基金等。这些大股东控制着管理者的决策，以确保

受监督的管理者

首先符合他们的利益，即提高股价或获得股息分红。

当财务业绩不佳或战略让大股东不满时，董事会会解雇高管，比如2021年范易谋被达能集团解雇，1985年乔布斯被苹果公司解雇。或者，股东们会通过抛售股票来表达他们的不满，于是股价就会下跌，被否定的高管

→→→

"企业的社会责任是增加其利润。"

米尔顿·弗里德曼，《纽约时报》，1970年9月13日

也就会离职。

高管的薪酬制度也被修改到与股东的利益保持一致。他们的薪水包括根据业绩而变动的部分，并且他们会获得**股票期权**作为报酬，这使他们有权以优惠价格购买公司的股票。所有这一切都是为了让高管们全力以赴，使股票价格上升。

非营利性企业

有些企业拥有**非营利性**的法律地位。这并不意味着它们不能盈利，而是限制甚至禁止将利润分配给资本提供者作为报酬，且它们有着其他目标。

这些非营利性企业可以是公营的，由国家指派它们为普遍利益奔走，例如在交通、能源或信息领域。然而，许多非营利性企业是私有的，比如卖产品的协会（例如协会旗下的音乐厂牌）、互助组织、合作社、员工所有制公司及其他形式的企业，它们被统称为**社会团结经济**。例如，像法国的巴黎高等商学院或美国的哈佛大学这样的高等教育机构是私有的，有股东存在，但它们没有营利目的：它们不向股东支付股息，而是将所有利润再投资。

我们想要什么样的资本主义？

对于像米尔顿·弗里德曼这样的经济学家来说，企业的社会责任除了追求利润最大化之外别无他途。他在1970年的一篇文章中提出了一个简单的理由以捍卫这一观点：企业的领导者只是由股东通过董事会任命的代理人，因此他们的唯一任务就是最大化股东的财富。

弗里德曼的立场与卡尔·马克思所称之为**资本主义**的经济系统的运作原则是一致的：这是一个生产资料归私人所有、用于追求利润最大化的系统。然而，历史上形成的资本主义从未忠实地遵循这个简化模型。自19世纪开始，大型工业企业就通过为员工提供住房和其他服务来实行家长式管理。此后，在政府的压力下，企业不得不接受将社会和环境目标纳入其使命之中。

因此，资本主义并不是一个固定不变且统一的系统，就像企业也不能被简单地归结为仅以追求利润为导向的单一模型。社会和环境的挑战比以往任何时候都更迫使我们去反复思考企业的角色，因为它们既是问题的根源，也是解决方案的出处。

> 经济可以是社会的、团结的。

盈利，还是亏损？

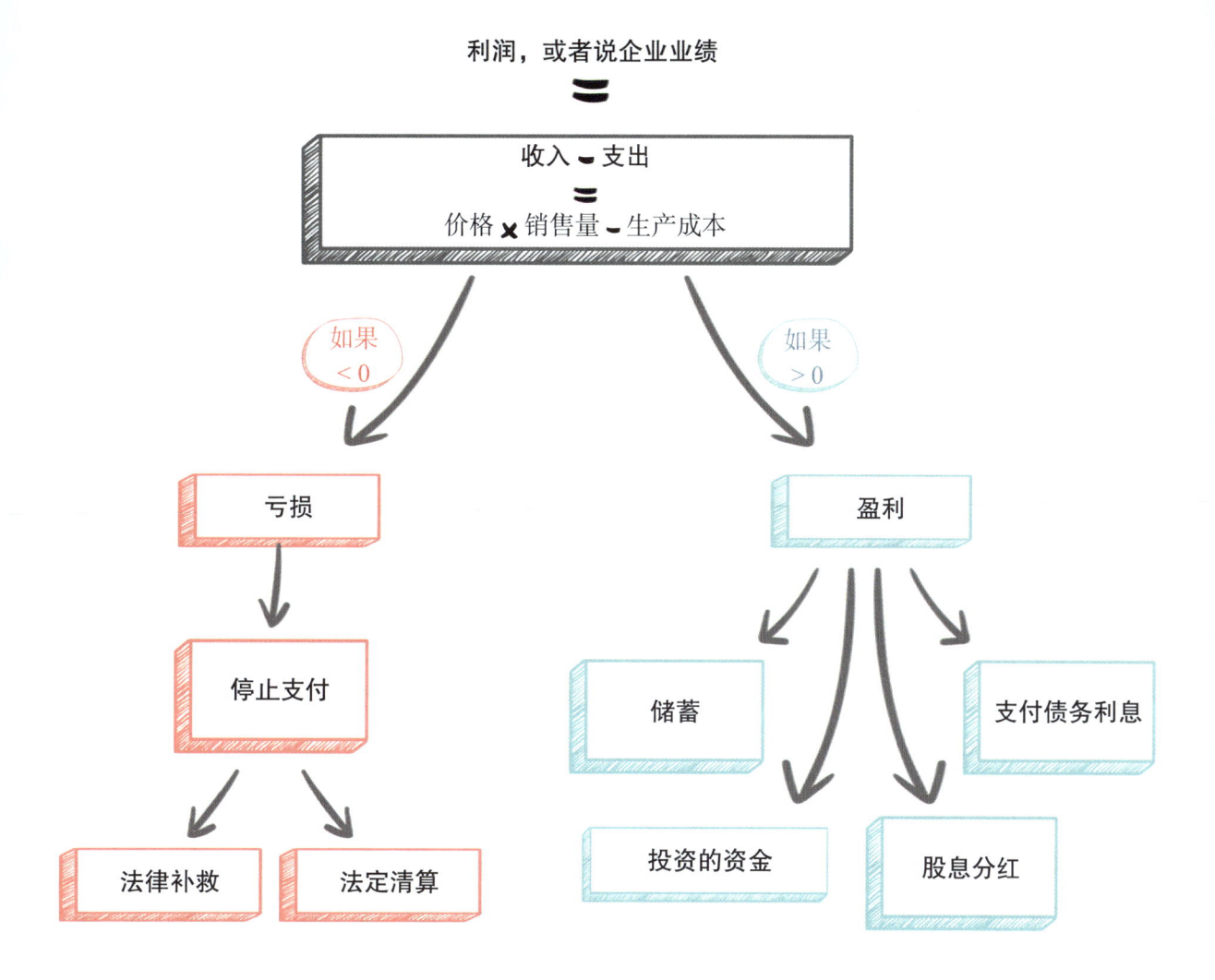

利润，或者说企业业绩
=
收入 − 支出
=
价格 × 销售量 − 生产成本

如果 < 0 → 亏损 → 停止支付 → 法律补救 / 法定清算

如果 > 0 → 盈利 → 储蓄 / 投资的资金 / 股息分红 / 支付债务利息

4

增长，是好是坏？

国内生产总值（GDP）：三个字母改变世界

增长，一直增长！

我们总能看见以上这样的句子。无论在哪里，我们也总能听到这个词：**增长**。对于政府来说，经济高速增长是对抗**失业**、提高**购买力**、恢复公共财政的希望。对于企业来说，增长意味着业务、销售以及预期利润的增长。对于家庭来说，**收入**的增长意味着能够消费更多。总之，永远追求增长。但是这会带来什么后果呢？

永远追求增长，但是会导致什么后果呢？

国内生产总值，增长的关键词

首先，让我们认识一下经济学中的一个重要指标：**国内生产总值**（简称 GDP）。这个指标涵盖了一系列经济学家在分析一个国家的经济活动状况时所需的各种要素。它衡量了一段时间内（比如一年）一国领土范围内所产生的财富，无论是由本国还是外国的生产单位产生的，只要生产是发生在该领土上。换句话说，GDP 衡量国内生产的物品和服务。计算 GDP 的方式就是将所有**增加值**相加。

增长首先指的是一个经济体中实现的国内生产总值的增加。由于需要比较两个日期之间以货币表示的数据，GDP 的增长可能是因为产品价格上涨，而非因为生产数量增加。为了分离出因为生产数量增加而增长的部分，经济学家通过减去因价格上涨而变动的部分，就得到了"实际国内生产总值"。

增长从何而来？

1776 年，亚当·斯密在《国富论》这本经济学科奠基之作中提出了一个核心问题，后世几代经济学家都试图去解答它：如何解释国家间的财

历史回顾

2000年间的增长？

安格斯·麦迪逊（Angus Maddison, 1926—2010）是一位经济历史学家，以追溯2000年间的经济增长而闻名。他通过**国内生产总值（GDP）**、人口和人均GDP（即GDP除以人口）的演变来计算每个国家的平均收入。据他称，这2000年间的大部分时间里，人类经历了分配到每个人的平均财富的停滞。

1798年，托马斯·马尔萨斯（Thomas Malthus, 1766—1834）提出了他著名的"人口原理"，很好地解释了人类历史上这段漫长的时期：任何增加人均GDP的GDP增长都会改善人口的生活条件，从而提高新一代的生存概率。人均GDP的增长伴随着人口的增长，但人口过多最终将会导致人均GDP的停滞。

不过，这套理论提出时其所研究的运行模式已行将就木，工业革命的出现将人类带入了增长时代。在18世纪中叶至二战间的短短200年里，人均GDP增长了5倍，根据1990年的价格水平估算，就是从200美元增长到1000美元（当然对于估算的准确性，仍需持有一定方法论上的保留意见）。之后，从20世纪中叶至今，人均GDP增长了近9倍。

经济增长

→ 长期内一个国家国内生产总值（GDP）的增长过程，即在特定时期内该国领土上生产的物品和服务的数量。

制度

→ 指规范经济主体之间相互作用的一系列规则和组织，以促进经济主体间的协调。

激励

→ 推动经济主体根据自身利益做出不同选择的机制。

再分配

→ 一系列旨在改变市场收入分配方式的措施。

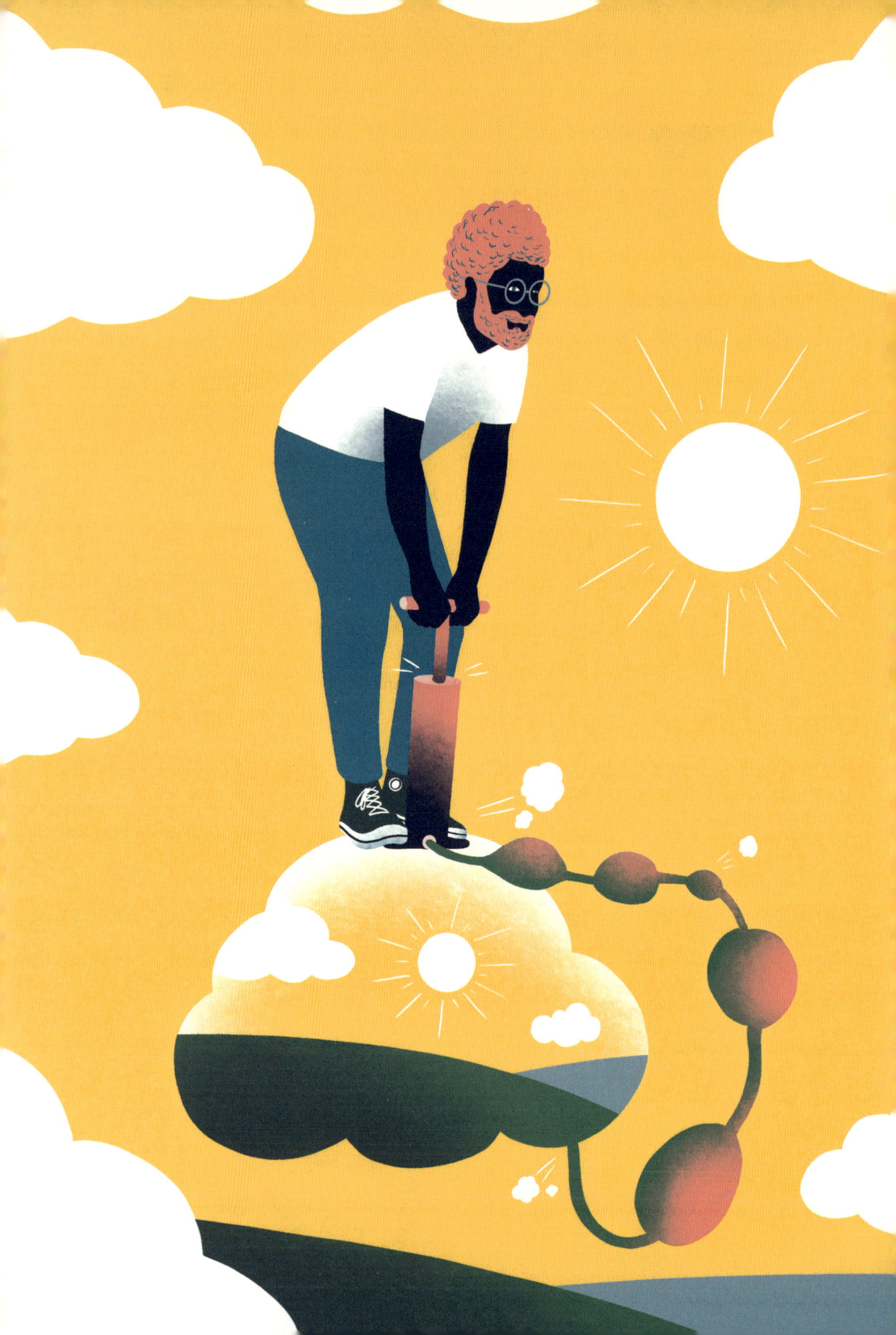

亚当·斯密
→（1723—1790）

苏格兰哲学家，著有经济学奠基之作之一的《国富论》（1776年），他在书中解释了国家的财富是由完全受自身利益驱动的行为者之间的分工来实现的。

道格拉斯·诺斯
→（1920—2015）

美国经济学家，1993年获得诺贝尔经济学奖，他的研究旨在通过运用经济学的方法重新分析历史事件，此项研究展示了制度（限制选择的规则）如何影响经济增长。

罗伯特·索洛
→（1924—2023）

美国经济学家，在经济增长领域做出了许多重要贡献，于1987年获得诺贝尔经济学奖。

理查德·伊斯特林
→（1926—2024）

美国经济学家，专注于福利经济学领域。他提出了著名的伊斯特林悖论，该悖论指出在富裕国家，国内生产总值的增长并不一定意味着幸福感的增加。

罗格纳·纳克斯
→（1907—1959）

出生在爱沙尼亚，但在二战后获得美国国籍。发展经济学的先驱人物，指出贫困是由亟待打破的恶性循环所导致的：比如，贫困会导致储蓄不足，从而导致投资不足。

保罗·罗默
→（1955—　）

美国经济学家，他提出了内生增长模型，这些模型展示了某些支出（如研发、教育、基础设施等）如何促进生产力的提高和累积性增长。他于2018年获得诺贝尔经济学奖。

埃丝特·迪弗洛
→（1972—　）

法国经济学家，她因在发展经济学和贫困领域使用随机实验方法进行研究而获得2019年诺贝尔经济学奖。

→→→

> "技术文明中最可怕的妖魔之一就是对增长的渴望。"
>
> 勒内·杜博斯（René Dubos），《生态学的神灵》，1973年

富差距，以及如何在每个国家中增加财富的创造？

简要地来说，根据罗伯特·索洛（Robert Solow）的开创性研究，我们可以区分出两种主要类型的增长。

第一种是粗放型增长，这种增长模式依靠生产要素数量的增加：我们能生产更多，因为使用的劳动力数量或资本量（机器、计算机、建筑物等）更多。这种增长一方面取决于人口上的变量（人口增长、年龄结构、劳动力参与率、移民净流入等），另一方面投资的多少也十分重要，因为投资指的就是生产中用于获取新资本的所有支出。

增长不是从天上掉下来的……

另一种增长被称为密集型增长方式，它源于生产要素效率的提高：在使用相同数量的劳动力和资本的情况下，可以获得更高的产量。因此，这种增长是基于生产率的提高。这与创新（以及研究的前期工作）和劳动者的资质水平密切相关，因为它们都是生产率提高的根源。

背后的制度

在这种区分之外，经济学家们还强调了**制度**在增长过程中的重要性，即规范经济主体之间交流的一系列规则。这些制度至关重要，正是因为它们，良好的**激励**机制才能产生，促使经济主体提高其绩效水平。比如，知识产权（例如创新专利）相关的法律将推动研发投资，并且如果创新能够提高生产率，就会成为增长的源泉。

道格拉斯·诺斯（Douglass North），1993年诺贝尔经济学奖得主，指出英国工业革命大约开始于第一项专利法（1624年）出台后的一个世纪左右，该法案使得创新者能够在一段时间内独享其发明所带来的利益。与此同时，在路易十四统治的法国，知识产权处于皇家的支配之下：国王通过专利准许书来授予或取消这一特权。后来成为美国总统的亚伯拉罕·林肯在1859年总结了专利对于增长的重要性："专利制度为天才之火添加了激励的燃料。"

此外，货币制度也值得一提：增强对货币的信心，例如通过低通胀率[13]、使其长期保值，也就能使经济主体长远展望，进行长期计划，从而发展出更为理性的行为优化态度，这同样也是经济增长的源泉。

制度产生激励机制

可以说，在经济学中，激励机制在经济现象分析中举重若轻。我们都会对激励做出反应。首先，我们可以将激励定义为一种措施或机制，推动个体采取与没有激励时不同的行动方式。通常，激励的目的是促使个体采取无论是对其自身、对集体还是对引发激励的经济主体而言都更加有益的行为。根据销售业绩给予员工绩效奖金、对吸烟者增加烟草税、增加现有企业在市场上的竞争，这些都是激励的例子，它们能使销售人员更加努力工作，吸烟者减少烟草消费，企业努力满足客户的期望。

一些激励措施因能推动各方参与者变得更加高效而成为经济增长的重要部分。在前面的例子中，我们强调了经济奖励的激励方式：员工提高效率，以期获得奖金；企业改进生产流程，以增加利润。

当激励对增长起反作用时

然而，制度也会产生一些负面的、逆生产力的激励措施，而经济学家的工作正是要找出哪些制度可能具有正面的激励作用，而哪些是没有的。

让我们再来看看专利的例子。创新者能通过获得专利权来实现其发现的盈利，是从工业革命开始的。然而，专利赋予了对创新的所有权，却阻止了其他人对其进行利用和改进。这就是为什么专利在时间上有限制（最长20年）。而且专利可能会拖慢研究进程，尤其是基础研究。例如，2000年初，一家私营公司赛莱拉（Celera）和一个公共机构在美国开始对人类基因组进行测序（将DNA分解成基因，即DNA的片段，这一过程可以产生某些促进

人类本身应该成为专利吗？

特定特征的蛋白质，称为表型）。2003年之前，赛莱拉测序的基因都被专利保护着，之后公共机构才得以对所有基因进行测序，使其进入公共领域。然而，与那些从一开始就与世界各地的研究人员、医生和公司分享的基因相比，这些基因后来产生的科学出版物和治疗性衍生产品更少。

经济增长的好处

对一个国家的经济而言，增长有何意义？一个社会可以从中获得哪些好处？首先，这两者的关联非常简单：贫穷国家的人均国内生产总值低，婴儿出生时的预期寿命较短，儿童入学率较低，而富裕的国家则相反。尽管对于相同的人均国内生产总值水平，不同国家在健康和教育方面的表现可能存在很大差异，但总体上，这种相关性非常稳健。这背后存在着一种相互因果的关系。一方面，人均国内生产总值较高意味着更多的资源可以用于支持医疗和教育体系。另一方面，健康且受教育程度较高的人口必然具有更高的生产力：每个劳动者的产出更高，从而产生更高的人均国内生产总值。

因此，贫困是一个恶性

循环，这看似显而易见，正如1953年发展经济学家罗格纳·纳克斯（Ragnar Nurkse）总结的那样："一个国家贫穷是因为它贫穷。"不过，自1980年代保罗·罗默（Paul Romer）的开创性研究发现以来，经济学家们就开始对增长如何产生一个积累的、自我维持的良性循环进行理论化研究，他们将之称为内生增长，其中增长产生的收入用于资助研究与开发、教育、基础设施等，以提高生产力并促进增长。如今，研究发展的经济学家们将焦点缩小，聚焦于能够因地制宜、打破某些贫困恶性循环的措施，例如提供教科书或有针对性的援助。对这些措施的评估是埃丝特·迪弗洛（Esther Duflo）等人工作的核心内容，迪弗洛于2019年获得诺贝尔经济学奖，她是第二位获得这一奖项的女性，也是最年轻的获奖者。

无节制的增长？

然而，增长并非没有副作用，有时甚至是有害的。第一个问题就是：增长的成果如何分配？创造出的财富会在市场的自由竞争中被初次分配。在这种情况下，某些人会比其他人赚得更多，原因有很多 **7**，包括资质差异、生产力、承担的风险等等。不过，政府可以通过**再分配**来调节平等程度。因此，即使有相同的增长水平，也会存在非常不同的不平等 **23** 现象，这对贫困率、不稳定因素和社会的联结等都可能产生各种后果。

增长也可以通过统筹安排劳动来实现，但这对工人们并非没有坏处：可能会出现过度劳累、抑郁等问题，尤其是当工作要求过于苛刻时。同样，如果增长意味着企业需要采用越来越灵活的生产流程，比如弹性工作时间，就可能会对雇员的家庭生活和幸福感产生负面影响。

增长的目的是让每个人能够消费更多。但这种额外的消费是否一定会让我们更幸福？似乎并非如此。1974年，理查德·伊斯特林（Richard Easterlin）提出了一个如今以他的名字命名的悖论：在像美国这样收入已经很高的国家，人均国内生产总值连年增长，但自称对生活满意的人的比例却停滞不前。

（参见"经济学家的小世界"之六）。

最后，增长也可能以不可逆转的环境破坏 **31** 为代价，这引发了对其可持续性的质疑，如果增长让地球变得不宜居，那又有什么意义呢？随着气候变化加剧和生物多样性遭到破坏，这样的威胁越来越迫在眉睫。

如何增长，以及为何增长

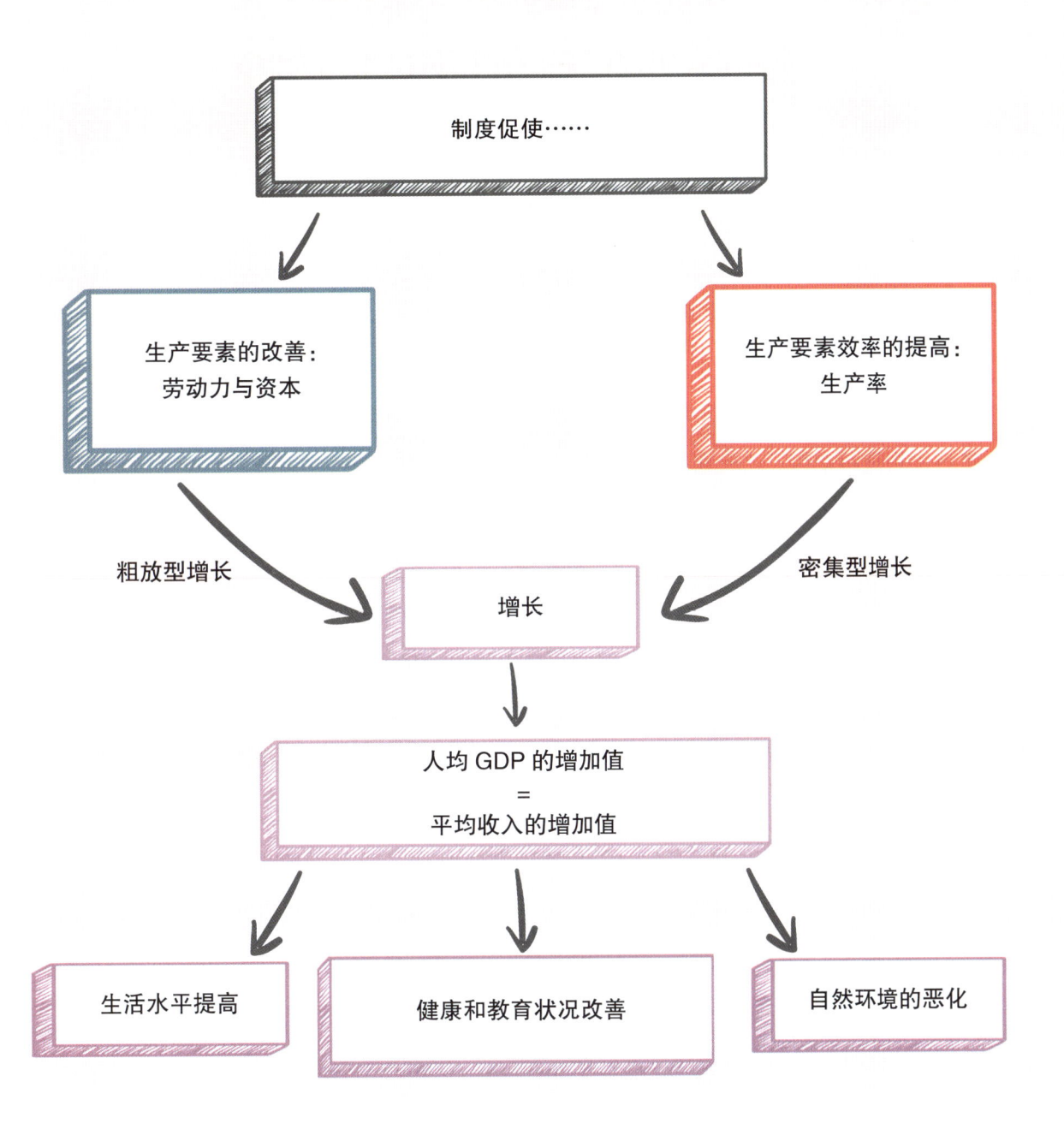

```
制度促使……
   ↓                    ↓
生产要素的改善：      生产要素效率的提高：
劳动力与资本            生产率
   ↓                    ↓
   粗放型增长    密集型增长
        ↘    ↓    ↙
           增长
            ↓
      人均 GDP 的增加值
            =
       平均收入的增加值
     ↙      ↓      ↘
生活水平   健康和教育    自然环境
提高      状况改善      的恶化
```

> 但因不平等的存在与制度、创新、公共政策等的不同，
> 增长的结果也不尽相同。
> 那么，幸福感是否真的在提升呢？

增长，是好是坏？　035

经济学家的小世界之一
经济学家如何工作？

数字如雨后春笋般涌现

"国内生产总值将增长 1.2%。""**通货膨胀**预计将重新上行。""**失业率**将在明年上半年减少 0.2 个百分点。"……新闻中充斥着这些权威经济组织（如世界银行、国际货币基金组织、中央银行等）提出的预测。这些预测至关重要：在没有预先判断的情况下，政府怎么能确定要采取哪些措施以应对某些问题？没有对未来收支的预测，又如何制定国家预算呢？

确实有了结果，但该如何做呢？

经济学家的作用就在于此：揭示经济的运作方式，从而为我们做出集体决策提供了参考，比如降低或提高税收、调整政府支出，或决定中央银行的干预方式。但他们的工作并不止于此：他们不仅要分析整个经济系统的运作（**宏观经济学**），还要解释该系统的每个组成部分如何运作——即**微观经济学**，研究每个独立的经济主体（家庭、企业、政府等）如何做出决策。一些经济学家将这两种方法结合起来，研究独立选择之间的组合，以解释整个运行系统的总体状态。

经济学家是如何产生经济学知识的呢？对他们的批评不胜枚举：说他们的行动常自相矛盾，他们的预测大多是错误的，他们受到利益冲突的影响，他们考虑的更多是意识形态而非科学……

实际情况究竟如何？我们能相信经济学家吗？要了解这一点，我们需要打开他们的"黑匣子"，去试图理解他们的工作方式以及他们的研究结果是否可靠。

真的是一门科学吗？

首先，有两点至关重要。第一点是：经济学家旨在使用与自然科学相同的研究方法。因此，面对一个问题，他们首先提出一个问题，然后开始提出**假设**，构建一个可能的解释**模型**，从中推导出预测，然后将这些预测与事实进行对比。第二点是：任何科学都基于**因果关系**的原则，即任何效果都是由一个或多个可识别的原因引起的。

寻找相关性

每个社会科学研究者都像一名寻找线索的侦探。首先，他们研究的基础都是数据库或自己的调查结果（通常是问卷调查）。目的是什么？就是为了确定两个变量是否以相同的方向变化（正相关），或以相反的方向变化（负相关），或在统计上没有关联。

然而，并非所有的相关性都必然对应着**因果关系**。吃巧克力最多的国家往往是最富裕的国家；但我们很难相信巧克力的消费是这些国家富裕的根源！因此，观察到一个相关性只是一个线索，不足以证明因果关系。这个相关性对经济学家来说还必须有意义，才能转化为**因果关系**。如何实现这一点呢？

→→→
"经济理论主要由一系列模型组成。"

保罗·克鲁格曼（Paul Krugman）、罗宾·韦尔斯（Robin Wells），《微观经济学》，2009年

经济学家如何工作？ 037

建立模型以确定因果关系

经济学家不仅分析数值数据,还进行重要的理论工作,这是他们提出问题和构建**模型**的基础。模型是对现实的简化表示,它关注核心要点而不纠结于细节,通过形式化的方式更好地理解现实。模型的目标是"**在其他条件相同的情况下**",即假设该经济体中的其他因素保持不变,将一个被解释的变量(即我们想要确定的变量)与解释变量(即"原因"变量,其变化引起被解释变量的变化)联系起来。现实中,通常存在着许多解释变量——消费的变化可能取决于工资、利率、资产收入、时尚潮流、天气、可能的封锁措施等等。因此,基于假设建立起的模型只选择在理论框架中被认为最相关的解释变量,其他被认为不太重要的变量则被排除。

在此基础上,经济学家构建了一个数学方程的模型,将因果关系形式化。一个极为简化的模型可以是以下形式:

$$C_t = 0.8\, Y_{t-1}$$

这一方程中,t 时期(比如 2 月)的**消费**等于上一时期(比如 1 月)的收入(Y)的 80%。

综上,我们区分了"宏观经济"模型和"微观经济"模型。宏观经济模型旨在描述整个经济系统的运作方式,而微观经济模型则试图理解每个独立经济主体的行为。

经济学家值得信赖吗?

如果经济学家的模型旨在理解现实情况,就是"实证模型",如果它们试图想象现实的替代方案,就是"规范模型"。就像任何一门科学中的模型一样,经济学模型的结果展现了解释性或预测性的趋势走向。它们的精确度受到信息质量的限制,即在"运行"模型时所拥有的信息质量(将被假设的解释变量输入方程中,由此推导出被解释变量的值),还会受到"可能性极低"的事件的影响,经济学家称之为"外部冲击"(例如 2020 年的封锁措施让之前做出的增长预测变得无效),模型的"质量"也会影响结果——所选择的假设可能是错误的。如果模型的预测与现实之间存在较大差距,那么经济学家必须接受批评,反思自己的工作,修正假设和构建模型的方法。

经济学家们的脑子里都在想什么呢?

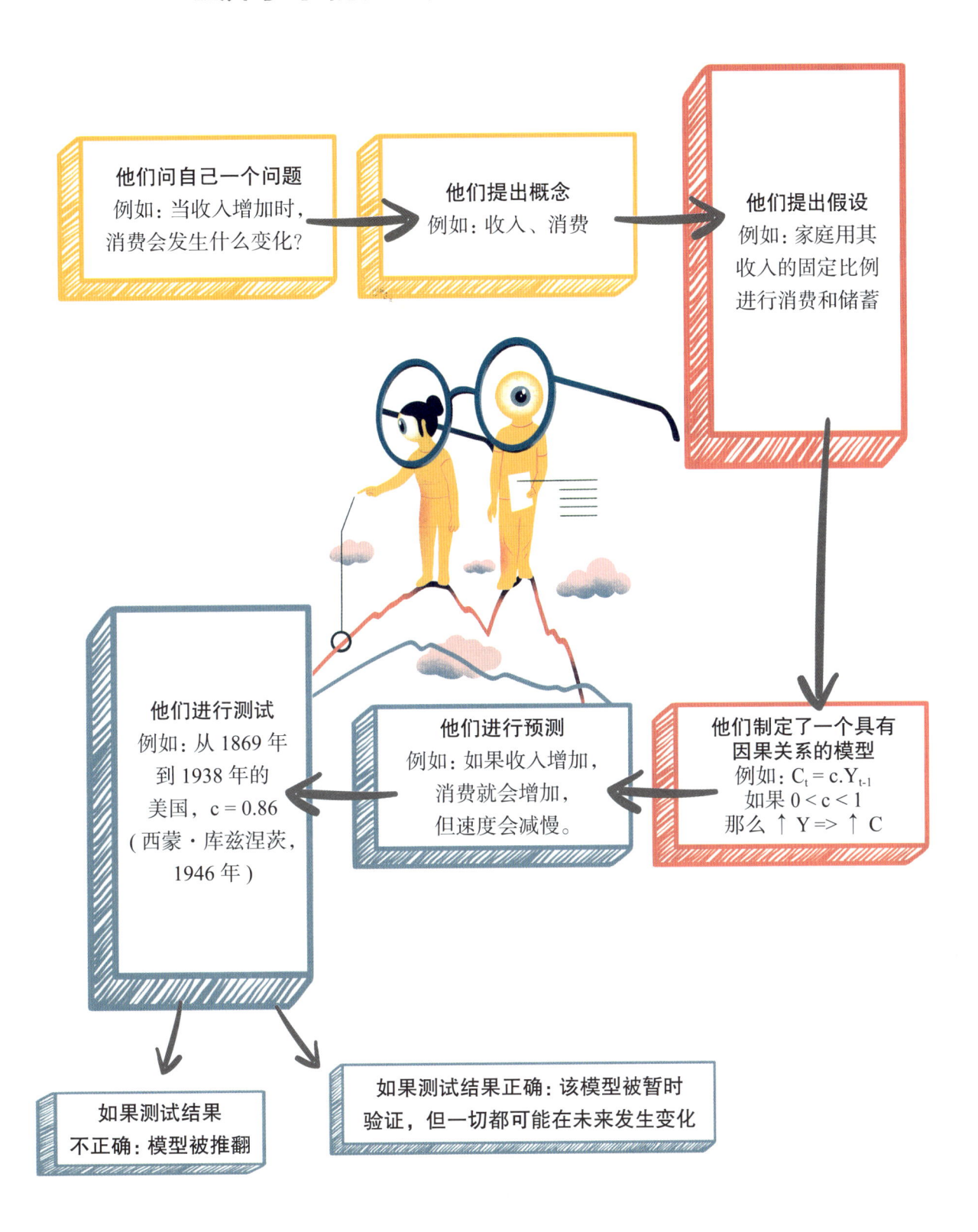

他们问自己一个问题
例如:当收入增加时,消费会发生什么变化?

他们提出概念
例如:收入、消费

他们提出假设
例如:家庭用其收入的固定比例进行消费和储蓄

他们制定了一个具有因果关系的模型
例如:$C_t = c \cdot Y_{t-1}$
如果 $0 < c < 1$
那么 $\uparrow Y \Rightarrow \uparrow C$

他们进行预测
例如:如果收入增加,消费就会增加,但速度会减慢。

他们进行测试
例如:从 1869 年到 1938 年的美国,$c = 0.86$(西蒙·库兹涅茨,1946 年)

如果测试结果不正确:模型被推翻

如果测试结果正确:该模型被暂时验证,但一切都可能在未来发生变化

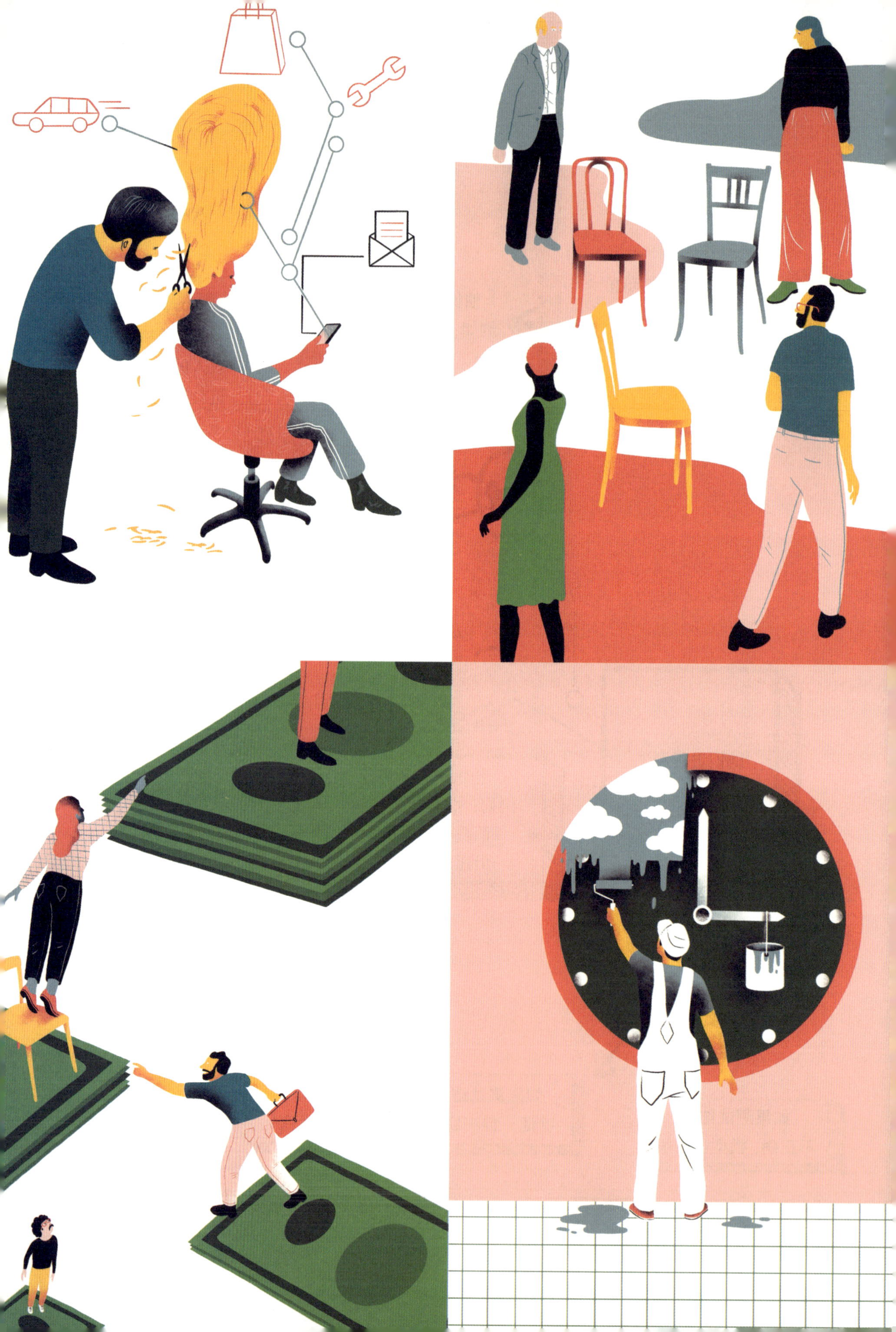

劳 动

- **5** 机器人，对就业的冲击？ **042**
- **6** 失业，无法避免？ **048**
- **7** 为什么薪酬不平等？ **056**
- **8** 缩短工作时间，一个好主意？ **064**

5

机器人，对就业的冲击？

就业机会如何从一个部门外溢到其他部门

2016 年 12 月，亚马逊的大动作

亚马逊公司宣布在西雅图开设第一家无人收银商店，之后又在美国各地开设了 20 多家，引发了轰动。这只是一个开始。这家美国商业巨头随后开始了全球扩张，就像它曾经在电商领域那样。2021 年 3 月，亚马逊在伦敦落地，并计划未来三年内在英国本土开设 260 多家同类超市。在法国，欧尚已经先行一步，而家乐福也于 2021 年底在巴黎第 11 区开设了第一家"新生代"超市。

类似的，经过几个制造商多年的研发，第一批自动驾驶汽车，即那些能够在没有司机的情况下行驶的汽车，将逐渐出现在道路上。2021 年 1 月 1 日起，在联合国的主持下签署了一项法规，该法规为未来销售能以最高时速 60 公里/小时在快速路上实现自动驾驶的汽车铺平了道路。比起限速器或速度调节器之类现有的辅助驾驶工具，这一法规着眼未来，使代理驾驶的初始功能成为可能。

向完全自动化的经济活动迈进？

技术进步会导致就业机会减少吗？

当下，人们总是说：机器以及更广泛意义上的技术进步会破坏就业。有这么多的失业者也不足为奇吧？机械化正在毫不留情地取代人工，可供选择的工作会越来越少。

说得很好。但事实果真如此吗？我们真的要走向一个没有收银员、没有驾驶员的世界吗？甚至更远的将来，全息影像将取代教师，机器将取代工人，算法将取代后勤人员吗？

首先，让我们看一些数据。在法国，1950 年有大约

2000 万个工作岗位；现在，这一数字超过 2800 万。在美国，同样是 1950 年至今，工作岗位的数量从 5900 万增加到 1 亿 5500 万。这样的例子还有很多：无论在哪里，工作岗位的增加一直是长期趋势，也并没有这么多机器来取代工人。

工作岗位的外溢

如何解释这一明显的悖论？首先，技术进步确实会使许多工作消失，因为在引进先进技术的岗位上，机器的确取代了工人。但与此同时，为了设计、制造和维修这些机器，劳动力也是必需的。于是，我们可以看到两种截然相反的作用：一种趋向于减少工作岗位，另一种则是增加工作岗位。那么结果如何呢？

如果分析止步于此，那么很明显，消失的工作岗位将远远超过新兴的工作岗位。为设计机器而创造的工作岗位可以说

生产率

→ 通过产出与生产要素的比率，衡量一个国家或组织生产效率的指标。例如：每小时的劳动生产率是指产出与总工作时长之间的关系。

技术进步

→ 所有改变生产内容（产品创新）或生产方式（流程创新）的创新。

历史回顾

从科幻到现实

长期以来，科幻作品一直在描绘机器逐渐取代人类的世界（例如《星球大战》中两个非常著名的机器人 C3PO 和 R2D2）。而对失去工作的担忧，在工业生产中使用第一台机器——织布机时就出现了。19 世纪初，英国的卢德运动中，纺织工人聚集在一起，一哄而上，摧毁织布机。仅仅 20 年后，在法国，面对同样的情况，里昂的丝绸工人也采取了同样的行动方式。

机器人，对就业的冲击？

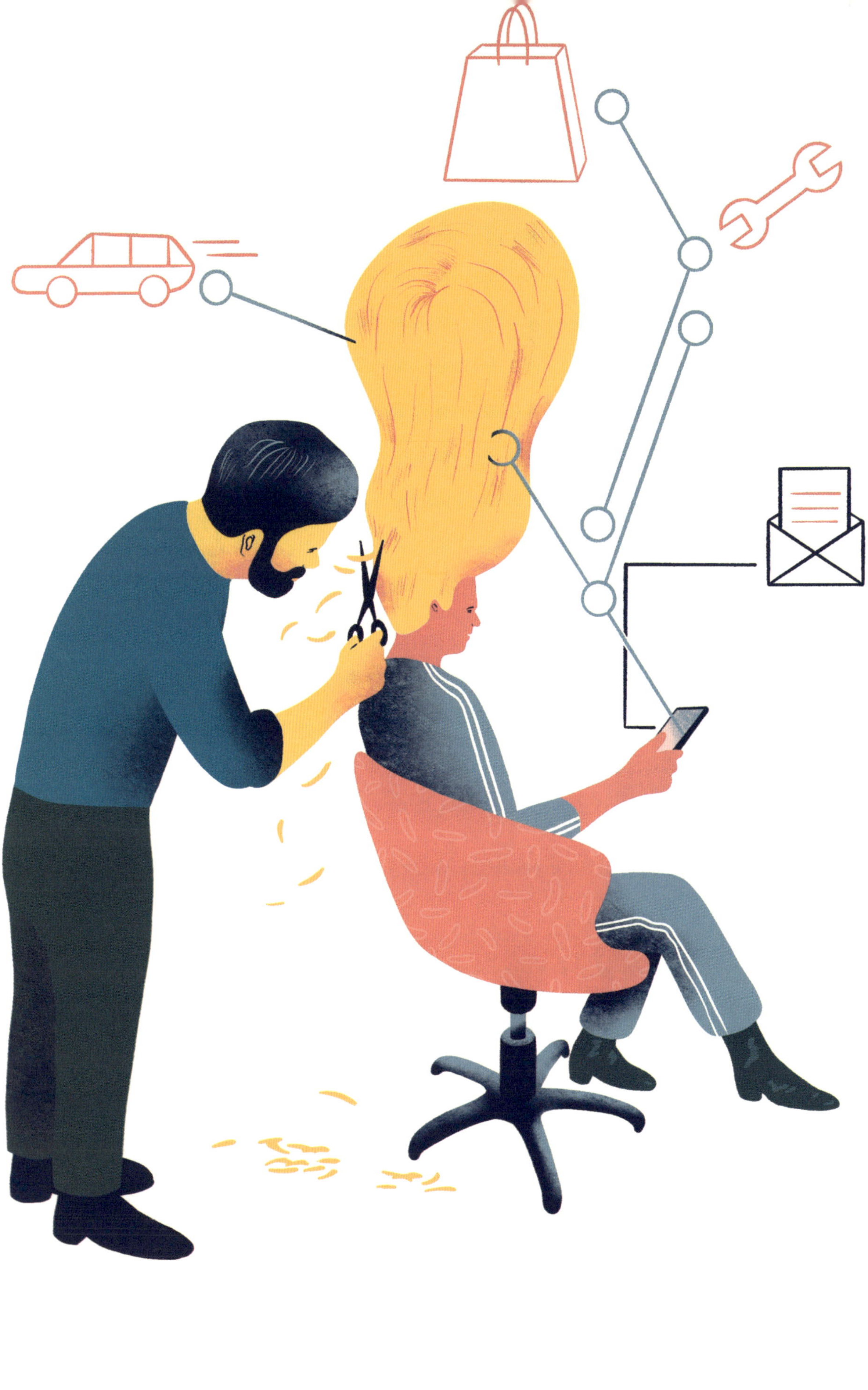

是比它们所取代的岗位少得多……然而，正因为这种取代带来了生产率的提高，所以即使技术进步直接导致引入先进技术的岗位消失，它同时又在其他业务部门创造了相应数量的岗位。这就好比消失的工作岗位"溢出"到其他部门，于是这种推论被称为"溢出效应"，由法国的阿尔弗雷德·索维（Alfred Sauvy）和美国的威廉·鲍莫尔（William Baumol）提出。其内在逻辑是什么呢？

一些公司为了发展生产力，用资本代替劳动，用机器代替工人：融合了技术进步的新机器能用更少的工人创造出更多的价值。于是，这些公司可以在两个选项中做出选择。由于成本降低，它们可以降低价格以提高竞争力，销售更多的产品。但它们也可以提高生产中所有利益相关者的收入：提高剩下工人的工资，因为他们的生产率更高；而获得的更多利润可以留一部分在公司用于投资，另一部分支付给股东。做出哪一选择取决于相关角色的谈判能力：公司与其竞争对手的谈判，工人与

> → → →
>
> ## 迄今为止，机器直接或间接地创造的工作岗位比它所消除的要多得多。
>
> 阿尔弗雷德·索维，《机器与失业》，1980 年

恩斯特·恩格尔
→（1821—1896）
德国统计学家、经济学家，以对家庭消费预算的研究而闻名。他研究发现了一种定律，后世以他的名字命名为恩格尔定律：随着收入增加，食品支出在总消费中所占的比例减少。

约瑟夫·熊彼特
→（1883—1950）
奥地利经济学家，后获得美国国籍，他强调创新作为创造性破坏力量的角色，从经济学与历史的角度对资本主义进行了深入探讨。

阿尔弗雷德·索维
→（1898—1990）
法国经济学家、人口学家，他的作品深入探讨了人口与经济之间的联系。在他看来，技术进步是人口增长和就业增长的推动因素，同时也导致了就业机会在不同行业之间的转移。

威廉·鲍莫尔
→（1922—2017）
美国经济学家，做出了许多重要贡献，特别是在研究服务生产中的"成本病"以及创新与竞争方面。

机器人，对就业的冲击？ 045

雇佣公司的谈判，股东与公司管理层的谈判。

但这两个选择都会导致购买力、收入和产品需求的增加，从而间接创造就业机会。

两个机制在起作用：恩格尔定律和鲍莫尔定律

然而，通过对家庭消费预算的研究，近两个世纪的统计调查显示，当购买力提高时，食品方面的消费占比逐渐减少，而在工业商品、尤其是服务领域的占比逐渐增加，比如美发、餐饮、教育、医疗和休闲等领域。这就是**恩格尔定律**，该定律得名于1857年首次提出它的德国统计学家恩格尔。

农民更少了，雇员更多了。

服务业具有一个独特的特点：与岗位被机器广泛取代的农业和工业生产不同，服务业大多提供大量的就业机会。实际上，服务业是一种无形的生产方式：它们在生产的同时就被使用。想象一下一次剪发或是莫扎特的一首协奏曲：生产它们所需的工作时间是产品的重要组成部分。今天，剪一次发所需的工作时间与几十年前几乎相同。同样，协奏曲的演奏时间、速度和演奏者数量也保持不变。这就是鲍莫尔定律，该定律得名于美国经济学家鲍莫尔，他在1967年通过研究文化服务"成本病"时提出了这一定律。正因如此，高收入国家经历了令人瞩目的第三产业化运动（现在四分之三的就业机会来自服务业），这是农业和工业机械化取得巨大进步的结果。就业水平持续增长的原因就在于此：就业机会从技术进步迅速的领域溢出到技术进步较慢的领域！

创造性破坏的不均衡效应

因此，经济体不断变化，就业形势也在不断变化，按照约瑟夫·熊彼特（Joseph Schumpeter）的说法，这是一种永恒的"创造性破坏"。总体而言，从长期来看，创造出的工作岗位超过了被破坏的工作岗位，且就业人数增加，如今有比以往更多的人口参与工作。但被破坏和创造出的工作岗位不尽相同。哪些岗位会被技术进步所破坏，又有哪些岗位被创造出来呢？这个问题的答案取决于创新的类型。例如，20世纪初流水线工作兴起时出现的机器取代了熟练工人，也使得大量专业工人仅需极低资质就可以工作，即便其中有些人并不识字。而信息技术和通信技术则在工业和服务业领域取代了拥有中级专业职称工人的岗位。目前岗位减少最多的行业之一是银行业，随着在线银行的发展，客户自己可以在线进行操作。

前景如何？

有一个问题仍悬而未决：既然信息技术和通信技术在

服务业这个相对较少受到影响的领域都实现了生产率的提升,那么工作岗位将会流向何方呢?也许是涉及护理或个人服务等新的服务领域,因为人口正逐渐老龄化。或者是涌现出我们甚至还没有想到的新兴职业。在20年前,谁能想象到优步等平台上的工作者、社区经理、网络红人、各式各样的教练的出现呢?

要实现这种岗位溢出,需要实施持续培训政策,以确保那些技能较低的劳动者一直保持就业能力。同时,还需要制定地方就业政策和促进流动的政策,因为岗位的消失或创造集中在特定的地区,重返岗位的条件也非常不平等。

劳动的终结?

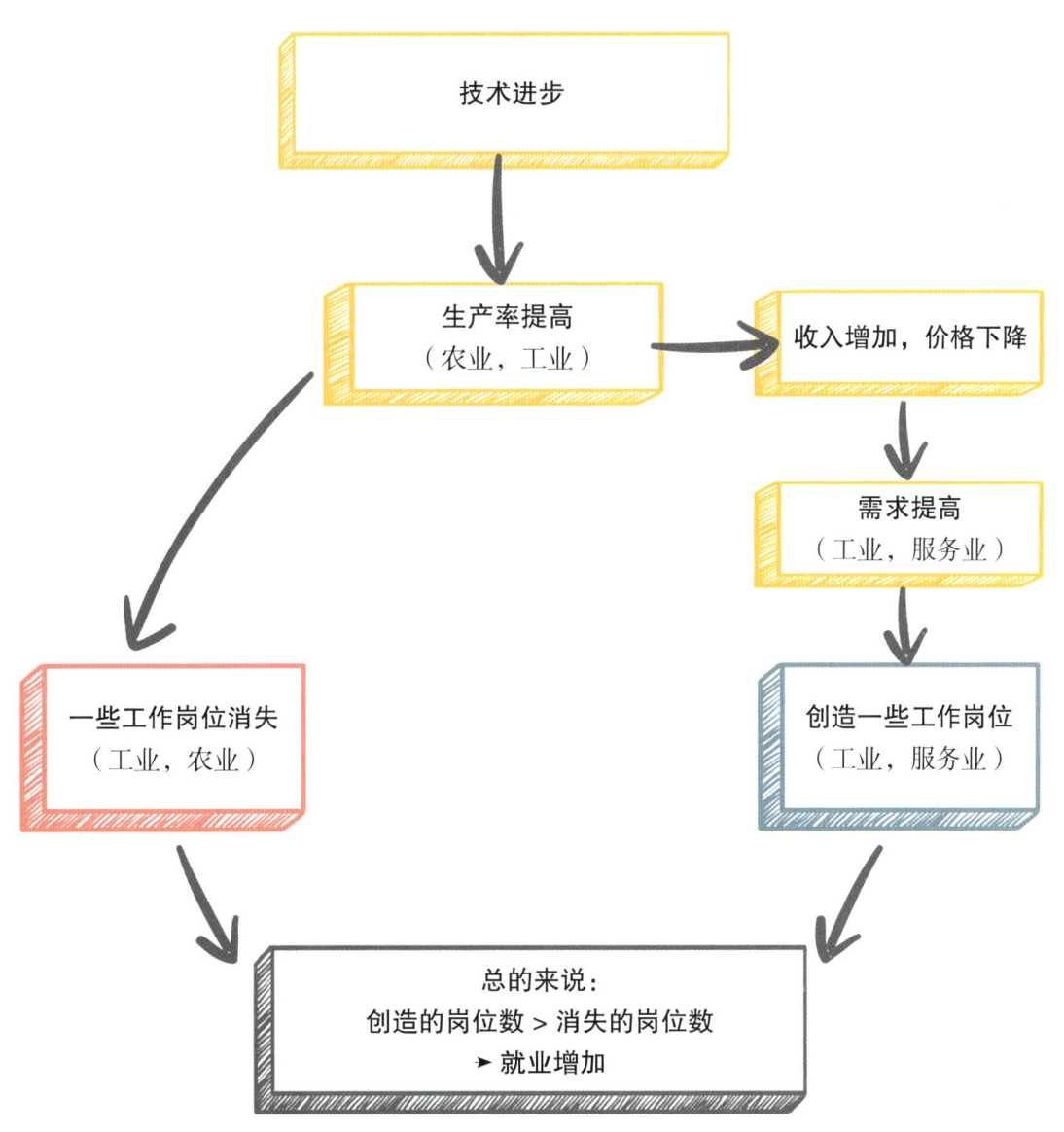

```
技术进步
    ↓
生产率提高 → 收入增加,价格下降
(农业,工业)        ↓
    ↓          需求提高
    ↓         (工业,服务业)
    ↓              ↓
一些工作岗位消失   创造一些工作岗位
(工业,农业)      (工业,服务业)
    ↓              ↓
    总的来说:
    创造的岗位数 > 消失的岗位数
    ▶ 就业增加
```

机器人,对就业的冲击?

6 失业，无法避免？

迈向一个没有失业的世界？

一个问题

为了**生产**我们消费的物品和服务，生产单位需要利用**生产要素**。为什么在世界各地，企业提供的就业机会往往不足以满足所有希望就业的人呢？为什么经济学家认为当失业率接近可就业人口的4%时，尽管一部分人口仍在寻找工作，但已经实现了充分就业？

传唤被告人

机械化、企业迁移、高税收、订单不足、亚洲国家的竞争，这些都是资本主义体制本身运行的必然结果……潜在的罪魁祸首不胜枚举——上述列举的名单远非详尽无遗！具体情况因国家而异，一些国家，如法国或意大利，面临着居高不下的**失业率**，而其他国家，如

不乏潜在的罪魁祸首。

美国，失业率变化很大，经济增长时会下降到非常低的水平，但在经济危机时又会迅速上升。失业率也能长期保持较低水平，比如在斯堪的纳维亚国家即是如此。抛开先入为主的成见和既有研究，经济学家们对这个问题提出了各种不同的解读框架，当代政治对抗的核心辩论就此展开。

我们到底在讨论什么呢？

为什么会有失业？首先，必须对失业者进行定义。从最广义上讲，失业者是指没有工作并积极寻找工作的人。当然，对于那些失去信心、希望工作但在求职方面不再积极的人，我们该如何划分呢？而那些干着兼职工作同时又在寻找全职工作的人，我们又该如何划分？面对这些问题，我们必须达成共识。

历史回顾

每个时期都有自己的失业问题？

没有人会不记得1929年的经济危机，约翰·斯坦贝克在他的小说（《人鼠之间》《愤怒的葡萄》）中叙述了数百万美国人失业的后果。如约翰·梅纳德·凯恩斯（John Maynard Keynes）所说，在这段大萧条的时期，失业与需求不足有关。富兰克林·罗斯福于1934年开始实施的新政政策对整体需求的刺激相对成功，证明了凯恩斯分析的正确性。

相反，从1970年代开始出现的大规模失业似乎与供给因素有关。在随后的20年里，周期性因素（石油危机导致油价上涨）和结构性因素（生产率增长放缓，集体合同规定的工资上涨）增加了劳动力成本。需求刺激政策失效了，于是劳动力市场灵活化政策开始实施。

失业人口

→ 指那些没有工作、正在寻找工作并且能马上入职的人。

失业率

→ 指失业人数与可就业人口之间的比值，后者包括就业人口和正在找工作的人。

剩余价值（马克思主义意义上）

→ 指劳动者创造的财富与他所得到的工资之间的差额。

我们还能梦想着可持续地恢复到充分就业吗？

在1937年，1929年美国大萧条仍有余波。失业者在旧金山公共图书馆外等待。

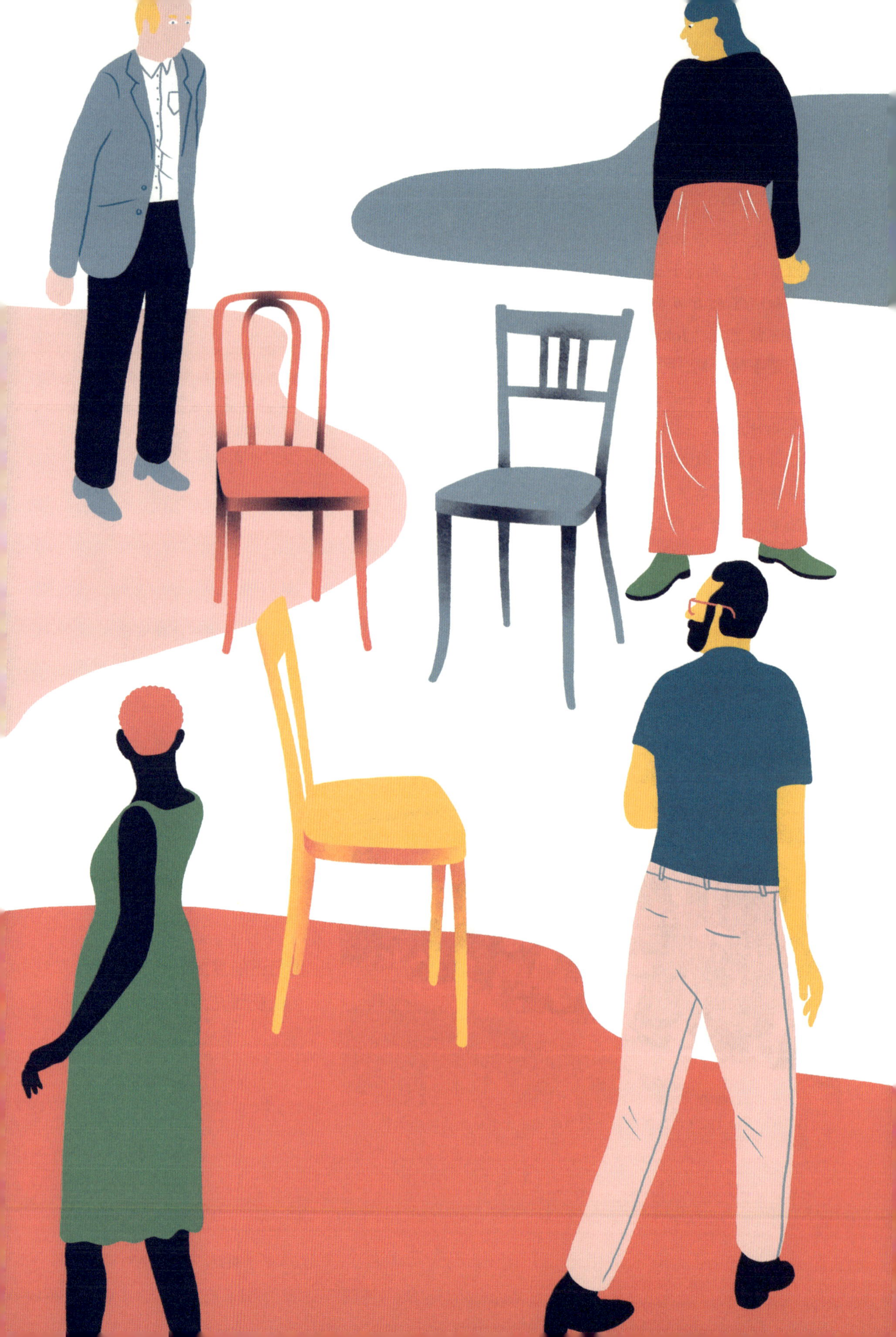

→→→

"充分就业,甚至接近充分就业的情况,都是既罕见又短暂的。"

约翰·梅纳德·凯恩斯,
《就业、利息和货币通论》,1936年

当今，国际劳工组织（ILO）的定义被广泛采用，这样各个国家的数据就能在国际上进行比较。该组织对失业者的定义是：15岁及以上、一周及以上没有工作，但在此一个月内积极寻找工作且可以在15天内就职的人，或已经找到一份在3个月内开始的工作的人。

首先，共识性方法……

第一种解释方法涉及一种特定形式的失业，即**摩擦性失业**。它指的是那些处于两份工作之间、刚刚失去上一份工作、很容易被另一份工作重新录用的人，但在两份工作之间经历了一个等待时间，当然这已经是最短的求职时间：提交申请，参加面试，等待最终答复。即使在充分就业的情况下，每时每刻都有一部分潜在工作者处于两份工作之间的间隙中。这种失业本身并不构成问题，因为它只是暂时的。

第二种解释方法涉及需求与拥有之间的匹配问题，即工作特征与劳动者自身资质之间的匹配问题。在技术进步和国际企业战略的推动下，生产方式不断演变，所需技能也在变化。新的职业不断涌现，旧有职业发生变革，新的技术要求逐渐出现。面对这一切，求职者必须不断适应，但并非所有人都有这样的机会。**就业力**，即任何时候都在劳动力市场上被需求的能力，并非对所有人都相同。它取决于劳动者的"人力资本"。那些在某个领域拥有非常特定的技能和丰富经验的人，在这类技能不再被需要时，将很难重新找到工作。这种类型的失业只能通过针对相关人群提供继续培训的公共政策来解决。

无法就业的劳动者？
政府正寄希望于以继续培训作为解决方案。

……这并不能阻止激烈的理论争论

经济学家就这两种解释方法达成了共识。但除此之外，其他涉及不同理论流派的分析也引发了很大争议。虽然无法穷尽，但可以列举三个。

第一种分析将失业与国家采取的限制劳动力市场自由运行的措施联系起来。"新古典主义"经济学家认为［例如阿尔弗雷德·马歇尔（Alfred Marshall）或阿瑟·塞西尔·庇古（Arthur Cecil Pigou），参见"经济学家的小世界"之七］，在自由市场上，包括劳动力在内的任何商品的供求关系可以确定一个价格（劳动力的价格即**工资**），该价格对应于供求平衡的情况。因此，市场上确定的工资平衡了企业提供的工作小时数（需求劳动量）和工人愿意以这个工资工作的小时数。这就是为什么国家要避免实施干预市场运行的措施：最低工资、过于约束的雇佣和解雇规定、失业补偿等。坚持供给理论的人认为，经济的动力在于企业的生产能力，他们主张减少对生产成本的约束，从而根据企业的需求灵活调整就业，并限制向失业者支付津贴，以防止他们对失业产生"偏好"。

需求经济学创始人约翰·梅纳德·凯恩斯提出了另一种解释，他认为经济活动和就业的动力在于所有生产者的需求。当需求强劲时，生产者必须增加生产，于是就必须雇佣更多工人。更准确地说，凯恩斯认为，正是对未来需求的预期，即所谓的**"有效需求"**，决定了所能达到的就业水平。因此，所有旨在增加这种需求的措施——提高最低工资、社会福利和公共投资——都将有利于就业。

资本家手中的"产业后备军"？

马克思更激进地将失业的出现归因于资本主义本身的运行逻辑，他形象而明确地称之为**"产业后备军"**。在他看来，资本家只能通过剥削工人来获得报酬，也就是从他们通过劳动创造的财富中强夺一部分。具体如何呢？

这种剥削是通过支付低于创造财富的价值的工资（通过马克思所称的**"剩余价值"**衡量）来实现。企业之间的竞争使它们用机器取代工人，这产生了双重效应：一方面减少了"剩余价值"的机会，因为它依赖于劳动；另一方面也使工资保持在较低水平。

而为了让如此低的薪酬得到接受，企业需要有一支随时可以取代他们员工的失业者队伍，这使得资本家在薪酬谈判中拥有重要优势。因此，失业在资本主义中是必然的，因为没有失业，就不会有"剩余价值"的可能性，而这正是资本家利润的来源。

约翰·梅纳德·凯恩斯
➔（1883—1946）
英国经济学家，著有《就业、利息和货币通论》（1936年），该书理论化地分析了在没有充分就业条件下经济的运行。尽管凯恩斯学派内部观点多样，此书仍是其重要理论参考。

阿尔弗雷德·马歇尔
➔（1842—1924）
英国经济学家，公认的新古典经济学派创始人之一。他的《经济学原理》（1890年）一书对新古典经济学方法进行了综合，特别是通过供求平衡的等式来分析市场均衡。

阿瑟·塞西尔·庇古
➔（1877—1959）
英国经济学家，凯恩斯的同门与同事，以其对失业和福利经济学的研究而闻名，这些研究如今在创新经济学和环境经济学研究中占据核心地位。

试着用综合的眼光去看？

谁对谁错呢？抛开理论上的对立不谈，经济学家们是在以各自的方式阐明失业的决定因素和解决方案，通过将其模型与实证研究相对照，特别是通过自然实验法或随机实验法（参见"经济学家的小世界"之四），对影响失业水平的不同因素进行了探讨。他们的研究表明，不同的措施在不同国家、不同时期产生的效果是不同的。

比如说，**最低工资**对就业的好坏不能一概而论；一切都取决于工资水平、与非熟练工人生产率相对照的工资变化、国家的开放程度、经济增长率等不同因素。经济系统中的每个因素都与其他因素相互关联，形成一系列复杂的相互作用；很难想象所提出的解决方案不会随着特定系统的情况而变化。同样，我们还必须考虑所观察到的失业的性质：我们面临的是由于增长过慢、需求不足导致的周期性失业，还是更具结构性的失业？是否与劳动力成本和其他各种刚性因素有关？不同情况下采取的措施显然不会相同。在考虑实施政策之前，先对劳动力市场的特征进行评估非常关键。

为什么会出现失业？

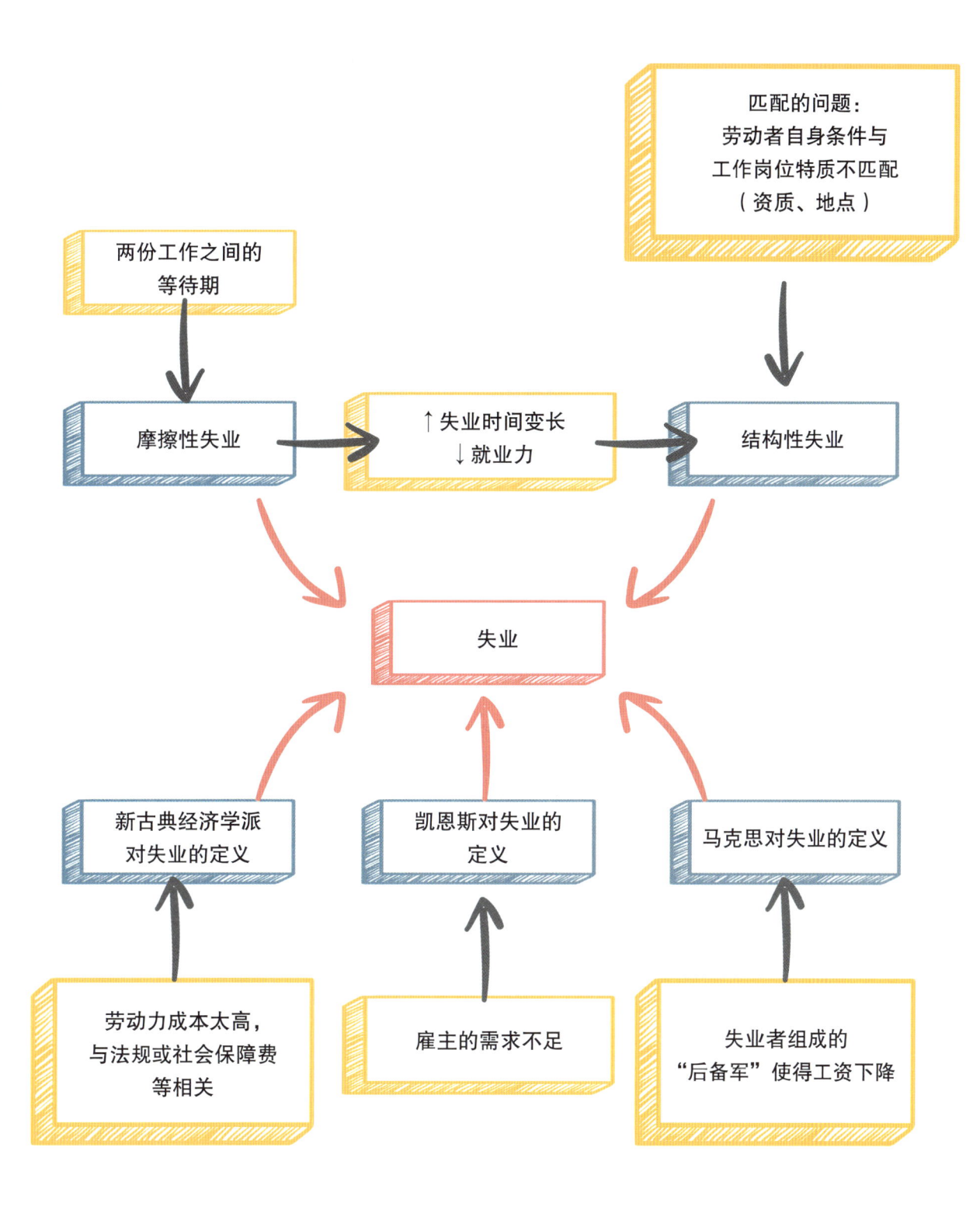

```
         两份工作之间的                          匹配的问题：
            等待期                        劳动者自身条件与
                                          工作岗位特质不匹配
                                           （资质、地点）
              ↓                                    ↓
        摩擦性失业  →  ↑失业时间变长  →  结构性失业
                      ↓就业力
                          ↓
                        失业
                          ↑
   新古典经济学派        凯恩斯对失业的         马克思对失业的定义
   对失业的定义             定义
         ↑                   ↑                      ↑
   劳动力成本太高，      雇主的需求不足        失业者组成的
   与法规或社会保障费                         "后备军"使得工资下降
   等相关
```

7

为什么薪酬不平等？

足球运动员的收入怎么会比医生高？

魔镜魔镜，告诉我谁是最赚钱的人？

梅西和C罗，不仅垄断了金球奖，也跻身足球历史上最伟大的球员之列，而他们的薪水令人瞠目结舌：在他们职业生涯的巅峰时期，年薪接近7500万欧元，这还不包括奖金和其他广告合同。与此同时，最著名的外科医生，具备非凡资质的他们，连球星总收入的1%都没有。更不必说研究人员、教师、护士或社工，他们的薪水更是与这些数字相差甚远。如果不考虑任何道德或公正的因素，我们能从经济角度解释这样的差距吗？

告诉我你带来了什么，我来告诉你大概能赚多少钱

假设您是一名企业主，正在招聘一名新员工。您会给他提供什么样的薪水呢？如果没有进一步研究需要考虑的复杂标准，您很可能就会参照一个看上去似乎非常简单的经济学原则。作为企业主，您会努力使业务持续发展，并获得足够的利润空间，当您从企业的收入中扣除包括工资在内的所有成本时，获得的利润得足以支付自己的报酬。

因此，您的生产必须是有利可图的，也就是说，收入到最后必须超过成本。为此，每个使用的生产要素的报酬不能超过其贡献的价值。这是一个非常简单的原则……但是的确难以实施。事实上，这意味着我们必须能够准确确定每个生产要素

梅西是否配得上他的收入？

的**生产率**，也就是其在给定时间段内——例如一个月内——为企业带来的收入。

每个人在共同创造财富的过程中扮演了怎样的角

历史回顾

全球范围内的雇佣劳动时代

存在着两种类型的就业：受雇就业和自雇就业。受雇就业的情况下，劳动者与雇主签订了劳动合同，该合同赋予劳动者一些权利（工资、休假、工作条件等）和义务（勤奋工作、尊重等级制度）。而在自雇就业的情况下，劳动者成为了自己的老板。自雇就业在几个世纪以来一直是主流，直到19世纪的工业革命，受雇就业开始在工业和服务业发展起来。随着大型企业的兴起和与雇员身份相关的社会权利的增加，雇佣劳动在过去的两个世纪中不断发展。如今，尽管数字化为自雇就业提供了新的发展机会，高收入国家的**可就业人口**中绝大部分仍是受雇者。

人力资本

→ 劳动者身上能使自身生产率提高的要素的总称（包括其知识、技能、健康等）。

生产率

→ 通过产出与生产要素的比率，衡量一个国家或组织生产效率的指标。例如：每小时的劳动生产率是指产出与总工作时长之间的关系。

歧视

→ 指对于两个生产率完全相同的不同群体中的个体，有不同的待遇（包括就业、培训与晋升的机会、薪资等）。

→→→

为什么女性的收入低于男性？

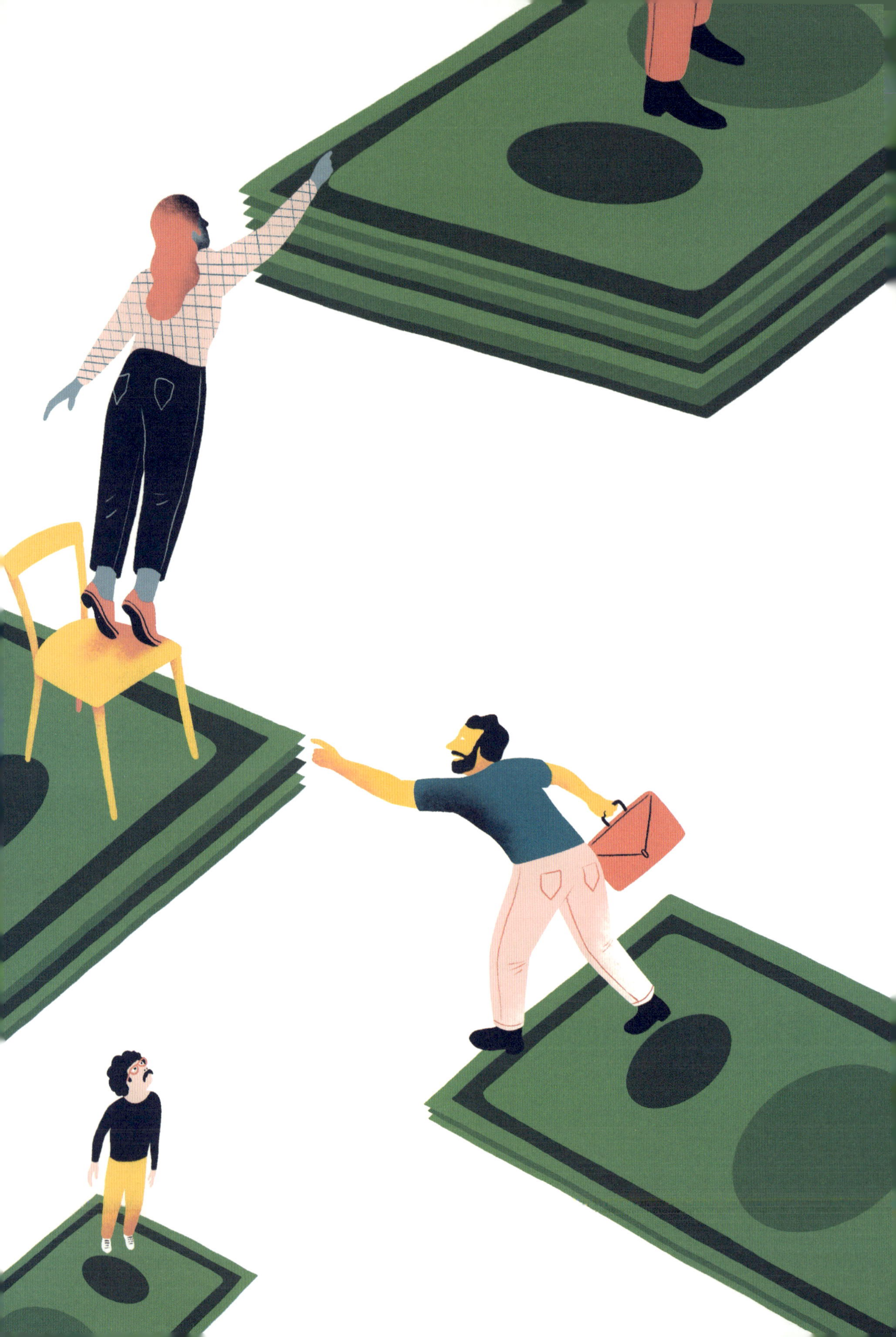

西奥多·舒尔茨
➤（1902—1998）
美国经济学家，以其人力资本理论而闻名，该理论后来被加里·贝克尔采纳并发展。

劳伦斯·卡茨
➤（1959— ）
美国经济学家，专注于劳动经济学和不平等领域的研究。

克劳迪娅·戈尔丁
➤（1946— ）
美国经济学家，以历史的研究方法在劳动经济学（特别是女性地位）、家庭经济学和教育经济学等领域都颇有建树。

卡尔·波兰尼
➤（1886—1964）
匈牙利裔人类学家、历史学家，著有《大转型》（1944年）。他在书中阐释了经济交换是嵌入在制度中，也就是说嵌入在社会或国家所制定的正式或非正式规则中的观点。

加里·贝克尔
➤（1930—2014）
美国经济学家，1992年获得诺贝尔经济学奖，以应用新古典建模方法研究家庭经济学、教育经济学和歧视问题而闻名。

迈克尔·克雷默
（1964— ）
美国经济学家，因其通过随机实验评估了多领域（教育、健康、劳动等）的措施，进行了被称为"微观发展"的研究，于2019年获得诺贝尔经济学奖。他是"O型环"理论的创建者，该理论强调了生产中各个要素之间的互补性。

➤➤➤

"解释工资不平等的最简单理论是，不同的雇员对其所在企业的生产做出了不同的贡献。"

托马斯·皮凯蒂，《不平等经济学》，2015年

为什么薪酬不平等？

色？接待员的贡献是什么？保安的贡献是什么？会计的贡献是什么？人力资源总监的贡献是什么？企业领导的贡献又是什么？毫无疑问，每个人都是长链中的一环，每个环节都有其贡献。而且，链条的坚固程度基本取决于其"薄弱环节"，而不是"最强环节"，尽管一开始我们可能会搞错。当最脆弱的环节断裂时，整个链条都会失去其坚固性。这就是迈克尔·克雷默（Michael Kremer）基于1986年挑战者号航天飞机因一个小小的密封件失效而爆炸这一事件而提出的"O型环"理论。

至于企业的领导者，有时他们的贡献是通过**企业市值21**增长来衡量的，即通过其上市股票的价格来衡量其价值。如果企业增值，那么这将是由其主要领导者所做的决策推动的。毫无疑问，他的决策可能起到了作用，但如果没有其他所有同事的劳动，是否还会有相同的结果呢？

换句话说，几乎不可能仅凭个人生产率来确定生产过程中不同参与者的报酬。生产率只能在整个组织——如一个企业——或者生产同一产品的整个行业水平上进行衡量。这解释了为什么在相同的教育水平下，一个秘书或会计如果在金融领域工作，平均**工资**会比在大型零

1986年挑战者号航天飞机的爆炸使人们对一个核心的经济理论产生了怀疑。

售业工作时更高，也解释了在私营部门时的工资比在公共部门时要高、大型企业的工资比小型企业的工资高，等等。

告诉我你的学历，我会告诉你大概的工资水平

另一个可能的标准涉及劳动者的**资质**，经济学家称之为"**人力资本**"，即西奥多·舒尔茨（Théodore Schultz）最早提出的"技能、知识和所有能够提高人类劳动生产率的能力的总和"。为了衡量这一点，我们不仅得考虑学历水平，还要考虑经验、个性以及多语言表达的能力。

许多研究已经证明了个人人力资本与报酬之间存在紧密而稳固的联系。因此，在每个国家，我们可以衡量额外一年的高等教育所带来的薪资增长。这种联系很容易理解；人力资本是一种稀缺资源，根据供求关系**15**，其稀缺性会使其价格上升。

然而，并非所有的学习都是平等的，也并非所有的技能都具有相同的报酬；虽然人力资本确实可以带来更高的报酬，但前提是这些技能被生产单位所需求，这就引出了在职业前景不确定的情况下继续某些学习的"回报率"的问题。但我们选择学习只是为了期望薪资回报，还是为了培养自己、继续学

习、在一个我们感兴趣的领域中丰富自己的智识？

告诉我你是谁，我会告诉你能赚多少钱

工资的决定因素是多样的，在这个薪酬越来越个体化的世界里，个性或经历的差异可能导致薪资的显著差异。同一所学校的两个毕业生，那个有幸借助社交网络从事与自己资质相符的工作的人，有着良好的晋升前景，而与那些因为机会不足而被迫从事与自己能力不相称的低技能工作的人相比，也拥有更具回报的职业生涯。用《马太福音》的话来说："凡有的，还要加给他，叫他有余。"社会学家罗伯特·默顿（Robert Merton）因此认为，在起点上的微小差异，有时与运气有关，但更多与出身有关，都可能导致最终薪资的巨大差距。

同样的，无论是性别歧视、种族歧视，还是与性取向或宗教信仰有关的歧视，我们也不能忽视这些歧视问题。事实上，女性的收入比男性低，例如，在法国，这一差距约为28%。不同国家间情况不同，但无论在哪里，现实都是如此：女性的薪资较低。如何解释这一现象呢？

首先，我们可以尝试从经济标准来客观地解释这种差异。一般来说，女性更多地从事兼职工作，并且加班时间较少。在法国，如果比较小时工资，男女薪酬差距将降至约20%。第二个客观因素涉及所从事的工作类型：女性在雇员中占比较高，而男性在管理层中占比较高，两者的薪酬差异很大。但是，在学历、工作时间和工作类型相当的情况下，男女薪酬仍然存在差距，且根据不同的方法计算，这一差距维持在5%到10%之间，其中部分仍是由于性别歧视的刻板印象所致。

确实，我们可以认为，工作时间的缩短和女性在职业生涯中面临的"玻璃天花板"也是性别刻板印象的产物。为什么在孩子出生时，大多数情况下是女性选择兼职，而不是男性？因此，对歧视问题的准确衡量取决于所选择的分析领域，并且只从工作领域来分析无法准确评估，我们需要将视线从工作领域转向家庭领域，分析夫妻之间家务劳动的不平等分配方式。

对于种族歧视问题，可以通过测试来对其进行评估。测试中，我们将几乎相同的简历发送给同一家公司，简历在工作经验和学历背景方面几乎相同，唯一的区别只在于候选人的姓氏类型。结果显示，在相同的简历条件下，拥有与某些特定背景（尤其是非洲背景）相关的姓氏的候选人更不易获得面试机会，从而进一步获得薪资。

毕竟是制度差异，对吗？

那么，我们究竟该如何

解释薪资差异呢？显然，资历差异是一部分原因：我们在一个组织或生产部门工作的时间越长，薪酬就越多。个人因素也是一部分原因，尽管我们努力进行抗争，但歧视仍然存在。

然而，我们也可以从另一个角度来看待这个问题。收入的差异首先是**制度**的结果，经济学家用这个总括性的术语来指代所有的规则，不管是明确的还是隐含的、有意识的还是无意识的、正式的还是非正式的，这些规则使我们能够进行互动。

非正式的制度就例如我们对于不同事物的价值观。我们是否愿意通过诸如税收等方式，集体支付更多费用，使医疗和教育中的岗位能像私营企业的管理岗位一样被重视？正式的制度则包括最低工资的规定、男女薪资差距的规定、反歧视的规定等等。

总的来说，教育行业的制度对薪资是否平等至关重要。正如2010年克劳迪娅·戈尔丁（Claudia Goldin）和劳伦斯·卡茨（Lawrence Katz）所指出的那样：技术进步对高素质劳动力需求迫切，而教育则增加了高素质劳动力的供给。因此，当教育落后于技

工资要达到最高？

术进步时，薪资差距就会大幅增加，当教育领域的投资不足以及高等教育毕业生因其稀缺而能够获得更高的薪资时，这种差距尤为明显。

总之，正如许多历史学家、社会学家和卡尔·波兰尼（Karl Polanyi）等经济学家的研究所展现的那样，每个经济体都是"嵌入"在一个社会中的，其运作方式由其制度所决定。因此，薪酬不平等在很大程度上是源于我们的观念和采取的态度，以及我们自己制定的规则。20世纪，最低工资的规定出现，如今有人主张在企业中设立最大薪资差距的规定，比如将最高薪资限制在最低薪资的12倍以内。这听上去非常可行。那么是否会很快成为现实呢？

不平等的薪资？

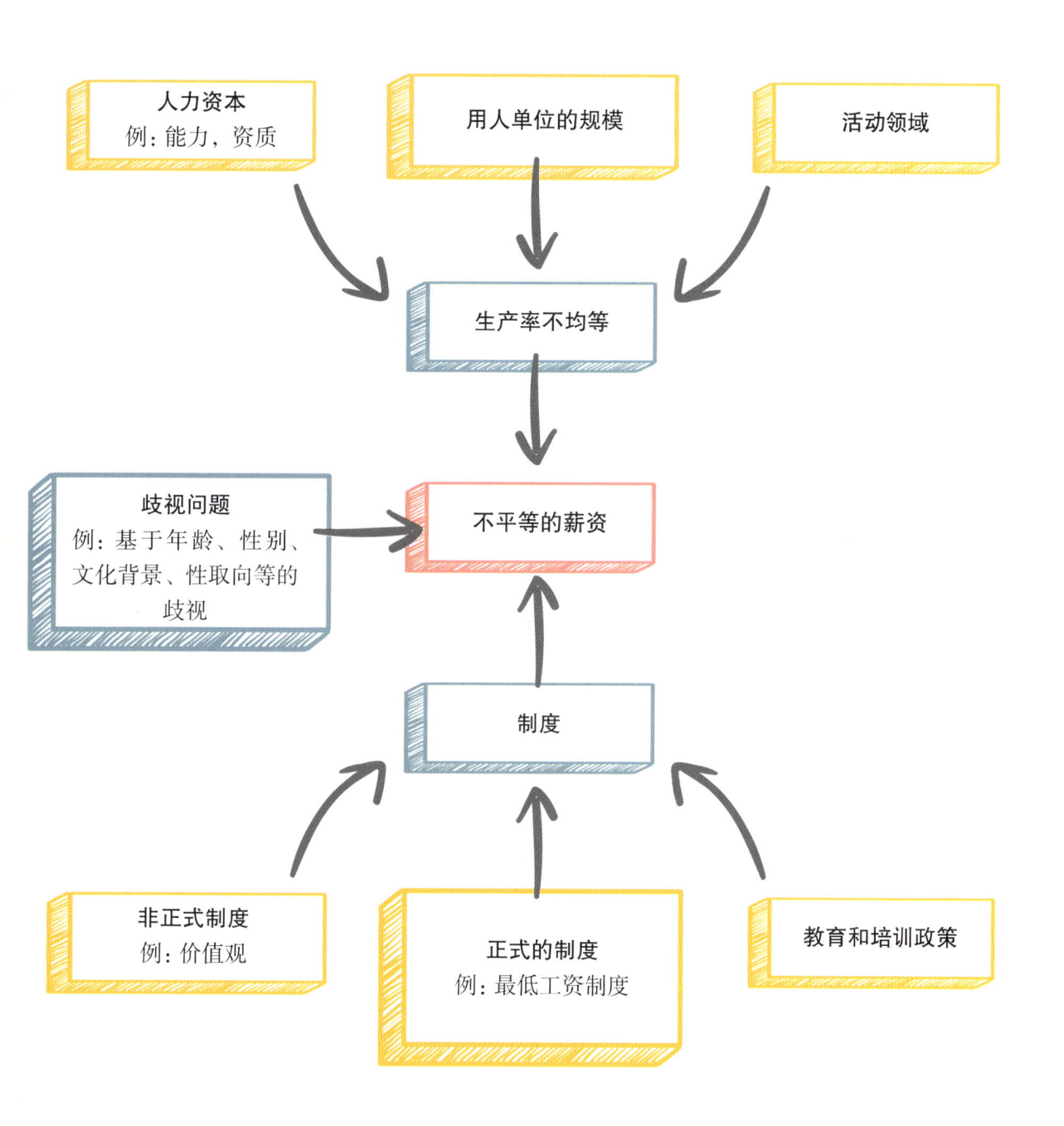

```
[人力资本            [用人单位的规模]         [活动领域]
 例：能力，资质]
        ↓                  ↓                   ↓
              [生产率不均等]
                    ↓
[歧视问题
 例：基于年龄、性别、    →    [不平等的薪资]
 文化背景、性取向等的
 歧视]
                               ↑
                           [制度]
                   ↑          ↑          ↑
        [非正式制度]    [正式的制度        [教育和培训政策]
        例：价值观]     例：最低工资制度]
```

8

缩短工作时间，一个好主意？

少干但多产

为什么我们工作时间变少了？

对经济学家来说，这种变化并不令人惊讶。事实上，这是由**生产率 5** 的提高所带来的变化。生产率的提高意味着因为技术进步等因素，我们可以用更少的工作时间完成相同的生产任务。这可能会导致工资的增加、价格的下降和/或利润的增加，从而产生"工作岗位溢出"的现象。

但这还不是全部。如果在更短的时间内能够有同样多的产出，生产率的增加可能会产生第四种后果，即工作时间的缩短。毕竟，技术进步怎么会不带来额外的闲暇时间呢？还有一点是，即使我们在平均意义上工作时间越来越少，以长期的角度去看，我们不仅生产了更多，而且购买力也大大提高了。问题的关键是什么呢？生产率的增益在这四个方面得到了分配，既提高了购买力，又缩短了工作时间。

缩短工作时间以增加工作岗位？

为了解决**失业**问题，也许我们可以缩短工作时间？毕竟，这个联系似乎是合乎逻辑的。如果将生产我们消费的所有物品和服务所需的总工作时间比作一块巨大的蛋糕，那么显然，如果我们将每一份（分配给每个人的工作时间）切割成更小的碎片，就会有一些可以留给那些目前分不到蛋糕的人。就这样，我们解决了失业问题！

少劳多得，这可能吗？

不过，正如我们所料想的那样，事情并没有那么简单……

首先，我们必须明确一点，蛋糕的大小与它的分享方式是相互关联的。因此，如果我们减少每份的大小，整个蛋糕的总量也会相应减少。为什么呢？很简单，比如说，如果工作时间缩短但保持工资水平不变，那么企业的生产成本可能会增加，这可能会促使它们更倾向于优先选择资本——即机器的使用，而工作的成本也会突然变得相对更高。在这种情况下，缩短工作时间反而会导致就业机会减少，但事情真的那么简单吗？

兼顾缩短工时与保持竞争力

缩短工时不能以牺牲就业为代价。因此，缩短工时不能导致企业生产成本的增加。例如，如果一家企业发现劳动者的生产率提高了10%，那么只要劳动者的工资保持不变，企业就可以减少劳动者10%的工作时间，而

历史回顾

一个长期趋势

在最发达国家，人们的工作时间越来越短。有工作的人平均每年为雇主工作的时间越来越少，以下是几个典型国家的数据：根据经合组织的统计，美国在1970年代初的平均工作时间约为1900小时，而现在仅为1700小时。同期，法国的平均工作时间从2000小时降至1400小时，英国从1800小时降至1400小时，经合组织38个成员国的平均工作时间从1960小时降至1680小时。趋势很明显，缩短工时已成为现实。一般来说，缩短工时要么是减少**法定工作周**，要么是增加假期天数或周数，要么是发展非全日制就业形式，可以自由选择，也可以强制实行。

法定每周工作时长

→ 由国家制定的标准，规定了相关雇员每周工作超过多少小时需要发放加班费，或每周最长工作时间。
国际劳工组织（ILO）规定，每天最长工作时间为8小时，每周最长工作时间为48小时。该规定仅供参考。

全民基本收入

→ 一种无条件支付给全体人口（或部分人口，例如从某个年龄开始）的收入，与每个人获得的收入无关。这是一项生存权，无论您是否参与财富的生产，都可获得。

灵活用工

→ 一套能使工作组织更加灵活的规则，通过调整工作岗位，满足雇主的需求：在数量上，允许雇主改变工作时间，也允许招聘或解雇；在质量上，允许雇主改变对劳动者的任务要求。

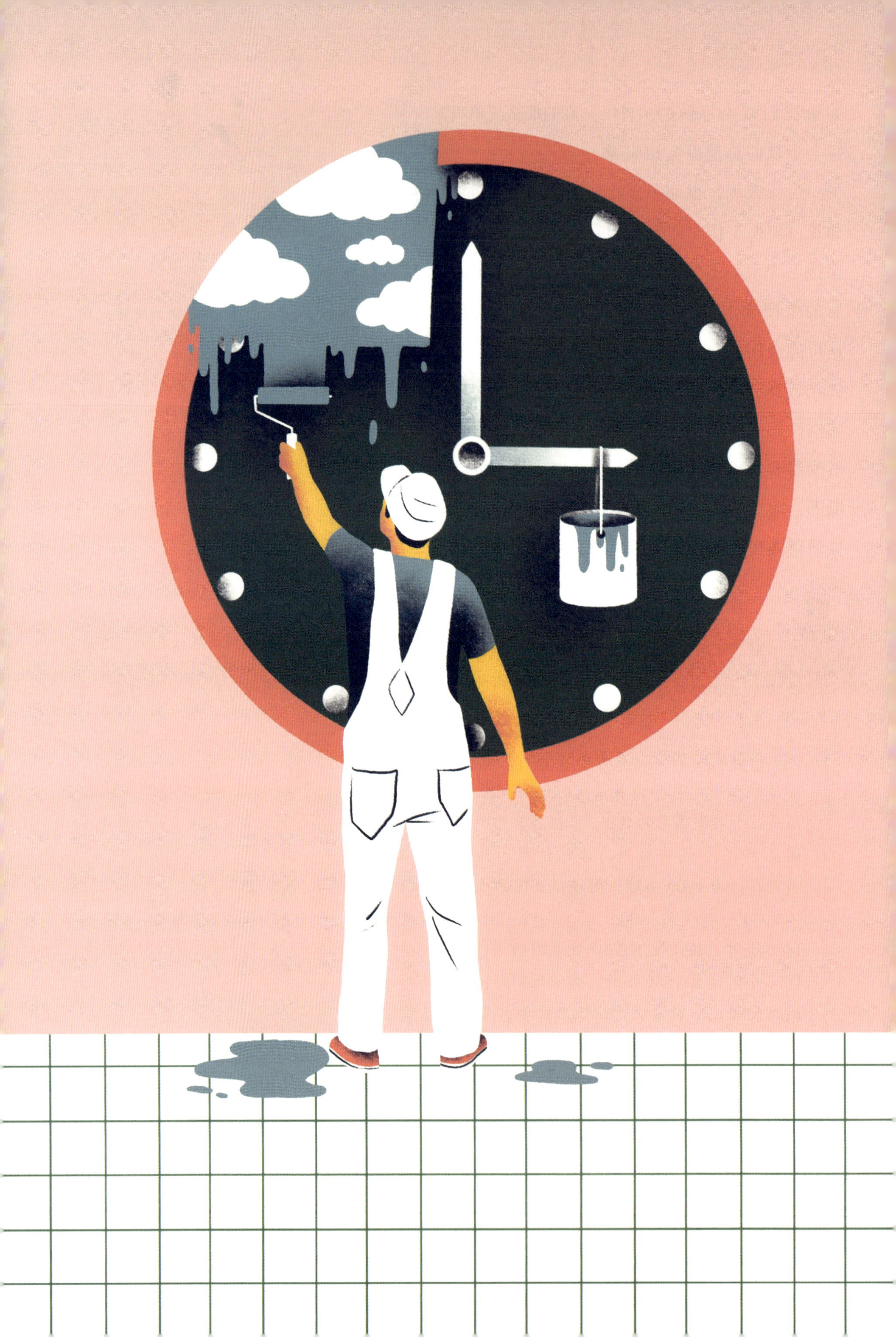

不会增加成本。劳动者的工作时间会变少，但在这段缩短的时间内，他们要以与之前相同的成本生产同样多的产品。企业也可以选择在缩短工时和增加工资之间分配生产率收益，确保两种效应相加不超过10%。

另一方面，如果缩短工时是由国家单方面决定的，并且无论其经济状况如何，所有企业必须执行，那么从一开始就会存在许多问题。这样一来，对于某些企业来说，它们的成本不会增加吗？而对于那些与外国企业竞争的企业来说，它们可能会失去竞争力，并且最终导致销售下降，甚至致使它们破产。

为了避免这些问题，就需要将缩短工时与**灵活化**措施结合起来，这些措施可以使企业在缩短工作时间的同时获得新的生产率增益。例如，将工作时间年化。所谓年化，就是以年计算而不是以周计算雇员的工作时间。企业可以根据其经营活动的周期性来对雇员的工作时间进行分配，从而提高生产率：在订单繁忙时让雇员多工作一些，而不必支付加班费——因此成本不增加——而在淡季给予他们休息日。与固定每周工作时间的刚性制度不同，这种灵活性可以

约翰·梅纳德·凯恩斯
→（1883—1946）
英国经济学家，著有《就业、利息和货币通论》（1936年），该书理论化地分析了在没有充分就业条件下经济的运行。尽管凯恩斯学派内部观点多样，此书仍是其重要理论参考。

→→→

> "缩短工作时间：对于失业者来说，这已经实现了。"

盖伊·巴多斯（Guy Bedos），《报刊评论》，1997年

缩短工作时间，一个好主意？

确保每个工作小时都是真正高效的，又能符合企业的需求。

有了这种灵活性的提高，就能够"化圆为方"：既能缩短工时，又能保持企业的盈利能力，而又不会对员工的购买力造成任何重大威胁。然而，这种更加灵活的工作安排对劳动者的生活并非没有影响，因为工作时间多变，劳动者也要有更强的适应能力，这可能会给相关劳动者的家庭生活与个人幸福带来不好的影响。

用更多休息换更多工作

工作时间的缩短可以有不同的形式。可以是在一周内空出几个小时，比如半天，如果工作时间足够长，甚至可以空出一整天；年化工作时间下，也可以是一年中多休息几天或几周。在这两种情况下，员工都将有更多的休闲时间，这都将转化为休闲行业的更多消费，例如：延长的假期里订座增多，休闲中心里人流变多，等等。因此，这也会在相关活动领域创造就业机会。

除此之外，还有一个社会选择问题

缩短工作时间也是一种社会选择，无论对就业或购买力有何影响。毕竟，这不正是人类最大的乌托邦幻想之一吗？即梦想过上没有任何束缚（首先是与工作相关的束缚）的生活。上帝为了

建立一个没有工作的休闲社会？

惩罚人类的"原罪"而选择的措施之一，就是让人类终生劳动（"你必汗流满面才得糊口"，《创世记》3.19）。在整个古代和中世纪也是如此：只有奴隶或被认为是社会中最卑鄙的一类人才会劳动，这就像一个诅咒，只有最有声望的阶层成员才能逃脱。

疫情和随之而来的束缚使我们相信，未来的世界与现在大不相同。在未来，工作的限制会减少，这主要是因为远程办公的增加，不过其效果仍存在争议。需要特别指出的是，工作时间没有考虑通勤时间，而随着大城市房价的上涨，许多员工的通勤时间也在增加。因此，远程办公可以直接或间接地减少工作时间（即交通部分）。

1930年，约翰·梅纳德·凯恩斯在《我们后代在经济上的可能前景》一文中预言，在技术进步的影响下，我们将走向这样一个世界：人类将在经济上摆脱稀缺问题，每天只需工作三小时即可满足其需求。迄今为止，这一前景还远未实现，但历史统计数据表明，工作时间减少是大势所趋。

缩短工作时间可以通过多种方式实现：延长带薪休假、减少每周工作时间、增加非全日制工作等。这些方

法对劳动者并非没有影响。如果是以冻结工资为条件，那么损失最大的就是那些工资最低的人。另一方面，如果雇员有机会在自己方便的时候休假，那么感到满意的主要是管理者。如果非全日制工作是强制的，尤其是对收入不稳定的工人而言，那么就会有加剧贫困的风险；相反，如果非全日制工作可以为那些希望腾出时间更多地享受个人生活的雇员自由选择，那才能被更好地接受。缩短工时并不总带来一个双赢的局面，这取决于具体实施的制度。是像荷兰那样延长少部分岗位的工作时间，还是像法国那样以更规范、更广泛因而更平等的形式进行？无论如何，这都是社会自己的选择。

如果减少工作？

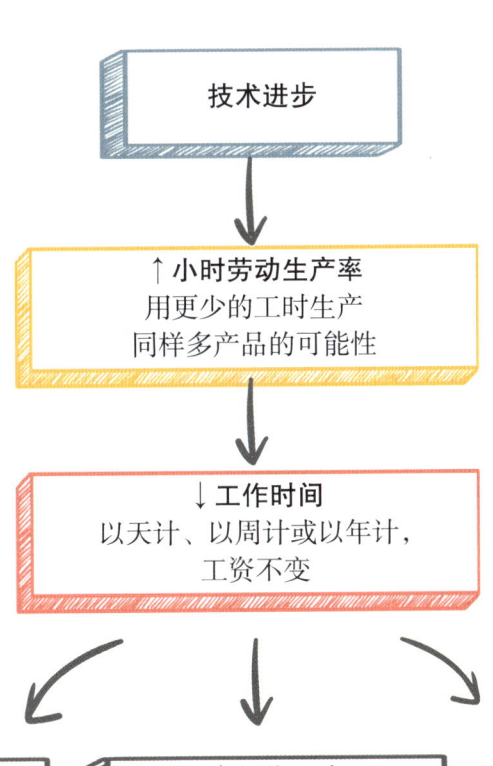

```
技术进步
   ↓
↑小时劳动生产率
用更少的工时生产
同样多产品的可能性
   ↓
↓工作时间
以天计、以周计或以年计，
工资不变
   ↙    ↓    ↘
```

↑自由时间
《懒惰权》，保尔·拉法格
（Paul Lafargue），1883年

↑工作强度
例：减少休息时间以
缩短工作时间

↑就业
根据劳动组织的安排调整

经济学家的小世界之二
我们是理性人吗？

消费者是理性的吗？

您拿着购物清单走进超市。您事先仔细记下了您需要的东西。由于您每周都会光顾超市，对过道的布局非常熟悉，所以您一进门就加快脚步，直奔第一个过道的倒数第二个货架。但就在您前进的过程中，您的目光被一个大招牌吸引住了，上面写着这排货架上的葡萄酒都有特价。您的酒窖已经满了，不过，为什么要错过这样的机会呢？

您自己看吧。当您离开超市时，检查一下您的手推车里是否只有您清单上的商品。大多数情况下，答案是否定的。在超市一系列营销策略的作用下，您已经屈服于购买冲动。但这是否意味着您的行为是非理性的？

什么是理性人？

理性是经济学的核心，也是"**理性人**"〔Homo œconomicus，约翰·斯图亚特·穆勒（John Stuart Mill）创造的说法，他的**模型**都与之有关〕的定义。在**微观经济**层面上，经济学试图了解我们是如何行动的，更确切地说，我们是如何决定我们的选择的，无论是在被称为"经济"的活动（消费、储蓄等）中，还是在任何其他领域。一个核心**假设**是，无论我们作何行动，都是事先理性计算的结果。这是为什么呢？

从最广泛的意义上讲，**理性**意味着**假设**我们的行为有充分的理由，然后寻找这些理由。面对同样的刺激，同一个人在同样的情况下应该会做出同样的反应，这使得经济学家能够根据**因果关系**原则来预测我们的行为。否则，如果我们是无章法地随意行动，就不可能对行为进行真正科学的分析。

消费者和生产者的理性

经济学家并没有就此止步。他们提出这种**理性**有一个更为精确的版本，即经济行为主体在每次面临选择时都会长期进行的**成本效益计算**。经济行为主体们被认为是"最大化者"，因为他们会选择对自己最有利的方案。

对于消费者来说，这就意味着他们追求选择一种"最优"的物品和服务组合，也就是说，这种组合是他们负担得起的，也符合他们的口味，相对于成本而言，能够带来更高的满足感，而没有其他可行的选择。至于生产者，他选择**生产组合**（即资本和劳动力数量的组合）的方式也应该是最优的，即能够使他从生产量中获得最大**利润**。

真的是理性人吗？

关于以上说法已经有很多论述。但除了在经济学教科书中，这个**理性人**，这个冷酷的计算者、享乐主义者和理性的人，还存在吗？为了弄清这个问题，一些研究人员——其中心理学家丹尼尔·卡尼曼（Daniel Kahneman）和理查德·塞勒（Richard Thaler）因他们的工作获得了诺贝尔经济学奖——为一项名为**行为经济学**的研究计划奠定了基础。他们是怎么做的呢？为了更好地了解决策背后的原因，研究者在实验室里与志愿者进行小游戏，规则非常详细，这些志愿者做出选择后，会改变其中一个规则，观察选择受到了怎样的影响，再推而广之，试图推断出选择的内在逻辑。

丹尼尔·卡尼曼在其著作《系统1/系统2：思考快与慢》（2011年）中指出，我们的大脑会根据不同的情况使用两种不同的逻辑模式。"系统1"指的是认知系统中自动、不自主、直观、快速、省力地发挥作用的部分。这是默认使用的思维系统，用于快速、即时的决策。而"系统2"则需要个人集中一定的注意力，具有相当的分析性，被用于解决复杂的问题。当系统1面临一个新问题时，它不知道如何应对，这就需要通过考虑与该问题相关的成本和收益来进行反思。卡尼曼推断，我们有时会通过"条件反射"做出"本能"反应，有时则会以理智的方式做出反应。

理性的偏误

行为经济学的研究揭示了一系列偏误，这些偏误扰乱了我们的决策，并可能导致我们偏离纯粹理性的最优选择。这样的偏误多种多样。比如，我们常常只记住那些与我们之前的信念一致的信息，即使它可能误导我们，这就是所谓的确认偏误。此外，我们对损失的厌恶要大于对相同金额的收益的喜好，这使得我们对损失更敏感。

为了解释这些偏误，赫伯特·西蒙（Herbert Simon，1978年诺贝尔经济学奖得主）提出了上述绝对理性假说的替代方案：有限理性假说。在信息不完善、我们的推理能力有限的情况下，我们不会寻求能给我们带来最大满足感的决策。相反，我们只是事先为自己设定了一个最低的满意度，一旦某个选择达到了这

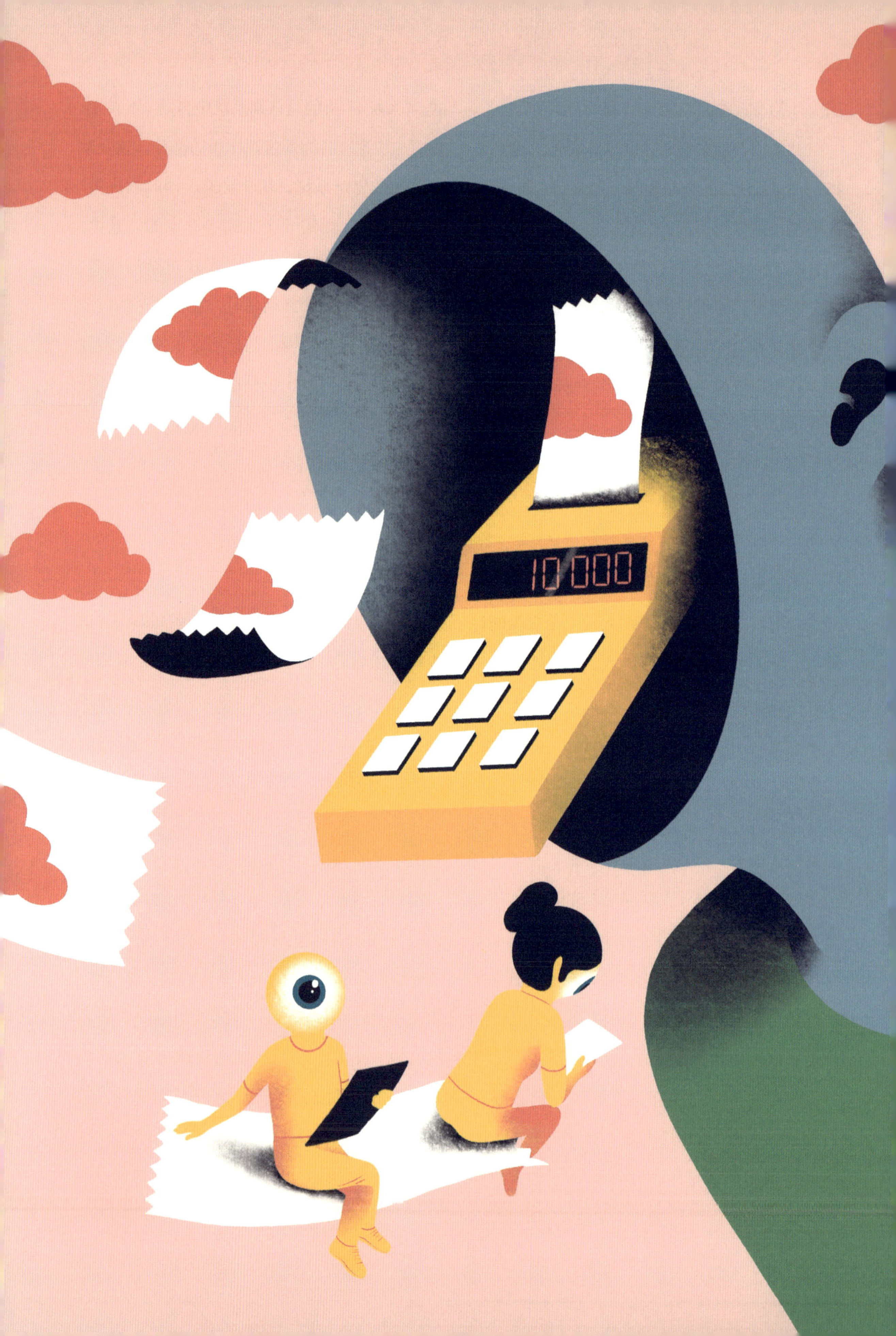
10000

个满意度，我们就会停止寻找。

因此，对于理性的假设仍存在于经济学模型中，因为它足够简单，可以用以构建更复杂的模型。但有些模型也对理性假设进行了简化：个人是计算者，但不是最优化者，他们的理性是有系统偏误的。对于经济学家来说，困难在于如何在简单化假设和复杂化假设之间做出选择，前者对于建立能够正确解释现实的模型非常实用，而后者有时可能会阻碍模型的建立。理论与经验的争论在经济学家群体中激烈展开，而经济学家本身也面临着自身的偏误。

→→→
"我还要特别强调经济学是一门道德科学。我曾说过，它涉及内省和价值观。我还想补充一点，它涉及动机、预期、心理不确定性。"

约翰·梅纳德·凯恩斯，
《致罗伊·哈罗德的信》，1937 年

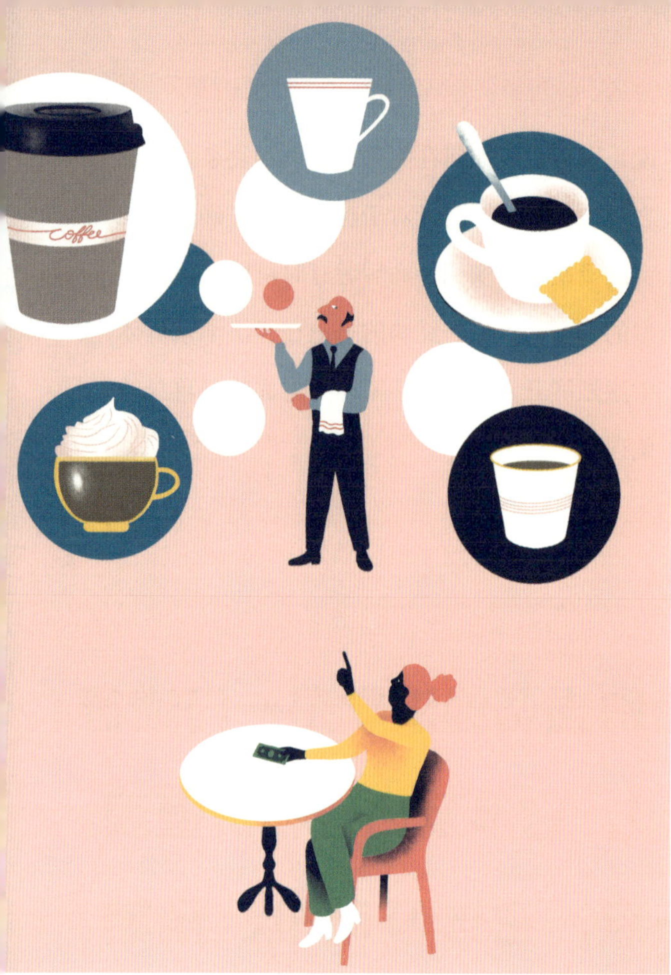
coffee

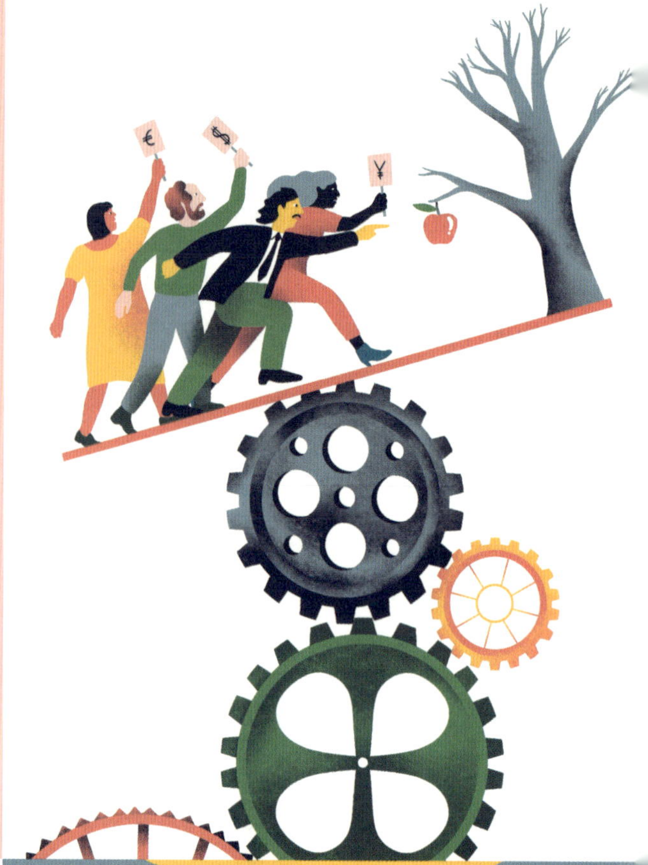

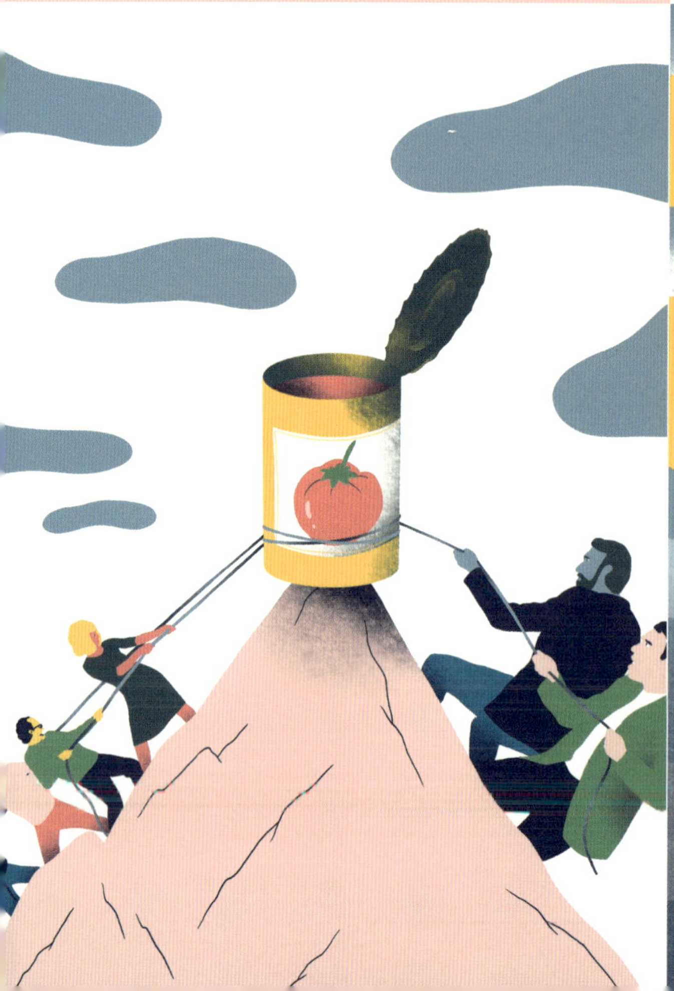

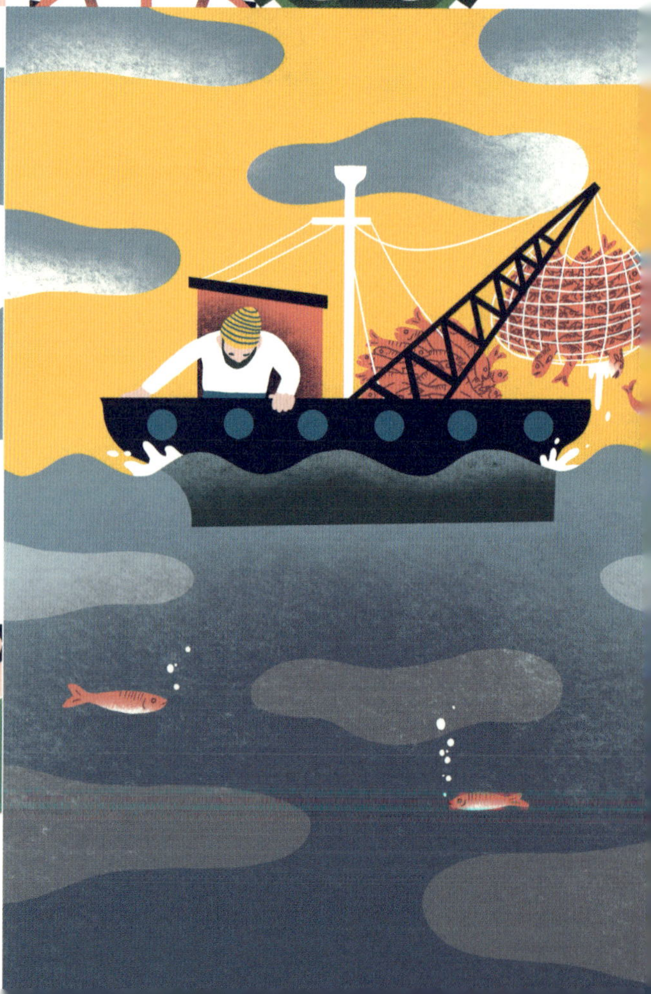

交 换

- **9** 单一市场还是多市场? 076
- **10** 如何制定价格? 084
- **11** 竞争：天堂还是地狱? 092
- **12** 无懈可击的市场? 098

9

单一市场还是多市场？

我们日常交换背后的一切

日常生活里的奇迹

今天早上，您决定在外面吃早餐。在您的社区里，有几家咖啡馆提供各种不同的套餐，价格也不一样。您选择了一个阳光明媚的露台，向服务员点了一杯咖啡、一个羊角面包和一杯橙汁。他把您点的东西端给您，您慢慢地享用着。您把一张5欧元的钞票放在桌子上付款，然后就起身离开了。

这个故事稀松平常，但却是一个真正令人惊奇的平日奇迹。服务员是一个完全陌生的人，他愿意在您要求的时候为您提供食物和饮料。您用一张他无法吃、喝或佩戴的纸片来支付他，而他却接受了这个等价物。您把这张纸片留在桌子上离开，一刻也没有想到坐在您旁边的另一个陌生人可能会拿走它。服务员在您离开后拿走了这张钞票，那时他才发现您支出的5欧元完全足够支付您的4.5欧元消费，还多50分作为小费。

陌生人之间的交换

前面的场景描述了交换：不仅是**商品交换**（您根据商品的价格和质量与其竞争对手进行比较，最终支付了货款），还有非商品交换（您给了服务员小费，并不期待即时的回报）。经济学家保罗·西布莱特（Paul Seabright）在其2011年出版的著作中专门分析了人

陌生人如何相遇和交换：制度完美地或者说近乎完美地充当媒介。

类历史上出现这种"陌生人社会"的条件，这个社会可不只是家庭或亲属之间的交换，也不仅仅基于每个个体之间的关系，而是与完全陌生人之间的关系。他指出，与陌生人进行交换需要**制度**，也就是由社会

历史回顾

劳动力市场并非一直存在

劳动是一种非常特殊的商品。首先,机械师工作的一小时很难与交易员或教师工作的一小时相比较,因此才会有不同的小时工资。更重要的是,将工作小时以工资的形式交换,需要一整套制度,而这些制度在19世纪才在那些经历工业革命的国家中出现。

这正是卡尔·波兰尼通过英国和法国的例子所展示的。在英国,1795年的《斯皮纳姆兰法案》推广了自17世纪以来在教区中实行的一项制度:设立最低收入,当工资低于这一收入时,可以补贴劳动者的工资。这一制度在当时受到了托马斯·马尔萨斯的强烈批评,他认为这会促使穷人生育,使他们陷入贫困。波兰尼还指出,这一制度使得雇主支付非常低的工资,同时抑制了生产力。1834年废除这一法案标志着劳动力市场向自由化转向,根据供求关系确定工资水平。

在法国,大革命确立了劳动力市场的真正存在,1791年确立了劳动自由的原则。行会消失了,这些职业团体不能再独断行业的工作条件。

市场
→ 指购买(需求)和销售(供给)同一商品的全部交易,能确定商品价格。

制度
→ 指规范经济主体之间相互作用的一系列规则和组织,以促进经济主体间的协调。

完全竞争
→ 一个市场模型,在其中,没有任何一个个体能够单独影响所确定的价格。

不完全竞争
→ 一个市场模型,在其中,某些供给方或需求方有能力影响所确定的价格。

单一市场还是多市场?

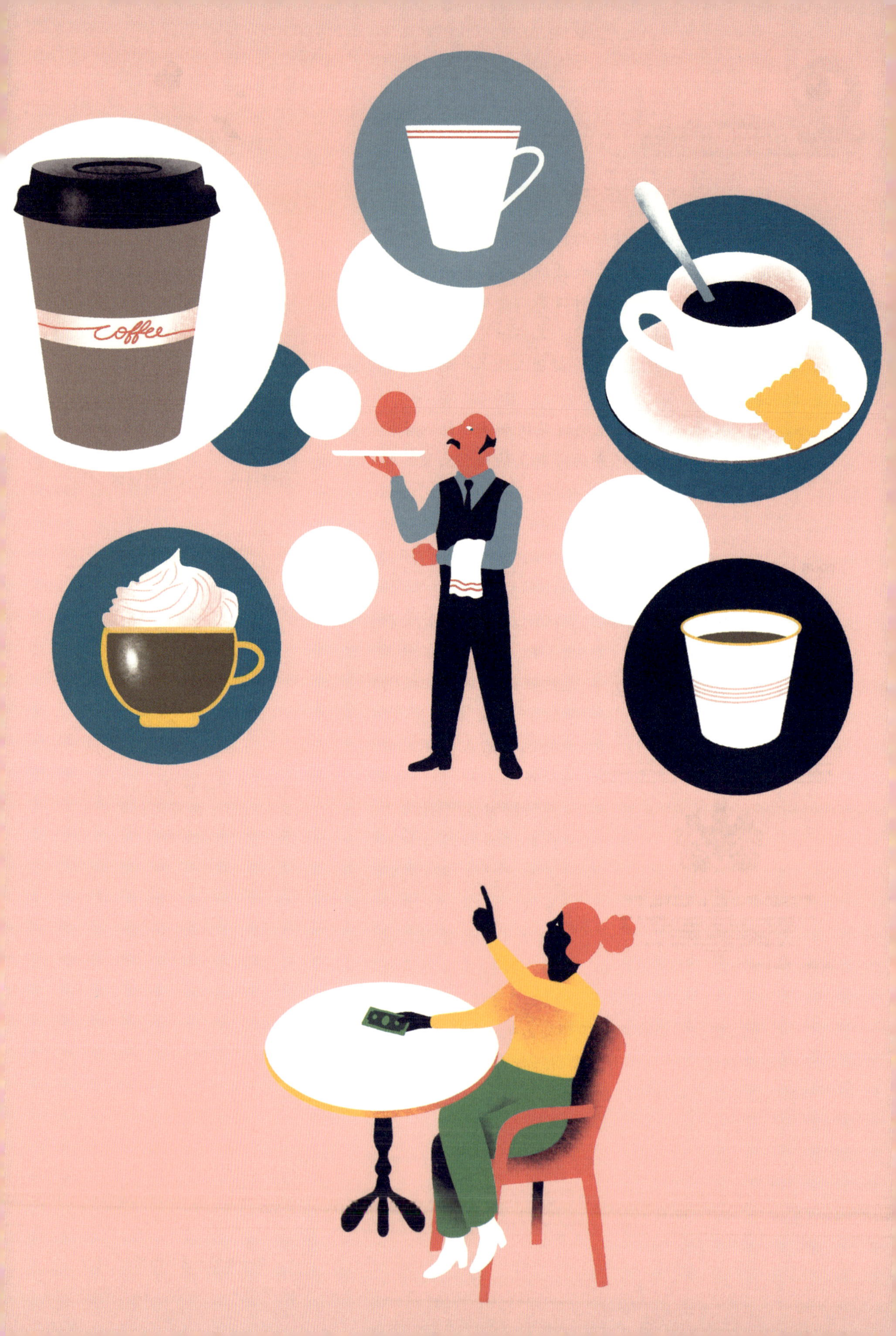
Coffee

→→→

"自由放任并不是自然而然的事情；如果我们只是任由事物发展，自由市场永远不可能出现。……自由放任本身是由国家强制实施的。"

卡尔·波兰尼，《大转型》，1944年

群体、社会和国家创造的书面或非书面、正式或非正式的规则。这些制度在人类历史的后期才出现。它们的存在是为了在陌生人之间建立起一种**信任**：这种信任是双向的，让每个人都能够依靠如价值观、宗教、誓言、声誉及合同等各种各样的制度进行交流；同时也对制度本身产生信任，比如对财产权、法院、货币、发行货币的中央银行等的信任。

嵌入社会与政治中的交换

人类学家卡尔·波兰尼在其20世纪重要社科著作《大转型》中研究了交换与使其成为可能的制度的历史。在社会中，交换涉及价值观、规范和社会实践。在政治中，交换则通过权力关系、规则或力量对比的方式进行。因此，没有商品交换就没有对财产权的相互承认，这种承认可以通过习俗或法律来实现。

但并非所有的交换都是商业性的。交换也可以先将资源集中在一个代理人手中，然后进行**再分配**。这种交换方式曾经被狩猎采集社会实践过，如今高收入国家的福利国家也在实行这种方式。交换也可以是无须直接回报、单方面进行的，比如在某些节日给予礼物，或者给乞讨者布施。这种交换是建立在**互惠原理**上的：这种交换没有

> "礼物从来都不是免费的；它将赠送者与接受者固定在一个互惠的循环中。"
>
> 马塞尔·莫斯

直接回报，但社会学家马塞尔·莫斯（Marcel Mauss）在他的《礼物》（1924年）中指出，这种交换是建立在给予、回报和接受的社会义务的基础上的，以一种非常间接的形式进行回报。可以想象一下，如果您拒绝接受圣诞节礼物，或者您从不给每天给您送咖啡的服务员小费，会是什么结果。

市场的制度化

所有形式的交换（包括商品交换、再分配和互惠原理）都需要制度和规则的支持，但市场的发展需要特定的制度。真正的市场出现得较晚，因为需要被承认的财产权以及货币（物物交换从未构成重要的交换系统 **13**）。

事实上，**市场**指的是同一商品的购买和销售交易的集合，这些交易以协调的方式进行，每个人都相互作用以确定商品的价格。买家（被称为"需求者"）希望以最低的价格获得商品，而卖家（被称为"供给者"）希望以最高的价格出售商品。因此，他们的利益是相互对立的，这种对立甚至可能会导致暴力冲突。

因此，需要制度来管理这些相互对立的欲望。波兰尼指出，19世纪的英格兰在《圈地法案》引发的长期运动下，出现了真正的土地市场，其中土地所有者能用栅栏划

定自己的土地，确保自己能独占资源。同时，他还展示了同一时期、1834 年《斯皮纳姆兰法案》废除之后劳动力市场的出现。

高度多样化的市场结构

由于每种商品都有不同的市场，并且每个市场都具有特定的制度，因此市场多种多样。每个市场里都有或多或少同质的、相同或相反的多样化商品。于是就出现了两种极端情况：一是**大宗商品**市场，如欧洲电力现货交易所（Epex Spot），这个欧洲交易所的供应商和分销商每天交换不同方式生产的兆瓦级电力（风能、太阳能、核能、水力等），但对电的用户来说没什么区别；二是**孤品**市场，比如艺术品市场，每位艺术家的每件作品都是独一无二的。而两者之间的中间情况是最常见的，因此在同一个市场中存在不同的细分，如房地产市场中，就包括新房和旧房、住宅和公寓的划分，根据地理位置的不同也有划分。

在每个市场中，供给（所有卖家的总体）和需求（所有买家的总体）的集中程度各不相同，参与者的数量多少不一。在供求完全**分散**的市场上，参与者数量非常庞大，但相对规模非常小，因此没有一个人能够单独影响价格。相反，在某些市场上，只存在一个供应商（**垄断**）或两个供应商（**双头垄断**）或少数供应商（**寡头垄断**）。

从完全竞争模式到市场现实

面对市场极大的多样性，经济学家们建立了一些模型：这些模型非常简化，并不试图适用于所有市场，只是捕捉特定市场的主要特征。市场模型可以依据这一标准分为两种类型：参与者（买方或卖方）是否具有**市场力量**，即是否有能力影响市场价格？在**完全竞争**模型中，令

卡尔·波兰尼
→（1886—1964）
匈牙利裔人类学家、历史学家，著有《大转型》（1944 年）。他在该书中阐释了经济交换通常是嵌入在制度中，即由社会或国家制定的正式或非正式规则中的观点。

保罗·西布莱特
→（1958— ）
英国经济学家，他的研究涵盖竞争政策、产业政策与发展经济学，始终强调制度对于解释决策至关重要。

琼·罗宾逊
→（1903—1983）
英国经济学家，她参与了约翰·梅纳德·凯恩斯《就业、利息和货币通论》一书的编撰，也是一位产量丰富的作家，作品主要涉及不完全竞争。

爱德华·钱伯林
→（1899—1967）
美国经济学家，他的研究主要涉及不完全竞争，尤其是垄断竞争问题。

人惊奇的是，没有任何一个参与者能够单独影响市场价格。很少有市场完全符合这个定义，但有些市场很接近这个模型，比如快餐市场。

"完全"并不存在或很少见。

每个街区里都会有一些餐厅提供各种产品（汉堡包、烤肉串、薄煎饼、帕尼尼等等）。但对于一顿饭来说，这些搭配薯条和汽水、能让人在短时间内摄入大量卡路里的食物在某种程度上是可替代的。每家餐厅都会自主设定菜单的价格，但很少有设置了比其他餐厅低得多的价格还能生存下来的：这样做会导致亏损，或者必须减少员工工资，而这样做会导致招聘困难。同样，也很少有价格设定比其他家高得多的：这样就没有人会购买他们的餐食了！

这种市场力量的缺乏源于四条原因：供求的完全分散、产品的同质化（参见上文）、信息的透明度以及自由进出市场的可能性（也被称为市场流动性）。

不完全竞争模型

相反地，经济学家琼·罗宾逊（Joan Robinson）研究发现，在**不完全竞争**模型中，某些经济主体——或买方或卖方——是具有市场力量的，因为前面列出的四个条件至少有一条不满足。这可能与市场集中度有关，如战斗机市场中，只有少数几家生产商，或者与其购买者（国家）的集中度有关。但这也可能与生产者差异化其商品的能力有关，比如通过创新使自己成为目前市场上唯一的生产者。1933年，爱德华·钱伯林（Edward Chamberlin）提出了描述这种通过创建临时垄断来竞争的词：**垄断竞争**。

每个模型都有其解释范围，对于每个市场的研究来说，或多或少都能适用。经济学家们就不同市场结构对社会的相对效率进行辩论，但尚未得出定论[11]。最近，我街角的咖啡店在浓缩咖啡里加了一支棉花糖熊，味道不错但有点贵。这真的是一种成功的策略吗？

竞争：完全还是不完全？

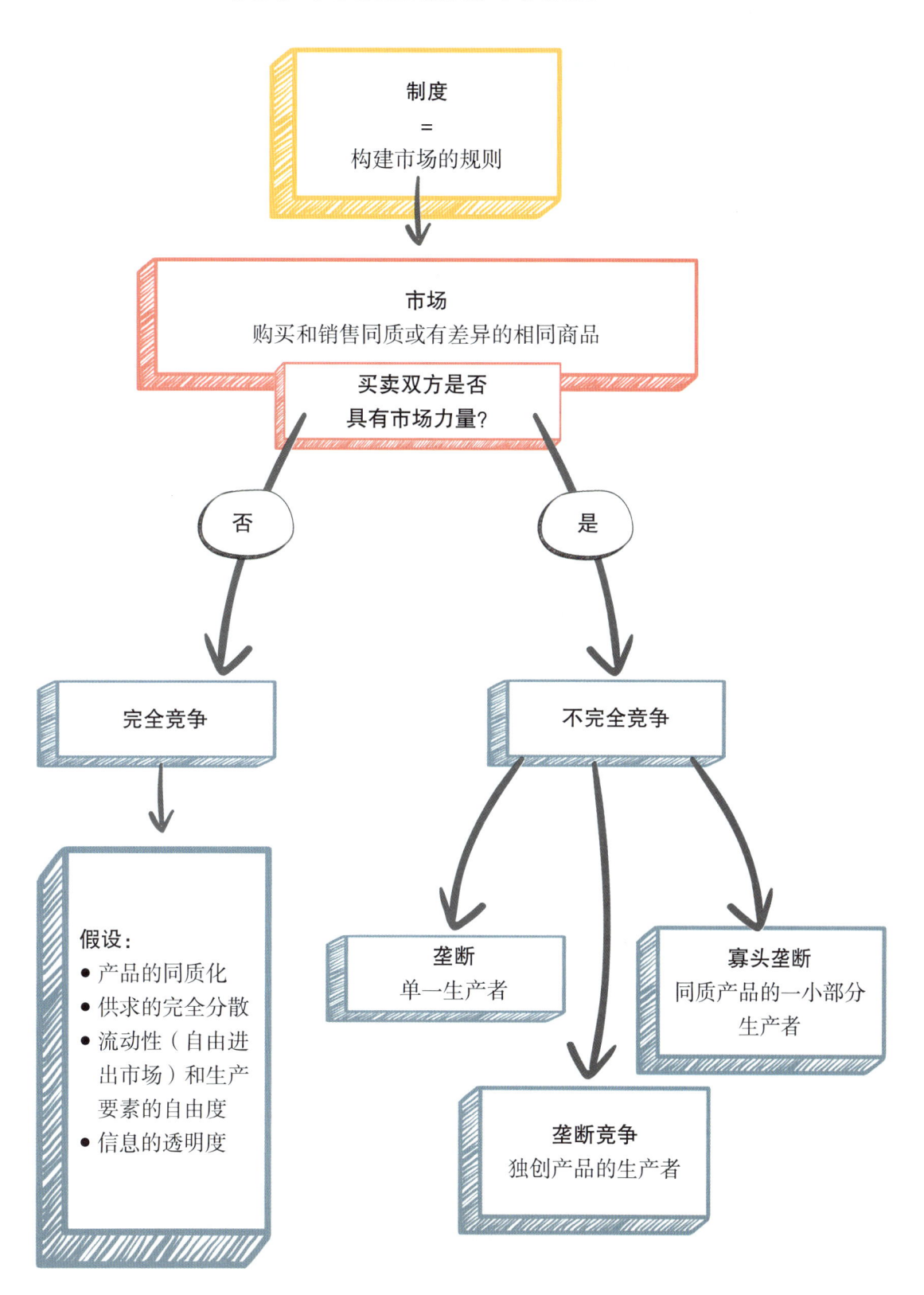

制度
=
构建市场的规则

↓

市场
购买和销售同质或有差异的相同商品

买卖双方是否具有市场力量？

否 → **完全竞争**

假设：
- 产品的同质化
- 供求的完全分散
- 流动性（自由进出市场）和生产要素的自由度
- 信息的透明度

是 → **不完全竞争**

- **垄断**
  单一生产者
- **垄断竞争**
  独创产品的生产者
- **寡头垄断**
  同质产品的一小部分生产者

单一市场还是多市场？

如何制定价格？

市场上的讨价还价

一幅天价油画！

2005年，两位纽约的艺术商人以1175美元的价格购得一幅状况极差的画作，据称该画作是由列奥纳多·达·芬奇的一位学生在大约1500年创作的。这幅画描绘了右手在施予祝福、左手托着一个玻璃球的光辉基督的形象。这幅画经历了损坏、重新绘制、重新上光和修改的过程，添加了胡须。经过修复，这幅画展现出了令人惊叹的精妙和引人入胜的细节。该画作后被鉴定为列奥纳多·达·芬奇的《救世主》，2011年开始在伦敦的英国国家美术馆展出。随后于2013年以1.275亿美元拍卖，并于2017年以4.5亿美元的价格卖给了沙特阿拉伯王储。至今，这仍是世界拍卖史上的第一高价。然而，专家们对其是否为达·芬奇真迹仍各执一词。

通过拍卖确定价格

《救世主》的价格是如何确定的呢？是通过拍卖机制决定的。拍卖会在一间拍卖厅中举行，由拍卖师主持监督。根据专家的评估，拍卖师会提出一个起始价格。在现场或远程参加的潜在买家会递增地出价，直到没有人再愿意加价为止。然后，这幅画作就会卖给最后一个给出最高价的买家。

拍卖是市场上价格确定的一个实例，每个市场都有自己的规则：有向上竞价（像大多数拍卖场所一样）或向下竞价（"荷兰式拍卖"，像荷兰鲜花拍卖市场那样），并采用各种不同的机制。但是，大多数商品的价格并不是在特定制度组织下的市场上确定的，比如劳动力市场、汽车市场、房地产市场、电子

价高者得的法则是否在任何地方都适用？

历史回顾

石油危机与市场力量

自古以来，石油就是一种为人熟知的自然资源。然而，直到19世纪中叶，随着蒸馏和精炼技术的创新，其使用才得到了大力发展。需求不断增加，于是艾伯塔、加利福尼亚、特兰西瓦尼亚等地掀起了"黑金热潮"。然而，1878年电灯泡的发明标志着当时石油主要用途的衰落：照明。

随着使用内燃机的车辆的商业化以及化学领域的发展，石油在20世纪真正得到了迅速发展。到1970年代，七家石油公司，即"石油七姐妹"主导着石油市场。这些公司间形成了一种卡特尔，达成了一种具有市场力量的协议，使得原油价格对于出口国来说保持在较低水平。

石油输出国组织（OPEC）的出现使这种市场力量出现危机。该组织是由石油出口国组成的卡特尔，1973年，在阿拉伯国家和以色列之间的紧张地缘政治背景下（赎罪日战争），该组织决定限制石油出口量。当时，OPEC控制着全球55%的出口；市场力量转向供给方，石油价格飙升。这就是石油危机。

从1980年代开始，石油价格的上涨鼓励了其他非OPEC成员国家（俄罗斯、加拿大、墨西哥、挪威、美国）的增产，OPEC成员国之间也产生了分歧。随着全球产量的增加，石油价格暴跌：这就是逆石油危机。

如今，OPEC的13个成员国只控制了全球35%的出口，且必须与其他国家（尤其是俄罗斯）达成协议才能影响到石油价格。

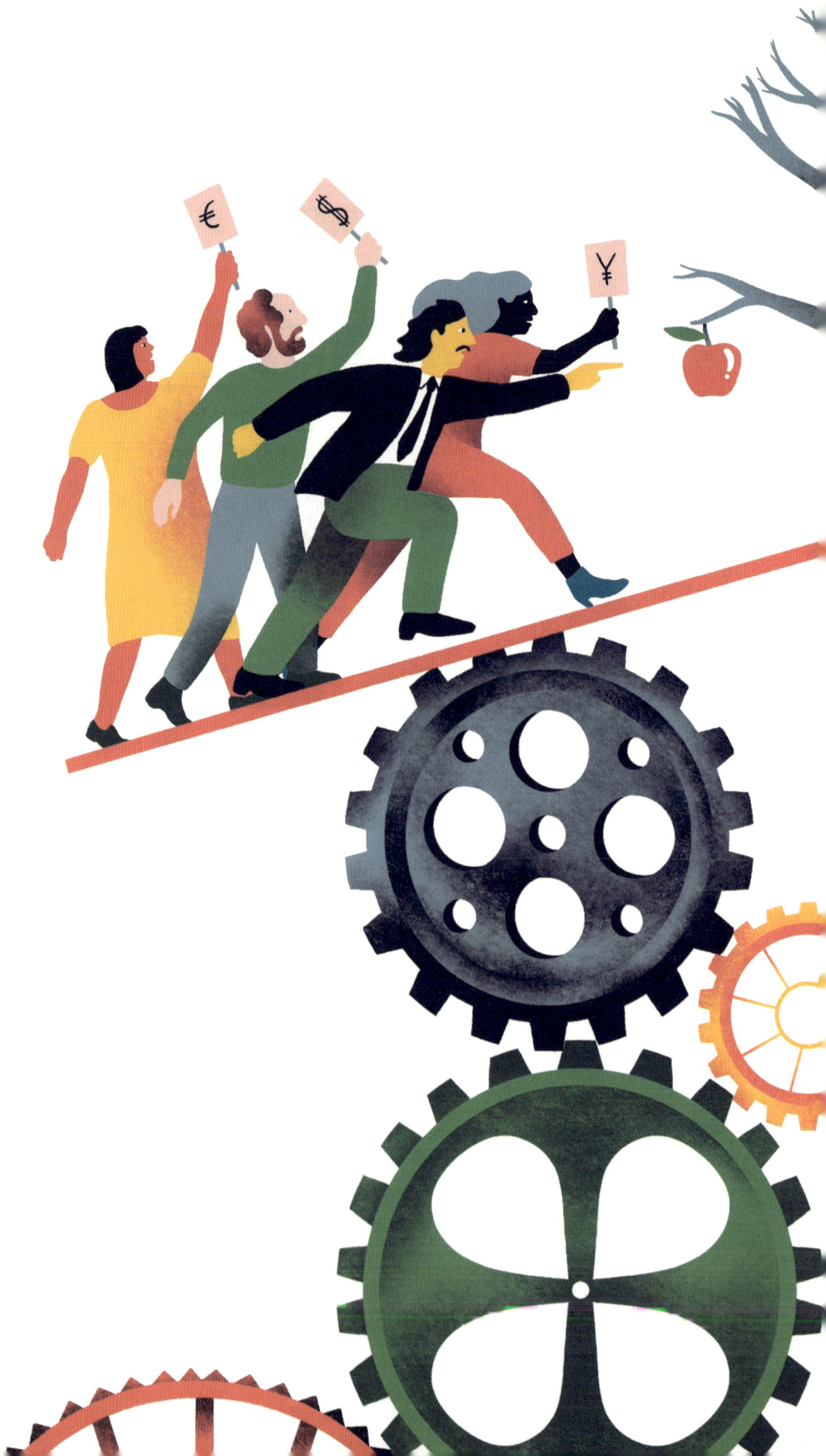

→→→

"如果我们想要真正理解价格体系的功能,我们必须将其视为一种信息传递的机制。"

弗里德里希·冯·哈耶克,
《知识在社会中的运用》,1945 年

元件市场等等。那么，在确定商品价格上，所有这些市场有什么共同点呢？

实现市场均衡的价格

提到**市场**，首先想到的就是一个确定的商品，它有着相反利益的买家（**需求**）和卖家（**供给**）：买家希望支付最低价格，卖家希望得到最高价格。《救世主》这幅画是独一无二的存在，但也存在着可互换、同质化的产品，比如石油桶或特定品种的小麦。

这种市场和商品的多样性有一个共同点。如果对于当前价格，买家希望购买的

当失衡调整价格。

数量超过卖家希望出售的数量，就会出现**短缺**：一部分买家就会无法完成他们想要的交易。只要不超过愿意支付的最高价格，即"保留价格"，买家就会提出更高的价格。就像拍卖者为了得到《救世主》而竞价，只要有人愿意为这幅独特的画作买单。房地产市场也是这样，当建造无法满足不断增长的需求时，市中心的房价就会飙升。

随着价格的上涨，卖家希望能尽可能售出更多的数量。在画作收藏市场上，创纪录的价格会促使收藏家出售其他画作。在房地产市场上，业主们会将他们的住房挂牌出售，而开发商则会修建新的住房。对于买家来说，价格上涨会导致需求量减少：在佳士得拍卖会上，也只有沙特阿拉伯的王储愿意以4.5亿美元的价格购买《救世主》；在房地产市场上，一些人会选择放弃购买或购买较小面积的房产。

总而言之，当市场价格导致买家需求量超过卖家供给量时，短缺会导致价格上涨。相反，当市场价格导致买家需求量低于卖家供给量时，过剩会导致价格下降。

因此，在每个市场上，价格的调整就像是在消解市场参与者希望购买与出售的数量之间的潜在不平衡，直到达到一个**均衡价格**，使两边的数量相等。

完全竞争中的均衡价格

完全竞争和不完全竞争中的均衡价格有着截然不同的特质。如前文所述，在**完全竞争**市场中，没有买家或卖家拥有市场力量：没有人单凭自己的购买或销售决策可以改变均衡价格。要满足的条件非常严格，很少在一个市场上能全部满足：产品**同质性**、**分散性**（大量买家和卖家）、**信息透明**（所有人都同样拥有完整的信息）、**流动性**（自由进出市场）。

完全竞争是自阿尔弗雷德·马歇尔以来的经济学家们提出的一种思想实验：在这样的市场下，没有任何买家或卖家可以单独影响均衡价格。因此，每个人都将均衡

价格视为一个参数，并根据自己的选择做出决策，而不考虑其他因素。对于更高的价格，出于自己的偏好和收入，买家希望消费更多的数量，而考虑到生产成本，卖家希望生产更少的数量。相反，价格更低，需求量增加，供应量减少。

因此，均衡价格体现了维尔弗雷多·帕累托（Vilfredo Pareto）所称的最优的价格，即"**帕累托最优**"：更高的价格会使买家受益而损害卖家利益，而更低的价格会使卖家受益而损害买家利益。

必须达到均衡价格！
这是完全竞争的目标。

例如，如果汽车制造商放弃竞争而达成协议，将汽车价格定在一个较高的水平，这个高价格能使他们牺牲买家的利益来获得高额利润。由此可见，这种思维实验十分具有现实影响，因为它在某种程度上是竞争 11 政策的理论依据所在。

不完全竞争中的均衡价格

相反地，在只有一个生产者能够提供商品的情况下，他就拥有了**垄断**地位，这也是一种极端的**不完全竞争**。比如，约翰·洛克菲勒1870年建立的标准石油公司就几乎在美国石油精炼和分销领域垄断了市场。于是，该公司拥有了市场力量，可以将价格定在能够最大化其利润的水平，这对所有石油买家和使用者来说都是不利的。1911年，依据反托拉斯法，标准石油公司被解散，拆分为 34 个公司。

在完全竞争中，价格是通过市场的相互作用而产生的，没有任何一方能够影响价格以更好地服务自己的利益。而在不完全竞争中，生产者对价格具有影响力，他们可以利用这种影响力来损害买家的利益。

供给

→ 在给定的市场上，对不同价格水平，卖家愿意向买家提供的产品数量。

需求

→ 在给定的市场上，对不同价格水平，买家愿意购买的产品数量。

价格

→ 一个产品在市场上的交换价值，是供给者与需求者之间的谈判结果。

均衡价格

→ 在给定的市场上，价格可以使供给与需求的数量达到平衡。

市场力量从来都不是绝对的，即使在垄断情况下，买家也可以选择购买其他商品。因此，如果您所在的社区只有一家餐馆并且价格过高，您可能更愿意在家里加热冷冻食品。市场力量因此取决于许多因素：可替代商品的存在（在洛克菲勒的案例中可没有！）；市场上竞争者的存在（即使只有一个），或者有竞争者进入市场的可能性（在洛克菲勒的案例中，他不惜使用暴力来阻止竞争者进入市场）。

市场价格的用途是什么？

因此，**市场价格**会进行调整，以在需求和供给之间建立平衡，这种平衡是暂时的，因为供给和需求都可能受到改变生产成本（**供给冲击**）与买方收入或偏好（**需求冲击**）的影响。

弗里德里希·冯·哈耶克（Friedrich von Hayek）认为，市场价格首先是一种"信息传递机制"。实际上，即使没有任何一个经济主体能够掌握一个经济体中关于商品生产和使用条件的所有分散信息，价格的上涨也表明：要么是需求增加了，要么是供给减少了。然后，我们每个人都会根据这些信号来调整自己的行为。

然而，价格提供的这种信号并不总是有效的，因为它预设我们对所有产品的质量及价格都有透明且共享的信息。因此，当您在超市购物时，价格向您传达了信息，但这些信息可能会非常混乱。比如说，在购买一盒草莓时：与其他超市相比，它的价格如何？它是如何种植、包装与分销的？当您有购买冲动时，它是否勾起了一丝丝那些在您脑海中挥之不去的野草莓的味道？

阿尔弗雷德·马歇尔
→（1842—1924）
英国经济学家，公认的新古典经济学派创始人之一。他的《经济学原理》（1890年）一书对新古典主义经济学方法进行了综合，尤其是通过供求平衡来分析市场均衡。

维尔弗雷多·帕累托
→（1848—1923）
意大利经济学家、社会学家，他对消费者微观经济学和福利经济学的发展颇有贡献，提出了"帕累托最优"的概念。

弗里德里希·冯·哈耶克
→（1899—1992）
奥地利裔英国经济学家、哲学家，他为货币以及市场经济中价格的作用研究做出了贡献，并更广泛地提出了一种将自由和市场交流置于核心的政治哲学。

家附近的烤肉串如何定价？

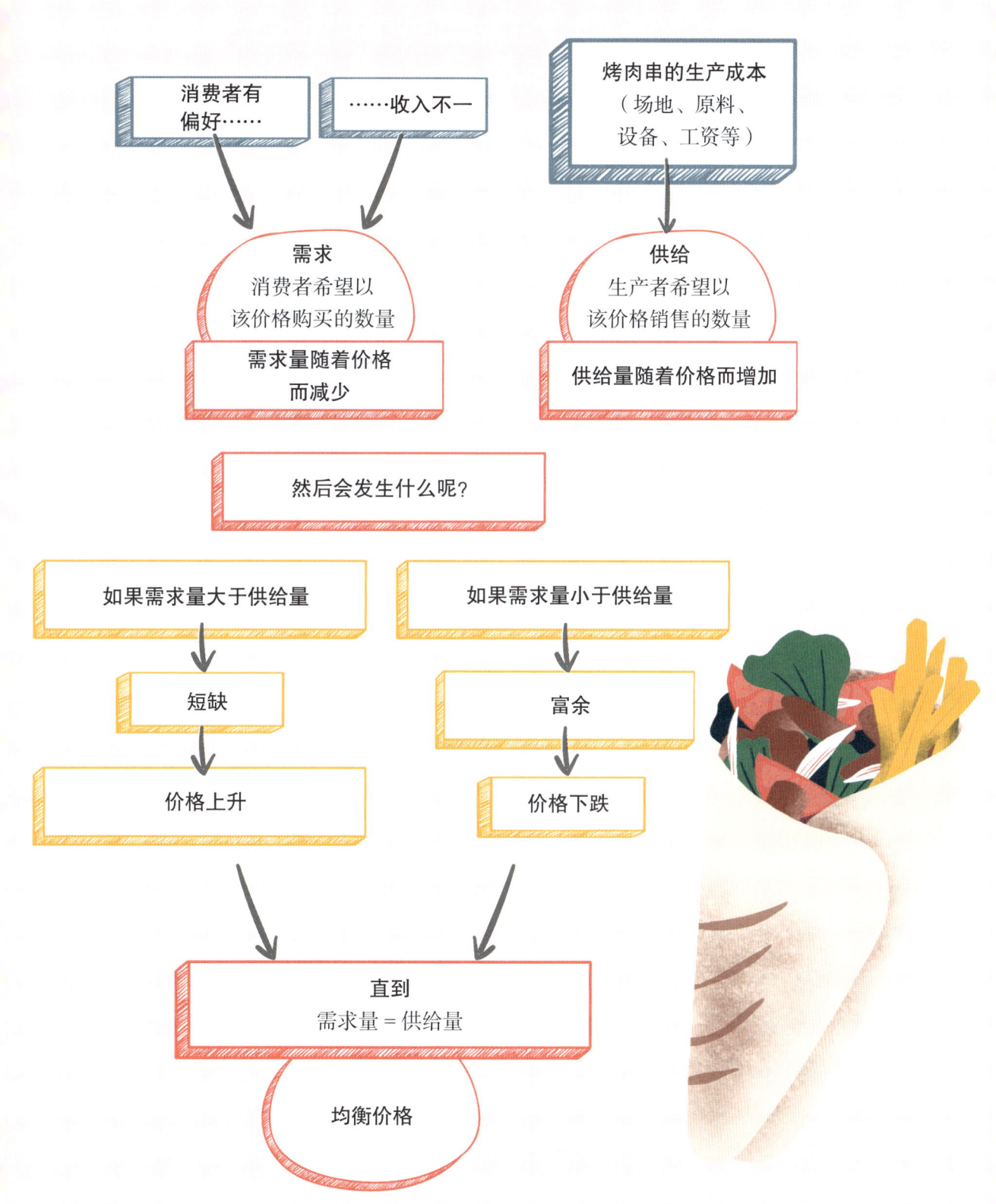

```
[消费者有偏好……]    [……收入不一]           [烤肉串的生产成本
                                            （场地、原料、
                                            设备、工资等）]
         ↓              ↓                          ↓
      ┌──────────────────────┐         ┌──────────────────────┐
      │        需求          │         │        供给          │
      │   消费者希望以       │         │   生产者希望以       │
      │ 该价格购买的数量     │         │ 该价格销售的数量     │
      └──────────────────────┘         └──────────────────────┘
      ┌──────────────────────┐         ┌──────────────────────┐
      │   需求量随着价格     │         │  供给量随着价格而增加 │
      │      而减少          │         │                      │
      └──────────────────────┘         └──────────────────────┘
```

然后会发生什么呢？

- 如果需求量大于供给量 → 短缺 → 价格上升
- 如果需求量小于供给量 → 富余 → 价格下跌

直到 需求量 = 供给量

均衡价格

如何制定价格？　091

11

竞争：天堂还是地狱？

日常交换背后的一切

计算机领域的世界大战："大即是好"

1970年代末，计算机进入千家万户，个人计算机（PC）市场被多家制造商（如美国的苹果、IBM、惠普、康柏、Altair、Tandy、Commodore 等）占据。每台个人电脑特点各不相同（操作系统、微处理器），因此只能在特定品牌的电脑上运行相应的软件，这严重限制了软件市场和软件自身的发展。

过去，软件生产商会将其软件的全部知识产权转让给他们所服务的制造商，而微软在1980年开辟了新天地。当时，巨头 IBM 需要给装备了英特尔处理器的新款 IBM PC 装配一套操作系统，但数字研究公司（Digital Research）拒绝将其研发的 CP/M 操作系统适配到 IBM 的新品上。1975年，比尔·盖茨和保罗·艾伦创立了微软，提供了开发并以简单许可证形式销售的操作系统服务，价格更低但非独家：微软

当一些人找到统治的圣杯时……

保留了新操作系统 MS-DOS 的知识产权，在向 IBM 支付许可费的同时，也可以向其他制造商提供服务。对 IBM 来说，这可是一种无须生产电脑就能赚钱的机会。

IBM 拯救了它的 IBM PC，也建立起一种经济模式，随着"兼容 PC"的发展，这种经济模式在1980年代逐渐在计算机市场成为主导。与此同时，这项与微软的协议也标志着 IBM 统治地位的逐步终结。事实上，英特尔处理器与微软操作系统逐渐成为全球计算机的标准配置（在1990年代和2000年代占据了90%以上的市场份额），也使得这两家公司能够向使用该平台的制造商收取高昂的费用。

1984年的苹果：非同凡响

于是，在1980年代，兼容PC获得了巨大的优势：为什么还要为雅达利公司（Atari）或阿姆斯特拉德公司（Amstrad）这两个拥有自己系统的竞争对手开发软件呢？毕竟这些软件只能在这些公司旗下的少数几台计算机上运行。只有一个制造商真正抵挡住了压力，那就是苹果。1984年，苹果推出了Macintosh，不同于MS/DOS那样需要输入代码，这台苹果计算机拥有直观的用户界面（桌面、窗口、文件夹、垃圾桶、用于指向的鼠标、移动、复制与粘贴）。即便提供的软件和外设数量较少，苹果也能以MacOS这个操作系统的性能、设计和品牌形象将计算机卖出高价。苹果的一系列产品受到艺术创意行业的青睐，这进一步加

规模经济
→ 当生产规模更大时，单位产品的平均成本降低。

自然垄断
→ 由于规模经济，单一生产商能够以较低的平均成本进行生产的市场结构。通过竞争，该生产商排挤小生产商，市场自然趋向垄断。

反竞争行为
→ 企业旨在限制市场竞争或扭曲市场的行为。

历史回顾

铁路：自然垄断？

19世纪，蒸汽机被发明出来并在几十年间不断被改进，铁路线路和车站也在不断建设，于是铁路逐渐发展起来。以上提到的铁路建设的相关元素有一个共同点：它们是固定成本，与使用铁路的乘客数量无关。这些成本不仅价钱很高，不确定性也很高。因此，最初最能盈利的铁路线路是私人公司最先开发的对象，然后才是其他盈利略逊色且不确定性略高的线路。

不同国家间的情况几乎相同：那些一开始运营最能盈利的线路的公司，最终取代了小型公司，后者要么破产，要么被大公司收购，有的甚至被国家收购。1920年代开始，汽车和飞机开始与铁路竞争。之后，情况开始发生改变：经历了破产、客运边缘化与城际运输国有化（1971年建立的Amtrak）后，美国建立起一个高度集中的私营系统；欧洲则采取了国营模式，亏损的公司被逐步国有化，统一的网络被建立起来（例如法国SNCF的成立）。

自1980年代以来，改革一直在国家专营的单一网络与竞争这两者的优势之间寻求平衡，多家铁路运输公司在向国家租借来的铁路网络上进行竞争。在英国和欧盟国家，这些改革都有进行，但其效果褒贬不一，备受争议。

竞争：天堂还是地狱？

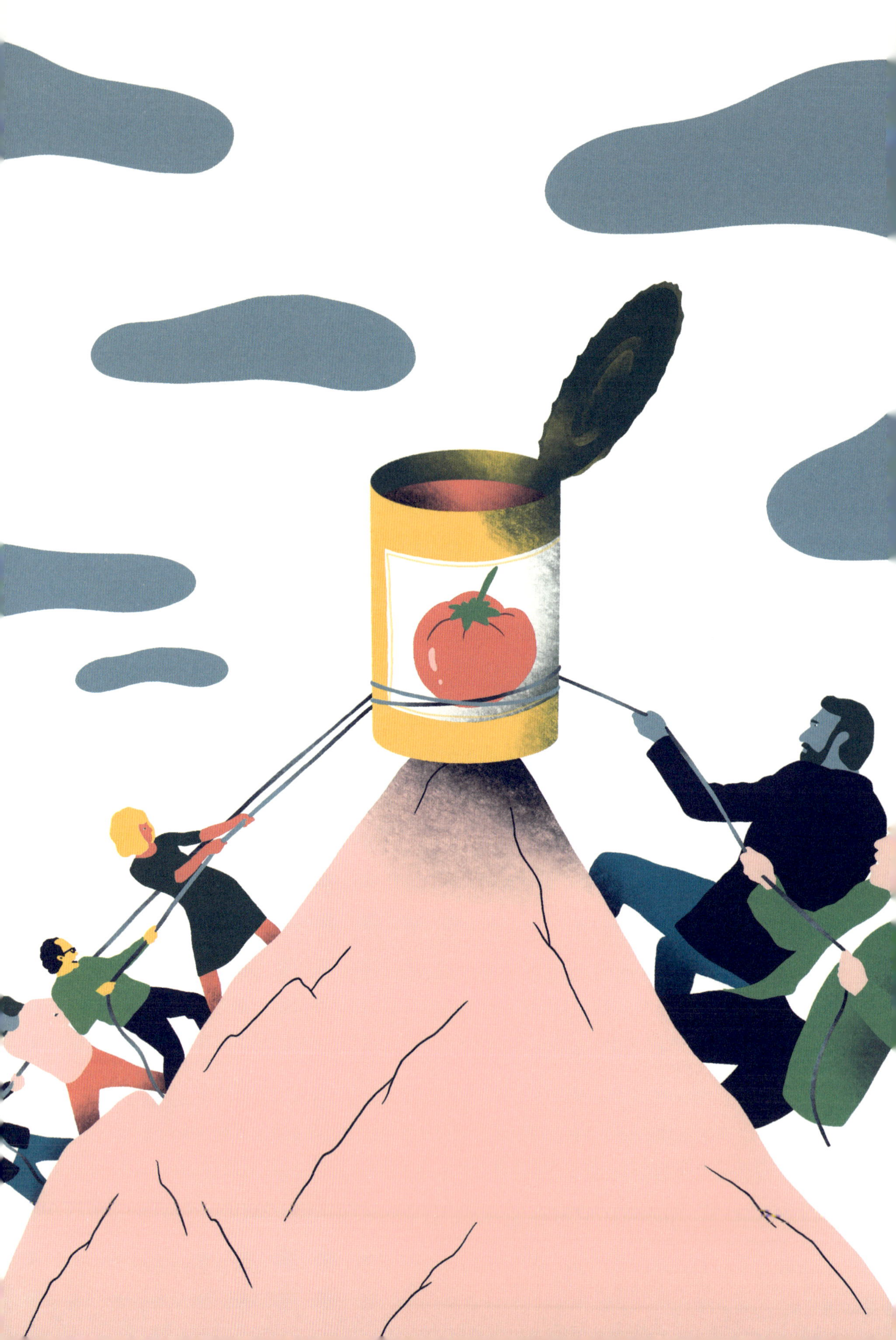

强了品牌所维护的反文化形象，电视广告也使得这一形象广为传播（1984 年的 IBM 则被描绘成了老大哥的形象）。

微软很快做出了反应，在 1990 年代初推出了 Windows，此后长久地占据了市场。Windows 系统在很大程度上模仿了 MacOS，但有更多软件可供选择，价格也更低。直到创始人史蒂夫·乔布斯回归（他在 1985 年被解雇），并以 "Think Different"（非同凡响）的口号推出新产品（iMac、iPhone、iPad、iWatch），苹果才摆脱低迷的状态。如今，苹果主导着智能手机市场，占据了约 15% 的销售额和近 80% 的利润。

竞争的好处

这段计算机短史揭示了竞争的几个特点。首先，在我们所讨论的市场中，也就是实体市场中，大部分情况下都存在着**不完全竞争**，而非**完全竞争**。完全竞争对于生产者来说是一种灾难：他们数量众多，非常微小，完全受制于竞争者在市场上的进出，生产的物品和服务又完全相同，无法制定价格。现实中，生产者数量很少（**寡头垄断**），主要是因为生产既包括与产量相关的可变成本，也包括与产量无关的固定成本。软件是一个极端的例子：在互联网上下载并复制一份软件几乎不会产生成

安东尼 – 奥古斯丁·库尔诺
→（1801—1877）
法国数学家、经济学家，利用数学形式化市场经济模型的先驱。

约瑟夫·伯特兰德
→（1822—1900）
数学家、科学史学家，提出了一种双头垄断的价格竞争模型。

威廉·鲍莫尔
→（1922—2017）
美国经济学家，做出了许多重要贡献，特别是在研究服务生产中的"成本病"以及创新与竞争方面。

约瑟夫·熊彼特
→（1883—1950）
奥地利经济学家，后获得美国国籍，他强调创新作为创造性破坏力量的角色，从经济学与历史的角度对资本主义进行了深入探讨。

→→→

> **"新生事物并非从旧事物中诞生，而是在旧事物旁边出现，与之竞争，直到将其摧毁。"**

约瑟夫·阿洛伊斯·熊彼特，《经济发展理论》，1911 年

本，而设计软件则需要越来越多的成本。**规模经济效应**因此存在：对于大量生产软件的企业来说，单位生产成本较低，而对于少量生产软件的企业来说，单位生产成本较高。

然而，早在1883年，**约瑟夫·伯特兰德**（Joseph Bertrand）就指出，每个生产者总会想稍微降低价格以赢得市场份额。这与安东尼-奥古斯丁·库尔诺（Antoine-Augustin Cournot）在他的双头垄断市场模型中所提出的观点相反。这也是竞争

降低价格以赢得市场：
正确的解决方案？

的一个优点：它迫使生产者降低价格，直到接近完全竞争。此外，威廉·鲍莫尔在1982年提出，如果市场具有**可争夺性**，即如果竞争对手可以随时进入市场提供更低的价格、或高的价格促使竞争对手创新以破坏市场力量，垄断或寡头垄断企业的定价就会接近于完全

竞争状态下的定价。

这正是IBM所经历过的，它在个人电脑市场的主导地位因为微软的操作系统而被微软取代，而2000年以来，微软的地位又被免费应用程序（如搜索引擎谷歌或社交媒体平台脸书、Instagram）的崛起所撼动，这些应用程序以销售用户提供的数据牟利。因此，竞争具有两大益处：降低价格，推动创新。实际上，通过挑战先前的主导地位，创新能够产生约瑟夫·熊彼特所称的**创造性破坏**：创造和发展新的活动，与先前的活动竞争，迫使企业不断改进其产品和生产过程。

当竞争到无竞争时

然而，在竞争激烈的市场上，并非一切都是美好的。占据了主导地位后有时也极难继续维持。而一家获得了主导地位的企业之所以能保持该地位，是因为这个地位使其比市场上现有或潜在的竞争对手更具优势。因此，当全球范围内

运行的90%的计算机都是微软公司的产品时（比如1990年代与2000年代当时的情况），像微软这样的公司就能从竞争的两大益处中受益。在成本方面，正如之前所述，微软受益于**规模经济**：单位成本必然比一个具有相同设计成本但使用较少的操作系统（如MacOS）要低。此外，在购买者的偏好方面，微软则受益于**网络外部性**：每增加一个用户都会扩大用户网络的范围，从而增加产品的吸引力（更大的兼容性、更多的软件、更多的外设），进而增加用户数量。

在极端情况下，这两种现象的结合可能导致**自然垄断**，之所以被称为是"自然"的，是因为市场领导者的竞争优势自然能使其排挤竞争对手。赢家通吃就是这个道理。

公司也可能有**反竞争行为**。处于主导地位的明星公司可以利用巨额利润进行创新，这是竞争的好处之一。但这些公司也可以只是收购那些可能以创新挑战其主导

地位的竞争对手（例如脸书于2012年收购了Instagram，又于2014年以"区区"190亿美元收购了WhatsApp）。

同时，公司间也会完全不顾竞争对手和消费者的利益，串通一气。比如说，它们可以一起强制提高价格。它们还会滥用主导地位。例如，在1990年代和2000年代，微软被指控利用Windows系统覆盖了90%的计算机这一事实来强制推广其浏览器Internet Explorer。不过，随后出现了像谷歌Chrome这样的免费浏览器，但谷歌也被指责滥用其在搜索引擎上的准垄断地位来推广自己的价格比较和广告服务。

规范竞争

因此，竞争本身并没有好坏之分，因为它总是需要通过真正的**竞争政策**进行调控。这种政策首先出现在1890年的美国（谢尔曼反托拉斯法），之后成为必需：打击不正当竞争行为，包括垄断协议和滥用市场主导地位，控制企业的合并和收购，调控有时对竞争对手有利的公共援助等，手段是丰富的，但数字经济市场的特殊性则促使我们不断进行更新，这样才能确保数字巨头们不会因为执着于荣誉和巨额利润而停滞不前。

谷歌如何赢得一切？

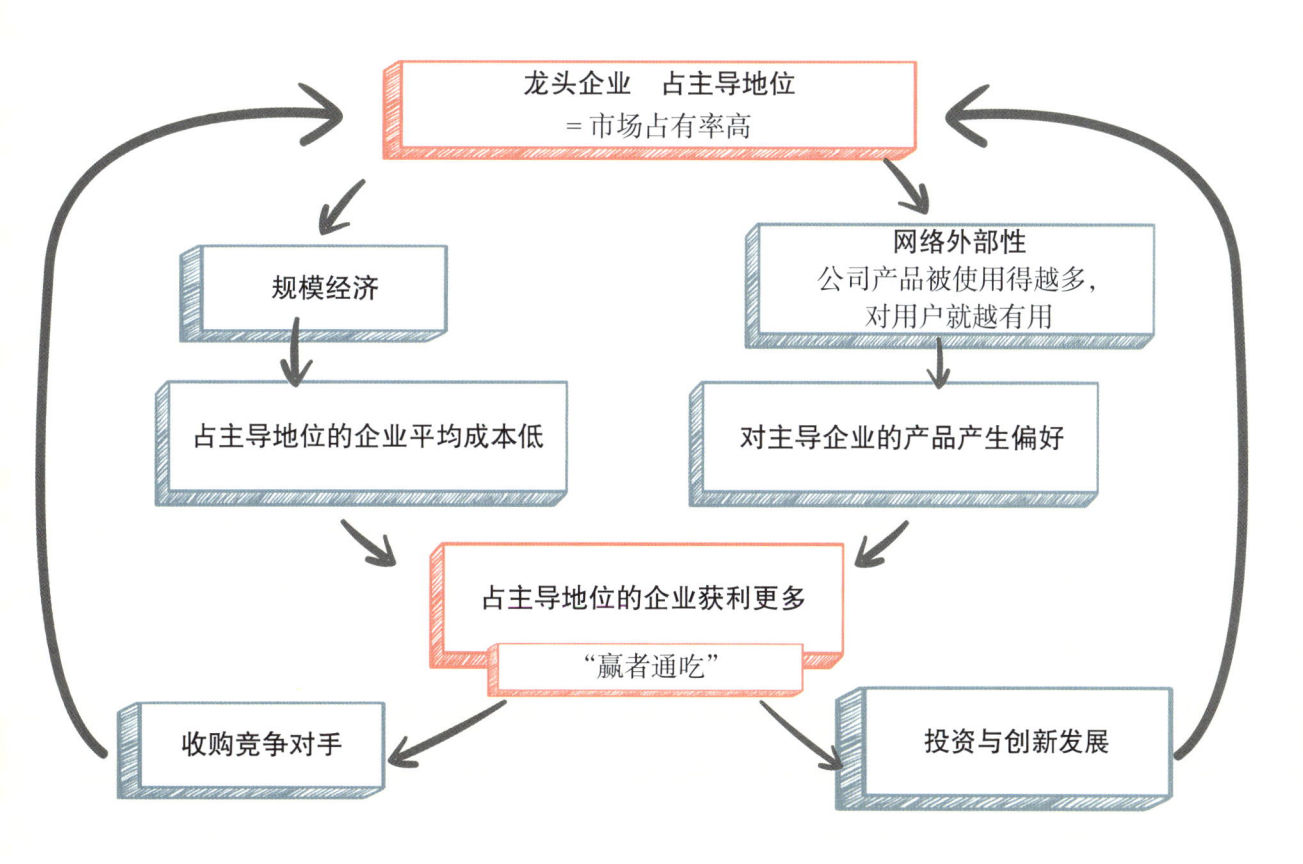

龙头企业 占主导地位
＝市场占有率高

规模经济 → 占主导地位的企业平均成本低

网络外部性
公司产品被使用得越多，对用户就越有用
→ 对主导企业的产品产生偏好

占主导地位的企业获利更多
"赢者通吃"

收购竞争对手　　投资与创新发展

竞争：天堂还是地狱？　097

12

无懈可击的市场？

必要的监管

市场不是万能

市场经济，即通过供求双方围绕**价格**进行交换的组织形式，具有不可否认的优点。然而，从历史上看，市场经济与国家这个负责调控经济活动的角色是并行出现的。

事实上，为了能够正常运作，市场需要制度的存在，比如产权或是政权强制流通的通用货币。但是，市场如果是完全自由放任的，很可能会逐渐失控。2002年法国总统的竞选中，前总理利昂内尔·若斯潘最终落败，竞选过程中他曾说过这样一句话："国家不是无所不能的"，致使他遭到了自己左翼支持者的巨大反对声。与这句话同样真实的，是"市场不是无所不能的"，或者说至少不能只凭自身，它需要国家机构来使其正常运转，并在其效率不高时代替它。

无价的产品

首先，根据定义，对于没有销售价格的物品和服务，就不存在**市场**。那么这些无法定价的产品是什么呢？就是那些被认为是"非排他"的、可以使用而无须支付价格的产品？比如说，在航海中，没有人可以阻止您利用灯塔的光线来确定方向，即

市场并非万能，
也不可能独善其身。

使您可能没有出一分钱修建它。同样，烟花表演、公共照明、数学定理、使用市政或国家道路、由国家军队保护免受外国入侵等都属于这种情况。

这种非排他性可能源于产品本身的特性（例如军队的保护），但更多取决于技术水平和政治选择。例如，以前需要购买物理媒介（CD）上的音乐，现在的音乐都是无形的、

可以自由下载的，也是非排他的。不过，现在很多人也愿意每月支付相当于一张 CD 的费用，在流媒体平台上享受数百万首音乐。同样，道路可以是非排他的，也可以是排他的——如果政府允许一家公司收取通行费来管理和维护道路的话。

市场与公共物品

非排他且非竞争的产品被称为"**公共物品**"。非竞争意味着它们可以被多人同时消费，例如一条街道的公共照明，而不像你咬一口的苹果那样。根据定义，这些产品不存在于市场上，因为它们没有价格。不过正因它们能同时惠及所有人，即便它们有价格，有些人就会选择不付钱，指望着其他人付费来维持运作，这是一种"**搭便车**"的行为。但如果每个人都这样行事，生产根本无法获得资金支持。这就是为什么 19 世纪的公共照明要以税收为资金来源，并通过公共政策维护，特别是因为街

信息不对称
→ 一方在交换中拥有比另一方更多的信息的情况。

公共物品
→ 指使用权不限于支付了价格的人、且不会因为一个人的使用而阻碍其他人使用的非排他性商品。

外部性
→ 指一个经济主体的行为使另一个经济主体受损或受益的情况，这种影响并不涉及货币交换。

历史回顾

当市场盲目时

1990 年代末，信息技术和通信技术宣告了一个新世界的到来，一个由年轻企业推动的、几乎无形的"新经济"也随之到来。金融市场疯狂起来，纳斯达克指数（纳斯达克是美国新技术企业的股票市场）在不到一年的时间里增长了近四倍（从 1998 年底到 1999 年底）。市场或者说至少是参与其中的人，都非常明白：一定要大量投资这些企业，因为它们前景一片光明。两年后，情况却发生了逆转：纳斯达克指数缩水了五分之四，许多企业破产了。市场，尤其是金融市场，在这时就显得非常脆弱。

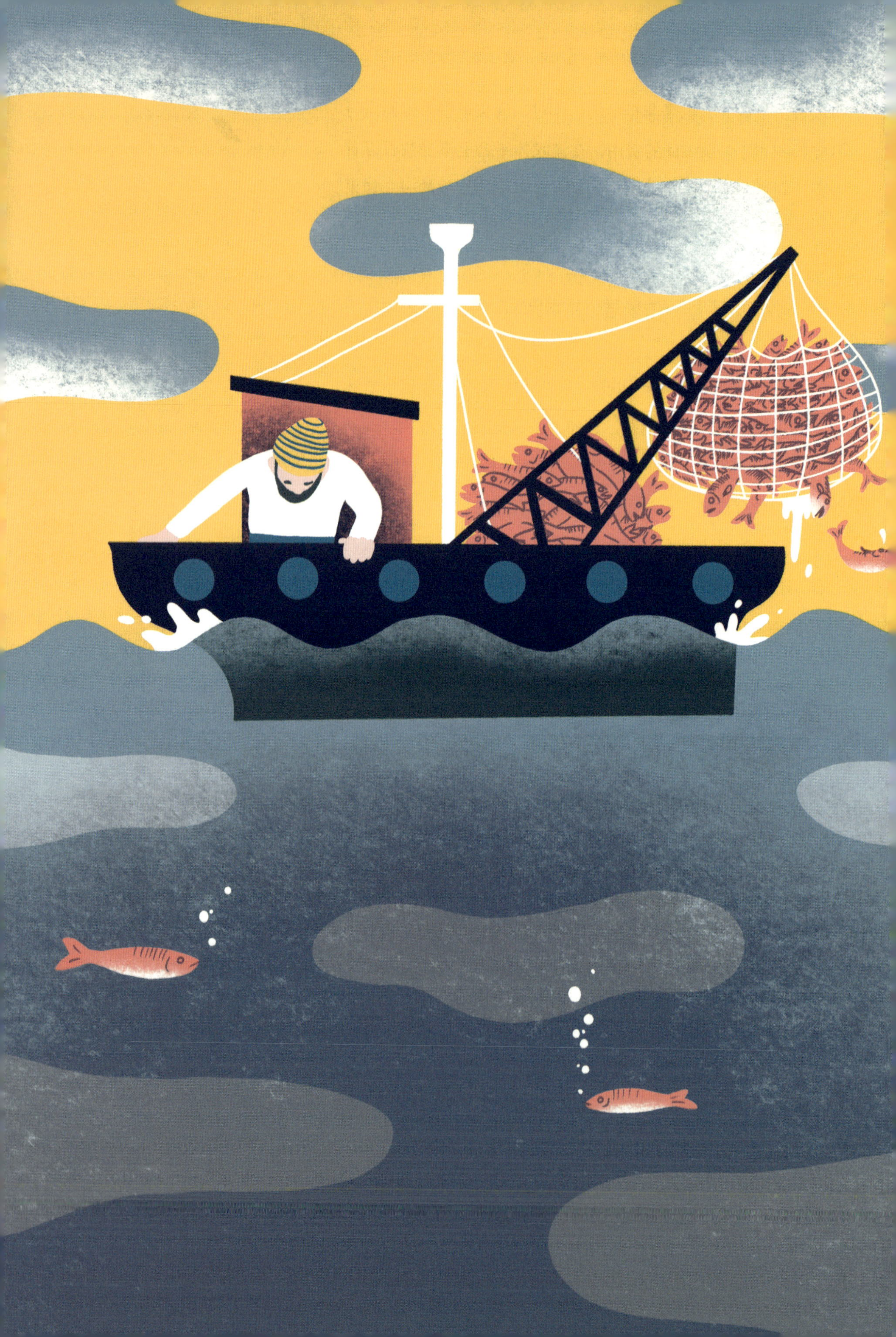

道照明不仅提供了光线，还提供了另一项服务：减少黑暗街道上的不安全感。

不过，并不是必须由国家来生产或分配公共物品。其他参与者同样可以不按照市场的逻辑来生产和分配这些产品，像宗教组织生产的宗教服务那样并不仅仅为那些自愿捐赠的人提供，又或是像工会组织或政党一样。有时，也可以通过付费来实现免费，比如谷歌的免费搜索引擎销售收集来的数据，再比如一些有广告的电视或广播频道。因此，在经济学里我们常说："当它是免费的时候，你就是产品！"

市场与公共资源

其他非排他即没有价格的产品就是**公共资源**：无排他性但是有竞争性。例如，公共照明是非竞争性的，但是海里捕获的鱼不能再次被捕捞，这就会引发渔民之间的竞争。同样的道理，围绕地球的地球同步轨道也成了一个竞争的领域，现在像埃隆·马斯克（他的 Space X 公司计划了 Starlink 项目）和杰夫·贝索斯（他的蓝色起源公司计划了 Kuiper 项目）这样的数字巨头都在计划发射数千颗相互连接的通信卫星，发展潜力

乔治·阿克尔洛夫
➔（1940— ）
美国经济学家，专注研究市场的信息不对称，2001 年获得诺贝尔经济学奖。

保罗·萨缪尔森
➔（1915—2009）
美国经济学家，在经济分析的诸多领域做出了丰富的贡献，涉及经济增长、国际贸易、公共政策（私人财产/公共财产）等。1970 年获得诺贝尔经济学奖。

➔➔➔

"政府可以有效制衡自由市场的过度行为。"

乔治·阿克尔洛夫，《钓愚：操纵与欺骗的经济学》，2015 年

无懈可击的市场？

无限的卫星互联网。

对公共物品来说，市场失灵的原因在于它们在没有非营利性主体的干预下生产不足甚至根本不生产。但是，对公共资源来说，根据生物学家加勒特·哈丁（Garrett Hardin）的分析，市场失灵源于过度开发，他称之为"公地悲剧"：鱼类的消失，地球同步轨道的饱和，自然资源的枯竭，等等。

如何避免这场悲剧呢？加勒特·哈丁认为，有两个解决方案：一是国家制定规则，甚至对资源使用征税，二是市场使这些资源可供占有和交换，从而使其像其他更常见的产品一样具有排他性。总之，无论是分配捕鱼配额还是对捕鱼征税，国家都需要进行监管，但其他参与者也可以扮演这个角色，比如监管高山牧场的牧民社区。

信息问题模糊了价格信号

还有第三种情况可能会导致市场失灵：当买卖双方之间的信息不对等时。经济学家乔治·阿克尔洛夫（George Akerlof）曾在其1970年关于二手车市场的著名文章中对这种**信息不对称**的情况进行了研究。

在这种情况下，卖方掌握了其车辆实际状况的全部信息，因为他对车辆非常了解，而潜在买家则不然。假设市场上有两种类型的二手车，买家无法事先区分：一种是状况良好的车辆，另一种是状况较差的车辆。从逻辑上讲，应该存在两种不同的价格：一种是状况良好车辆的高价，另一种是状况较差车辆的低价。然而，状况较差车辆的卖方会利用他们的信息优势，对标市场上车辆的平均质量，提出与状况良好车辆相当的价格。但与此同时，质量更好的车辆卖方不愿意以这个平均价格出售。因此，他们退出市场，引发了一种**逆向选择**，降低了市场上车辆的平均质量。于是，这个平均价格让其他高质量车辆陆续退出市场，到最后所有高质量车辆都退出了市场。为了解决市场的这种失灵，且能让二手车市场存续，需要能够对车辆质量进行认证的公共或私人机构。一些国家设立的技术检测就起到了这样的作用，汽车制造商建立起自己的二手车销售网络并提供保修也能发挥作用，但其价格要比零售更高。

价格并不总能传达正确的激励

在电影《地心引力》（2013年上映，由阿方索·卡隆执导，乔治·克鲁尼主演）中，国际空间站遭到一颗废弃卫星碎片的撞击，引发了一系列灾难。因为无法追踪到造成碎片的卫星，空间站的所有者眼睁睁地看着自己的资产价值消失，而无法向任何人索赔。

太空事故和由于卫星数量增加而导致的卫星碰撞风险都是**外部性**的例证：一个经济主体的行为对另一个经济主体的福祉产生影响，但这种影响并未在商品价格中得到反映。外部性可以是负面的，例如空间站的运行因为其他设施的碎片而受到影响。相反，如果我进行了一项革命性创新，但没有申请专利保护，那么我的所有竞争对手都可以去占有使用，而我无法从他们因为我的创新而获得的利润中得到补偿。在这种情况下，外部性是积极正面的，但同样没有任何经济补偿。

如果外部性是负面的，没有任何东西能使其产生者减少活动，尽管这对社会是有害的（比如污染）；而如果外部性是正面的，其产生者反而会被阻止继续从事对社会有益的活动。在这种情况下，政府的干预可以解决这种市场失灵，比如通过税收或补贴来将激励机制重新调整到对社会有益的状态。例如，政府对香烟征税或对进行节能工程的业主提供补贴，引导这些经济主体在决策中考虑到外部性，从而内化对其他人带来的成本或效益。

总的来说，所有这些例子表明市场可以做很多事情，但并非无所不能，而且离不开国家这样的非营利性主体的补充行动。有些人将市场的作用与国家的作用对立起来，这是非常矛盾的。

当市场无法制定价格时

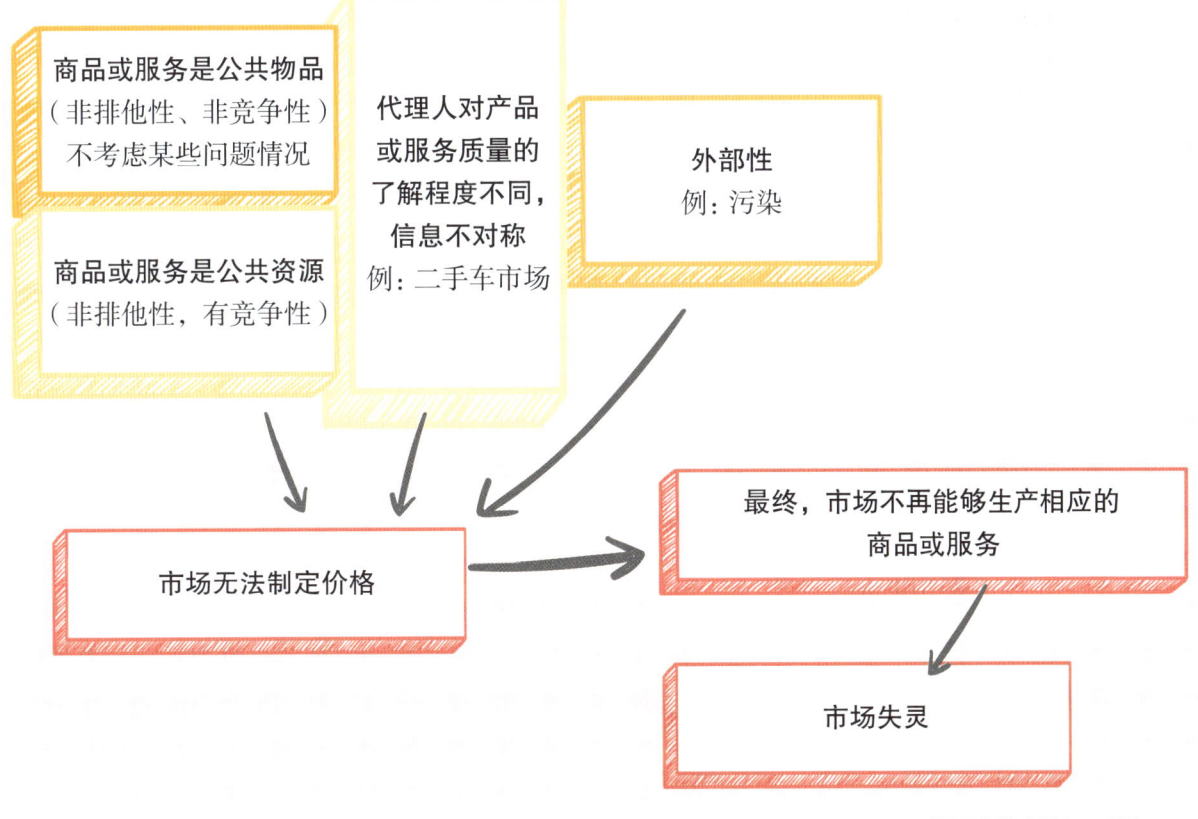

```
┌─────────────────┐  ┌─────────────────┐
│ 商品或服务是公共物品 │  │ 代理人对产品     │
│（非排他性、非竞争性）│  │ 或服务质量的    │  ┌──────────┐
│ 不考虑某些问题情况  │  │ 了解程度不同，  │  │ 外部性    │
└─────────────────┘  │ 信息不对称      │  │ 例：污染  │
┌─────────────────┐  │ 例：二手车市场  │  └──────────┘
│ 商品或服务是公共资源 │  └─────────────────┘
│（非排他性，有竞争性）│
└─────────────────┘
         │                │              │
         ▼                ▼              ▼
    ┌──────────────────────┐    ┌────────────────────────┐
    │   市场无法制定价格    │───▶│ 最终，市场不再能够生产相应的 │
    └──────────────────────┘    │        商品或服务        │
                                └────────────────────────┘
                                            │
                                            ▼
                                     ┌──────────┐
                                     │ 市场失灵  │
                                     └──────────┘
```

经济学家的小世界之三

经济理论能否用于现实？

一个小故事……揭示了什么？

这是三个遇难者流落到一个荒岛上的故事：一个物理学家、一个化学家和一个经济学家。他们在岛上等待着救援。幸运的是，在船即将沉没的时候，他们带出来了一些罐头。但问题是他们没有开罐器。三个人都有自己的想法来解决这个问题。物理学家说，如果他们爬到树上，从一定的高度把罐头扔向石头，扔的时候保持一定的抛射角度，那么造成的碰撞应该能将罐头打开，但这可能会导致里面的东西洒落在沙滩上。化学家提出，如果在罐盖上倒一点海水，然后把罐头放在阳光下，盖子最终会被氧化，然后就能打开了……但这需要太长时间。最后，经济学家安抚他的同伴，说他有"一整套解决方案"。其他两个人问他怎么做。他开始解释道："假设我们有一个开罐器……"

不切实际的假设

这个笑话在经济学家中很流行，因为说的就是他们自己的小毛病：喜欢创造完全不现实的模型，以便我们能够理解现实。1976年诺贝尔经济学奖得主米尔顿·弗里德曼提出过这样的观点：假定只要相关模型能够提供解释以及可供实证检验的预测，那么假设的不现实性并不重要。对于弗里德曼和其他奉行这种方法的经济学家来说，重要的是模型结果的现实性，而不是假设的现实性。

毕竟，假设本质上总是不现实的，因为它的目的正是简化现实。然而，不现实也分不同程度。像丹尼·罗德里克（Dani Rodrik）这样以研究制度与全球化而闻名的经济学家，他认为关键假设（即整个模型所依据的假设，取消这些假设将从根本上改变模型的结果）应该尽可能少地削弱不现实的部分。

"在其他条件相同的情况下"进行推导

因此，必须对模型的预测进行测试。也就是说，要将其与现实进行对比，最常见的是验证一种变量对另一种变量的假定影响是否成立。例如，绩效奖金是否会增加员工的生产率？不过，经济学家也面临重要的挑战，因为现实中，因果变量往往是多样的。是什么导致了员工生产率的提高：是所提到的奖金？还是增强的动机，比如说因失业率上升而产生的失业担忧？或是与奖金同时实施的新的工作组织方式？两个变量同时变化并不意味着一个必然是另一个的原因。因此，经济学家必须"在其他条件相同的情况下"（拉丁语表达为 *ceteris paribus*）进行推导，也就是创造其他变量"仿佛"保持不变、只有所要衡量影响的变量发生变化的情况。

自然实验法与随机实验法

主要有两种方法能进行这种测试。

第一种被称为"自然实验法"，利用具体现象来衡量一种变量是否像理论所假设的那样对另一种变量产生了作用。第二种被称为"控制实验法"或"随机实验法"，按照同样的逻辑，通过实验创造一种情境，一个群体中的变量发生变化，而另一个群体则不变，由此进行对比。为此，我们需要一个与被测试群体在社会经济特征上尽可能相近的"对照组"（如前所述），并让这个对照组在同一时期经历其他所有变量相同的变化。

以上述例子为例，经济学家会建立两个非常相似的群体，唯一的区别是一个群体中的假定因果变量将发生变化（例如，绩效奖金的实施），而另一个群体则不会。如果在第一个群体中，我们关注的结果变量（例如，劳动者的生产率水平）发生变化，而在另一个群体中没有变化，而两个群体都经历了相同的外部变数，那么我们可以得出结论，分析的变量确实具有因果关系。如果在两个相同的劳动者群体中，那些被提供奖金的人的生产率大幅提高，而那些没有奖金的人的生产率停滞或增长较慢，那么我们就证明了奖金"在其他条件相同的情况下"对生产率水平产生了积极影响。

移民是失业的罪魁祸首吗？

为了说明这一点，我们以著名的马里埃尔大迁徙为例。1980年，古巴政府放开马里埃尔港口的控制，将近12.5万名被认为是"反革命分子"的古巴人迁移到美国佛罗里达州。这次大迁徙可被视作是一个自然实验，衡量一个经济体（在这里是佛罗里达州的迈阿密市）对外部冲击（人口的突然增加）的吸收能力。为此，加拿大经济学家大卫·卡德（David Card，2021年诺贝尔经济学奖得主）将迈阿密的失业率与其他四个类似（就业结构相似、经济背景相近等）但未受到大迁徙影响的城市进行了比较。他的中期发现是，迈阿密的失业率下降得比其他城市更多；在其他条件相同的情况下，移民并没有对就业产生不利影响。

普遍规律还是环境规律？

经济学家已经进行了许多类似的实验，研究最低工资上涨对失业率的影响，最低生活保障对失业期限的影响，提供免费教科书对学生学习的影响，等等。这些实验一方面可以将理论预测与事实对比来巩固经济分析的科学性，另一方面可以更好地理解产生了特殊效果的社会历史条件。实际上，在一个特定社会经济框架下产生预期效果的措施在另一个框架下却失效了，这是非常正常的。经济学中很少有普适的规律。因此，这些实验鼓励经济学家保持谦逊的态度与严谨的作风，当然这并不总是他们的第一大品质。

→→→ **"不同的社会环境需要不同的模型。经济学家几乎不可能找到一种能够解决所有问题的普适模型。"**

丹尼·罗德里克,《能相信经济学家吗?》,2017 年

2€
50€
0 000€
5 000€
200€
1€
00€
CRÉDIT
É
P
Ô
T
ZIMBABWE
BANK
BANQUE
CENTRALE

货 币

- ⑬ 一个经济体没有货币：这可能吗？　　**110**
- ⑭ 货币是如何产生的？　　**118**
- ⑮ 通货膨胀或通货紧缩　　**124**
- ⑯ 中央银行扮演了怎样的角色？　　**132**
- ⑰ 没有货币的国家？　　**140**

一个经济体没有货币：这可能吗？

货币简史

纸牌游戏里的货币

1685年，雅克·德·梅尔（Jacques de Meulle）成为法国占领下的新法兰西地区的总督，该地区即现今加拿大的部分地区。他面对的是一个看似无法解决的困境：领土内几乎没有金属货币，而他也只能从国内得到很少的金属货币。但是路易十四派遣大量军队驻扎该地区，并要求以法国境内的法定货币——金路易、银埃居、德涅尔币等支付军饷。

总督当然可以绕过皇家规定，用从人民那里征收的物品来支付士兵。但是，在没有货币的情况下，这些物品应该被赋予什么样的价值呢？在一个经济体中如何实现广泛的**物物交换**，即商品之间的交换呢？

只要每个人都接受，任何东西都可以成为货币。

除了没有金属货币之外，新法兰西的居民还缺乏足够质量和数量的纸张，他们基本不识字，也没有印刷机来发行代替硬币的纸币。不过，漫长的冬夜有纸牌游戏为伴，这是居民最喜欢的娱乐活动，而总督手头正好有大量纸牌。因此，他决定在这些纸牌上盖上自己的印章，并发布了一项法令，要求商人接受这些纸牌作为支付手段：它们具有法定货币的地位。于是，这种支付方式也得到了军队的接受。这种"纸牌货币"的发行一直持续到1750年。1763年，英国人占领这片土地之前仍继续流通。

物物交换：不可能实现的交换制度

这段历史揭示了一个不可回避的事实：物物交换从来不是一种普遍的交换体系，因此，货币的产生并非因为物物

历史回顾

以重石作为货币

在密克罗尼西亚（位于太平洋的一片群岛），19世纪的英国探险家们惊奇地发现了一种石轮，被称为"雷"（rai），那里的所有人都以它作为货币。这些石轮大小不一，从4厘米到3.5米不等，有的大到无法移动。尽管如此，直到20世纪初，这些石轮一直被用于交换。

作为社会成员普遍接受的货币，只需口头承认或在石头上记录其所有权，石轮就能用于交换，它的广泛使用代表了一种基于信任的衍生货币形式。另外，石轮的价值根据其大小不同而不同，大小就是其价格衡量的标准。最后，作为耐用品，石轮也能在世代交替之间保持其价值。

货币的形式确实多种多样，有时非常奇特。

货币

→ 具有普遍清偿权的资产，即在特定地区内，所有经济主体接受该资产清偿所有债务。

债务

→ 通常情况下，将借入的金额及利息以货币形式等值归还的义务。

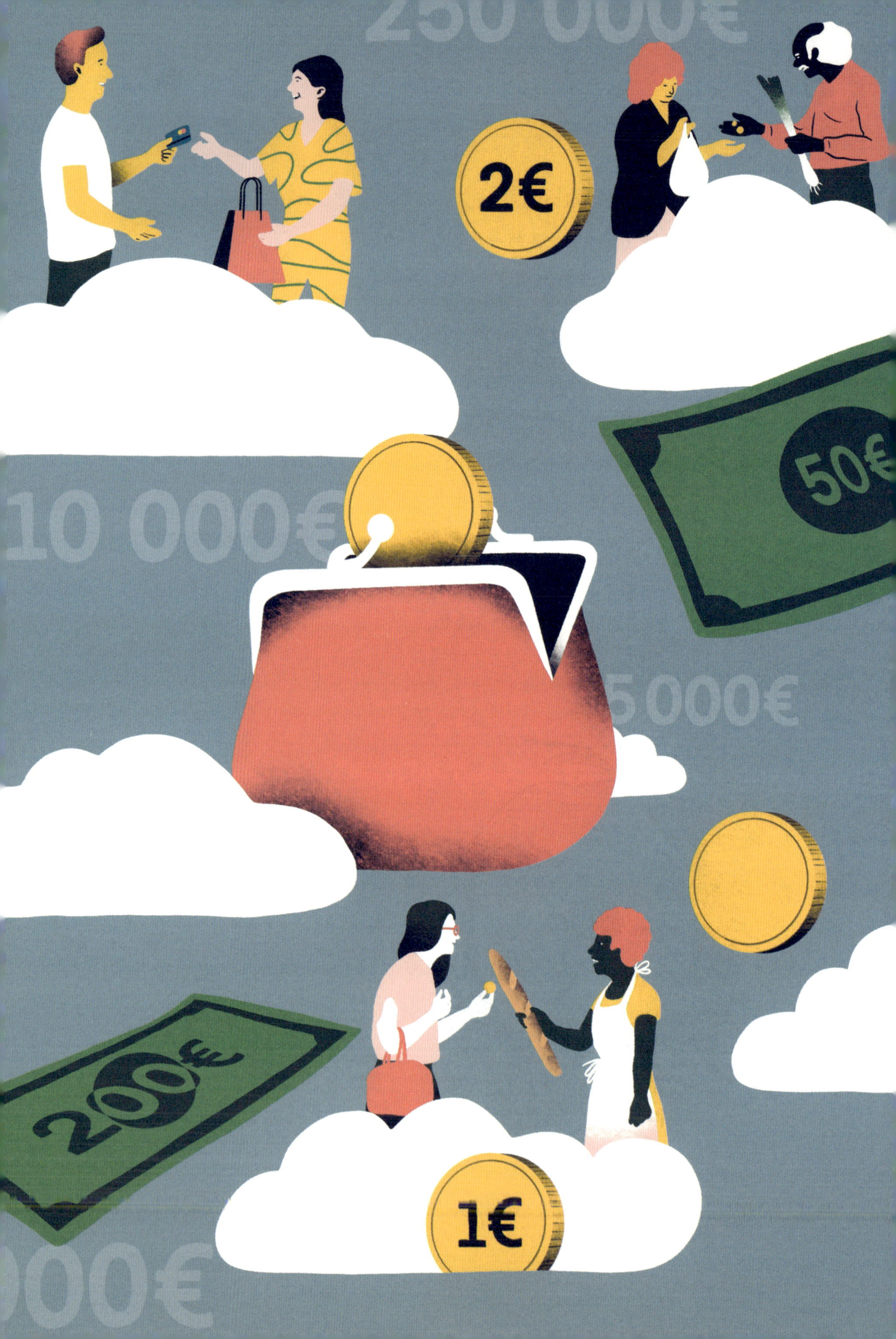
2€
50€
10 000€
5 000€
200€
1€

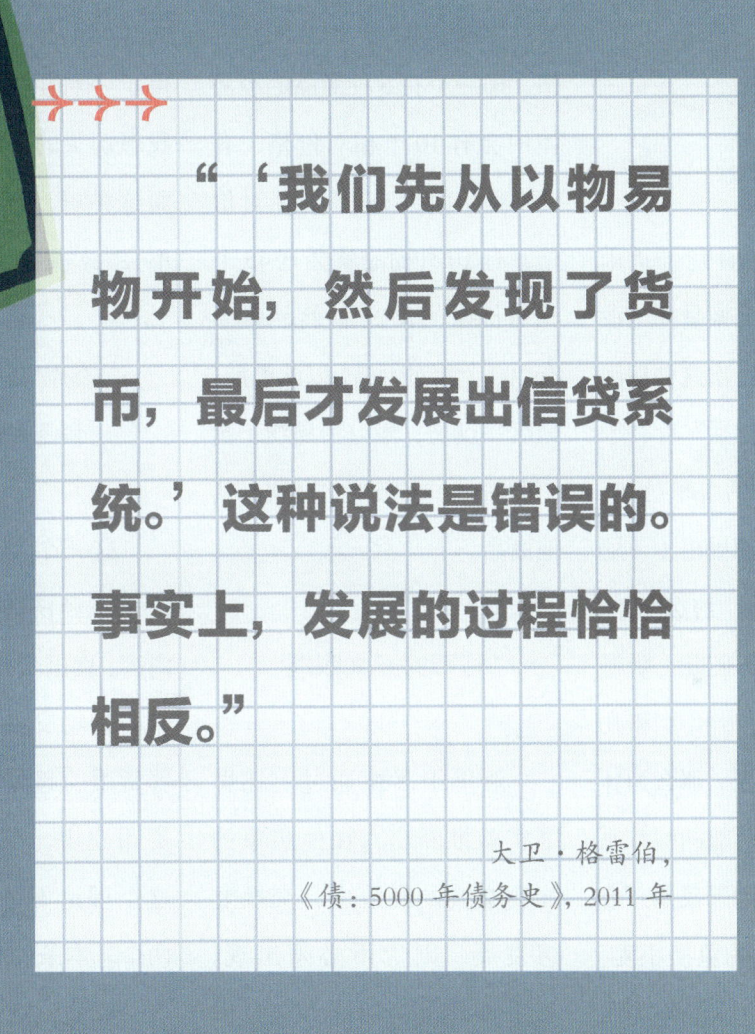

"'我们先从以物易物开始,然后发现了货币,最后才发展出信贷系统。'这种说法是错误的。事实上,发展的过程恰恰相反。"

大卫·格雷伯,
《债:5000 年债务史》,2011 年

交换体系遇到了难题。2010年代初，人类学家大卫·格雷伯（David Graeber）在其具有里程碑意义的著作《债：5000年债务史》中不仅总结了债务的历史，同时也研究了货币史。他认为物物交换是完全没有证据的，同时指出这种他称为"物物交换的神话"存在矛盾之处。这个神话由来已久，最早由亚里士多德提出（《尼各马可伦理学》，约公元前330年），之后被亚当·斯密（《国富论》，1776年）和几代经济学家所接受。那么为什么物物交换是不可能的呢？原因有三。首先，如果我是一个渔夫，我想用我的鱼换小麦，我必须找到一个想要鱼作为回报的农民，而他当下可能只需要水果、肉类或衣服。不可能保证双方需求完全吻合。其次，还需要就价格达成一致。如果有多种商品（n），那么每种商品都有（n-1）个相对价格。如果我知道一条鱼以多少千克小麦的价格出售，那么我也就知道一千克小麦以多少条鱼的价格出售。因此，在这种经济中会有n×（n-1）/2个价格，即一个有5种商品的经济体中会有10个相对价格，有6种商品就会有15个相对价格，有10种商品就会有45个相对价格，有20种商品就会有190个相对价格，以此类推。最后一点是，当以物易物、卖出商品时，也必须立即购买其他商品。

货币的三大职能

亚里士多德通过上述思维实验推断出，在他想象的物物交换的经济中，交换要想发展，则货币必须出现。货币具有三个功能，至今世界上的任何货币都不外如此。

货币是交换的媒介：每个人都接受货币作为支付方式，因为它随后可以用来获取其他所有商品，并避免了一种需求必须考虑两方情况的问题（每个人都可以用货币来获得其他一切！）。货币是计量单位：它非常稳定。此外，它还是价值储备：我接受货币来交换我的鱼，于是我就获得了一种资产，可以在找到我想购买的东西之前保留它，而这种资产随着时间的推移不会大幅贬值。

"物物交换神话"：一种不科学的理论

这三个功能的确定义了货币在经济体中所能实现的内容：促进交换。然而，即使用"物物交换的神话"去解释货币的起源非常简单易懂，货币也并非源于物物交换。这个理论不符合科学理论的两个基本条件。

首先，这个理论前后并不一致，因为它既表明物物交换是不可能存在的系统，又声称这种不可能的系统曾经存在过。其次，这个理论与事实相悖，因为人类学家

> 物物交换只是个神话。

与历史学家找不到在货币出现之前存在过的物物交换的经济体。相反，他们在拥有货币的经济体中找到了物物交换的例子，但在这些经济体中，货币可能短缺（例如1685年的新法兰西或1990年代的俄罗斯），或者失去了其功能（例如面对恶性通货膨胀，如1923年的德国或2009年的津巴布韦）。不过人们已经充分理解了物物交换是不可能的，不会全面转向以物易物，而是找到了其他解决方案，例如采用其他国家的货币（如**美元化 17**）。

货币与债务的悠久历史

如果货币并非源于以物易物，那么货币是如何出现的？最早是在何时出现的？这些问题很复杂，经济学家、人类学家和历史学家之间争论激烈。

5000 年前，
债务与文字一同诞生。

首先，我们需要明确货币的定义。现今的货币可能与 2000 年前或 5000 年前不同。首先，它是一种资产，也就是说，它是可以拥有的东西，但具有一种特殊属性：**清偿能力**，即能够偿还债务的能力。大卫·格雷伯指出，公元前 3000 年，苏美尔人就用楔形文字记录了债务和债权的计算。债务与文字同时诞生，并且可以用具有清偿能力的特定物品来偿还，比如谷物，它们在当时扮演了货币的角色。因此，文字与债在货币的历史中是最先出现的。之后，不同历史与文化的社会里出现了各种形式的货币：阿兹特克人使用可可豆，非洲和东南亚某些国家使用贝壳（如货贝），一些被用于非本来用途的工具（如高卢人使用斧头），珠宝或其他贵重物品，以及金、银、青铜等金属。

直到公元前 6 世纪，吕底亚国王阿律阿铁斯二世和

亚里士多德
→（公元前 384—公元前 322）
古希腊哲学家，其著作涵盖了当时所有的知识领域，包括经济学。

大卫·格雷伯
→（1961—2020）
美国人类学家，长期分析与比较了多国的债务与货币、官僚组织和劳资关系。

米歇尔·阿列塔
→（1938— ）
法国经济学家，创立了调节学派，该学派分析了制度如何在每个经济体中形成独特的调节系统。他在金融与货币领域多有著作。

安德烈·奥尔良
→（1950— ）
法国经济学家、公约经济学派的创始人，该学派分析了经济体中不同制度的出现。他在金融和货币领域的著作尤为突出。

他的儿子克洛伊索斯才创新性地铸造了第一批标准化的货币（用金和银的天然合金电金制成，重量相同），上面铸有皇家印记，这就让其具有了广泛和便利的清偿能力（尤其是这些"仁慈"的国王要求人们必须以他们发行的货币缴纳税款）。大约在公元1000年左右，由于青铜短缺，中国宋朝的皇帝发行了最早的纸质货币，即现今纸币的前身，而在欧洲，纸币直到17世纪才出现（1661年的瑞典）。最后，随着银行业的发展，今天大部分货币都存在于簿记中……但这种货币形式已有5000年的历史，创新的不是货币本身，而是数字支付方式：信用卡、转账、手机支付等。

货币：一种基本的社会制度

归根结底，货币是一个经济体乃至整个社会运行必不可少的制度。经济学家保罗·萨缪尔森（Paul Samuelson）在其编写的教科书中这样写道："货币之所以被接受，就是因为它被接受了。"这本教科书自1945年开始教育了几代经济学家。安德烈·奥尔良（André Orléan）和米歇尔·阿列塔（Michel Aglietta）这两位

支付手段在不断发展，但货币的概念依然存在。

经济学家借鉴了历史学家与人类学家的研究成果，在1982年出版的《货币的暴力》一书中提出了一种引发争论的观点，随后又发表了许多文章和其他作品对其进行解释：我接受货币，因为社会上每个人都接受它。但是，按照人类学家勒内·基拉尔（René Girard）强调的模仿竞争逻辑来看，获取欲望的暴力最终会促使每个人渴望他人所渴望的东西。因此，货币是一种基本的社会制度，它将所有欲望引向财富的终极形式——金钱，这几乎可以购买其他一切的东西。

选择一种东西作为价值尺度的过程中，会调动诸如宗教、界定贵重物品的社会规范和政治制度（从皇室到今天的国家）等社会制度，因为对政治权力而言，货币即是一种主权形式的表达。货币的悠久历史存在于社会、政治和经济原因的交织中。

货币为什么存在？

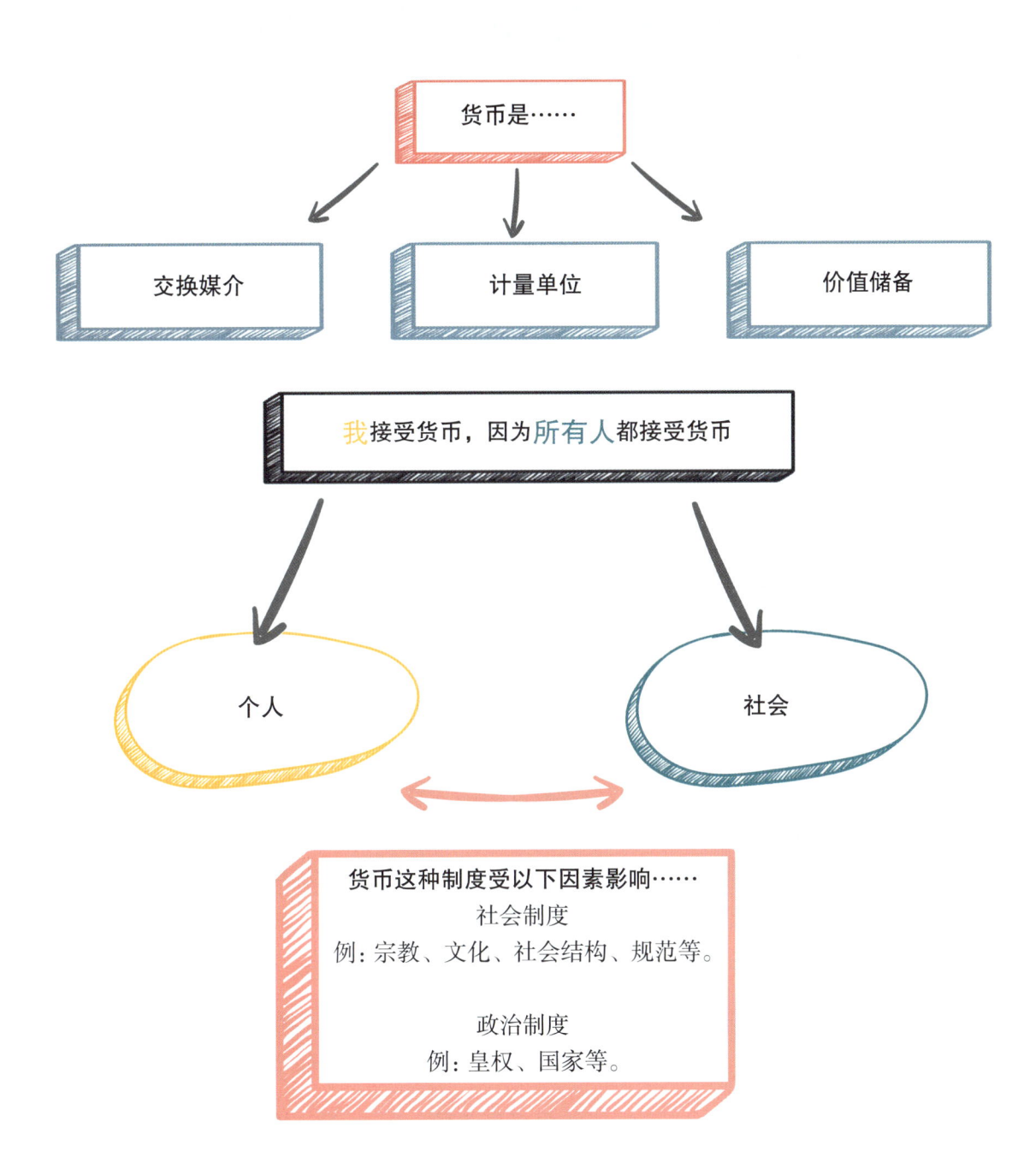

```
                        ┌──────────┐
                        │  货币是…… │
                        └──────────┘
              ↙              ↓              ↘
     ┌──────────┐      ┌──────────┐      ┌──────────┐
     │  交换媒介 │      │  计量单位 │      │  价值储备 │
     └──────────┘      └──────────┘      └──────────┘
```

我 接受货币，因为 **所有人** 都接受货币

↙   ↘

（个人）　　←——→　　（社会）

货币这种制度受以下因素影响……

社会制度
例：宗教、文化、社会结构、规范等。

政治制度
例：皇权、国家等。

一个经济体没有货币：这可能吗？

14 货币是如何产生的?

现金的魔力

货币不是你想的那样!

日常生活中,纸币和硬币等实物支付手段仍被广泛使用。这些只是冰山一角,而被淹没的部分要大得多。在欧元区和美国,纸币和硬币在货币供应量(即经济体中流通的货币价值)中的占比不到10%,90%以上大多是通过传统支付手段(银行支票、转账)或越来越多的技术手段(银行卡、智能手机、数字货币等)流通的银行账户中的钱。

纸币和硬币是如何被创造出来的?

我们还是继续讨论这冰山的一角。这些货币是如何产生的?纸币和硬币之所以被称为"**信用货币**",是因为绿色的1美元纸币或1欧元硬币的价值并不以制造材料的内在价值为基础,而是基于对这一形式的信任(拉丁语为 *fides*)。纸币是用一种融合了许多先进技术的特殊纸张制成的,但其价值

无论是硬币还是简单的文字,货币始终是一个信任问题。

在于上面所写的数字。用于制造100美元纸币的纸张价值并不比制造1美元纸币的高出多少,尽管尺寸上它比1美元纸币稍大一些,但也不是100倍——它得能装进钱包!渐渐地,被称为"中央银行"的机构逐渐垄断了纸币的发行,并在20世纪成为国家所有但具一定独立性的公共机构。历史上,代表国家发行钞票的银行滥用"印钞权"以方便公共开支的事件比比皆是,随之而来的是流通中钞票价值的崩溃。1661年,银行家约翰·帕姆斯特鲁赫(Johan Palmstruch,1611—1671年)在瑞典创造了欧洲第一张纸币后,就面临着

历史回顾

法国的第一批纸币与法律的破产

路易十四，自号"太阳王"，在其最漫长、最奢侈、最好战的72年统治之后，于1715年与世长辞，把王位留给了他年仅5岁的曾孙路易十五。在路易十五未成年的阶段，由先王的侄子奥尔良公爵菲利普二世摄政。摄政王面临着巨大的公共债务，据历史学家估计，这笔巨额公债约为当时法国国内生产总值的167%。

苏格兰商人、冒险家约翰·劳（John Law，1671—1729年）向摄政王提议了一个革命性制度。1716年成立的通用银行于1718年在摄政王的支持下成为皇家银行，许诺公债持有人都能将公债换成法国东印度公司的股份，而该公司承诺通过垄断新大陆产品的进口能获得高额收入。银行还以纸币的形式发放贷款，换取公债证券或公司股份，同时直接用纸币购买证券。

皇家银行的印钞机一直运转到1720年。那一年，印度公司股价暴跌，债券的价值也随之下跌，引发挤兑风潮，导致皇家银行破产。

银行破产后，所有纸币都失去了价值。这次不幸的经历，加上法国大革命期间另一次同样带来不幸的过度"印钞"试验（指券），助长了法国人对纸币的长期不信任。

流通中现金

→ 一个经济体中银行体系外流通货币的价值。

央行货币

→ 中央银行创造的货币：信用货币（纸币和硬币）与代表货币（银行在央行的准备金）。信用货币在整个经济体中流通，而代表货币只用于银行之间的结算。

信用货币

→ 货币的物质形式，如硬币和纸币，其价值基于对支付手段上标明的数字的信任（拉丁语为 *fides*），而不是基于制造材料的价值（组成部分的价值）。

代表货币

→ 一种无形货币，通过记账方式记录在银行账户中。

这种情况，随后1668年第一家中央银行瑞典银行成立。法国的情况也是如此，在路易十五统治时期，约翰·劳大量发行纸币，最后也以类似的崩盘局面收场。硬币也是信用货币：自1914年金本位制结束以来，硬币上显示的价值就与金属本身的价值无关了。硬币由国有机构发行（在法国是一家公营公司——巴黎银行——发行），发行量受中央银行的授权限制。

所有货币都是流动的！

让我们再来讨论一下冰山的水下部分：90%的货币是以银行账户存款的形式存在的。所有这些货币与纸币和硬币有一个共同的基本属性：**流动性**。然而，在日常用语中，"现金"（即流动货币）只是指纸币和硬币！

说货币具有流动性，是指货币是一种可以随时用于支付购买的资产，不需要任何成本，几乎没有延迟。因此，您可以随时用银行账户里的钱或可用的支付手段来支付费用。然后，由银行来处理付款事宜。流动性从另一个角度揭示了所有货币的基本属性：它是一种可以用来偿还任何债务的资产，因此具有普遍的**清偿能力**。

银行创造货币：魔术？

但银行的钱从何而来？这种钱被称为"**代表货币**"，因为它只在账目上呈现。它只是一个数字，但同时又不仅仅是一个数字，因为无论大小，这些数字都有结算能力。

在特定时刻里，流通中现金是一个存量，是过去的交易所产生的价值。当您的雇主将工资打入您的账户时，并没有创造货币，只是现有的货币在雇主的银行和您的银行之间进行了转移。

创造货币才能提高这一存量，而这正是银行业施展魔术的地方：无中生有，就像

> ➤➤➤
>
> **"银行创造货币的过程太过简单，人们会因此厌恶货币。"**
>
> 约翰·肯尼斯·加尔布雷思（John Kenneth Galbraith），《货币》，1975年。

CRÉDIT DÉPÔT

魔术师从帽子里变出一只兔子。但银行可比魔术师更强大。大家都知道，魔术是有诀窍的！魔术师将兔子藏在自己的口袋里，再放进帽子里。但对于银行来说，钱在被创造出来之前是不存在的。

那银行的把戏如何实现呢？非常简单：只需向客户发放贷款，客户就会在其账户中收到这笔资金。例如，您需要1000欧元购买一台电脑，但您的银行账户中没有这笔钱，因此您向银行申请消费信贷。在确认您的收入能够让您在合理的时间内偿还1000欧元并支付利息后，银行会进行两项对称的操作：在其资产端即账目上，录入应收账款，即您承诺偿还的1000欧元及利息；在其负债端即其资源（自有资源、自有资金或其持有但实际属于他人的资源，如您的存款）上，向您银行账户中录入1000欧元。就是这样！简而言之：贷款产生存款。

**分级系统：
银行货币与央行货币**

因此，银行货币的创建来源于授予信贷时的简单记账操作。然后这笔信贷被支出：您在商店以1000欧元购买了一台电脑。您的银行会向商店的银行支付这1000欧元。这一过程又如何实现呢？

银行货币是流动的，因为所有银行都在央行拥有账户，央行不仅是纸币的唯一发行机构（详见上文），还是银行的银行。央行可以从无中创造出所谓的"**央行货币**"：可以是纸币的形式（"印钞机"），但更多是以账户的形式，即银行在央行持有的金额，称为"准备金"。

在一天结束时，所有银行都与同一家银行（央行）进行清算，促成了**银行结算**这种非常方便的"新把戏"。假设商店的银行有一位客户与您银行的另一位客户进行了一笔500欧元的交易，在一天结束时，您的银行欠商店的银行1000欧元，但后者欠您的银行500欧元。因此，您的银行只需向那家银行支付500欧元。在大型银行之间，除非有特殊情况，这些日常结算总体保持平衡，从而确保了银行货币的总体流动性。

那么，如果您的银行没有足够的央行货币会发生什么呢？又是另外一种"把戏"：央行可以创造另一种央行货币，并将其存入银行账户，以换取利息支付与资产安全，例如公共债务证券。

有限的货币创造

那么，有了这些"把戏"，货币创造是否可以无休止地继续下去，银行是否可以随意生成更多的信贷并获得更多利息呢？答案是否定的，原因有两个。

第一个原因是银行破产的风险。授予信贷存在风险，因为借款人可能无法偿还。当您偿还1000欧元的信贷时，您所持有的银行账户余额减少了1000欧元，银行同时销毁了对您的债权。从会计角度来看，其负债和资产同时减少。但是，如果您不偿还，这1000欧元仍然存在于银行负债中，您的偿还承诺所代表的资产也不再有价值。从银行的业绩角度来看，您不再支付信贷利息，而所创造的货币给银行带来了成本：此时就必须进行中央货币结算，可能还需要借款，这都会产生利息费用。因此，信贷过多的银行的财务状况可能恶化，甚至破产。第二个原因是央行的监管。事实上，如果信贷在经济体中创造了过多的货币，产品需求增加，而生产可能并没有相应增加。不同市场上需求过剩，价格就会上涨，从而产生可能无法控制的通货膨胀。这就是下一个主题要解释的内容，即央行为什么要注重价格稳定，以及该如何操作，比如提高授权银行创造央行货币的条件，提高银行应支付的利率。面对成本上升，银行最终会减少信贷发放，而且这些上升的成本会转嫁到客户信贷利息上。

货币是账面上的游戏

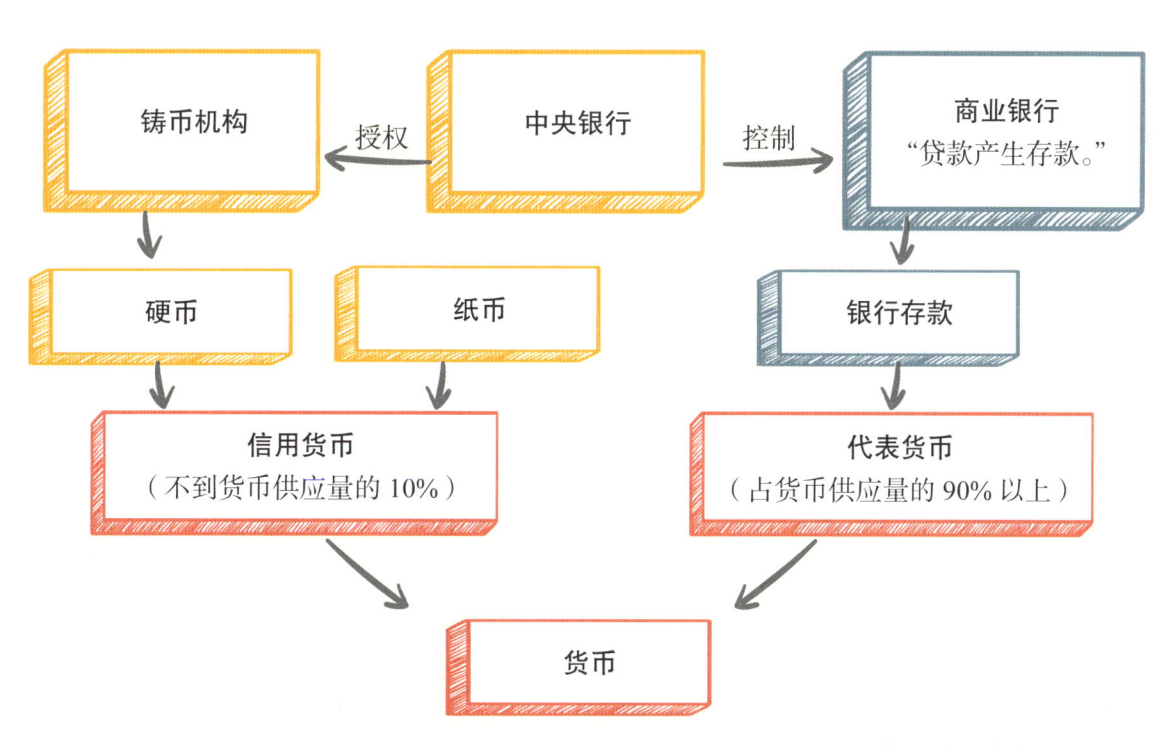

```
铸币机构 ←—授权—— 中央银行 ——控制—→ 商业银行
    ↓                ↓                "贷款产生存款。"
                                          ↓
  硬币            纸币                  银行存款
    ↓              ↓                      ↓
    信用货币                            代表货币
（不到货币供应量的10%）              （占货币供应量的90%以上）
            ↘                      ↙
                    货币
```

货币是如何产生的？

15

通货膨胀或通货紧缩

当价格失控

通货膨胀卷土重来

2022年，通货膨胀大规模回归，价格上涨的速度接近甚至超过了1970年代的"大通胀"，许多国家的通胀率达到甚至超过了10%。实际上，过去30年间，价格上涨趋势都非常温和，在某些时期甚至能保持稳定，于是从2000年开始，一些经济学家就提出了"大稳健"这个概念。**通货膨胀**指的是普遍而持久的价格上涨，导致货币价值和购买力下降：货币数量相同的情况下，无法购买相同数量的商品和/或服务。相反，通货紧缩指的则是普遍而持久的价格下降。如何解释这些价格上涨或下跌的动态呢？

价格随成本变化

价格的变动有多种原因，主要可以归结为三方面。首先是成本推动型通货膨胀。这一点显而易见：企业提高销售价格是因为它们所承担的成本（工资支付、原材料采购等）增加了。如果它们不这样做，就必须削减利润率，这可能最终使它们的持续性变得可疑。成本推动型通货膨胀为什么会产生呢？首先，新剑桥学派的尼古拉斯·卡尔多（Nicholas Kaldor）等人提出，存在着一种"工资－价格螺旋"现象，该现象是由员工生产率水平和工资增长速度之间的差异造成的。理论上，工资应该与生产率同速增长，这是因为效率高的员工为企业创造了更多财富，因此他们可以得到更好的报酬。但实际上，工资的增长速度可能会更快，例如在接近充分就业的情况下（员工在谈判中处于有利地位），谈判中企业间同种工作的工资会被拿来比较，而迫于工会压力，企业家们提高了价格，这促使员工再次要求增加工资，从而导致成本和价格的新一轮增加……这就是难以摆脱的工资－价格螺旋。

历史回顾

通货膨胀，从什么时候开始的？

专攻经济史的历史学专家的研究使得我们可以追溯价格随时间的变化，当然，特别久远的价格变化也存在着非常大的不确定性。如果将从工业革命开始到第二次世界大战期间与二战至今这段时期进行比较，那会是非常令人警醒的。直到20世纪初，价格的变化特点都是强烈的通货膨胀后紧接着同等程度的通货紧缩，也就是价格下降。所以在整个19世纪，发达国家的平均价格上涨微乎其微，大约每年0.5%。这种通胀与紧缩交替的情况一直持续到20世纪中叶，但存在一个显著的差别：尽管紧缩仍然紧随通胀，但程度要小得多。总体而言，价格随时间显著增长，货币的购买力逐步减弱。

第二次世界大战开始后，出现了一种新的模式：通胀期后价格不再下跌，而是上涨放缓，这个阶段也就是所谓的反通货膨胀。总之，不同时期的价格增长速度不同。然而，从1990年代初开始，通货膨胀率非常低，大约每年1%到2%，但始终没有中间阶段的通货紧缩。直到2022年之前，通胀似乎已经消失。

1923年德国魏玛共和国恶性通货膨胀时的马克。

通货膨胀
→ 消费价格持续普遍上涨。

通货紧缩
→ 消费价格持续普遍下降。

购买力
→ 一个经济主体根据其收入和总体价格水平，所能够购买的物品和服务的数量。

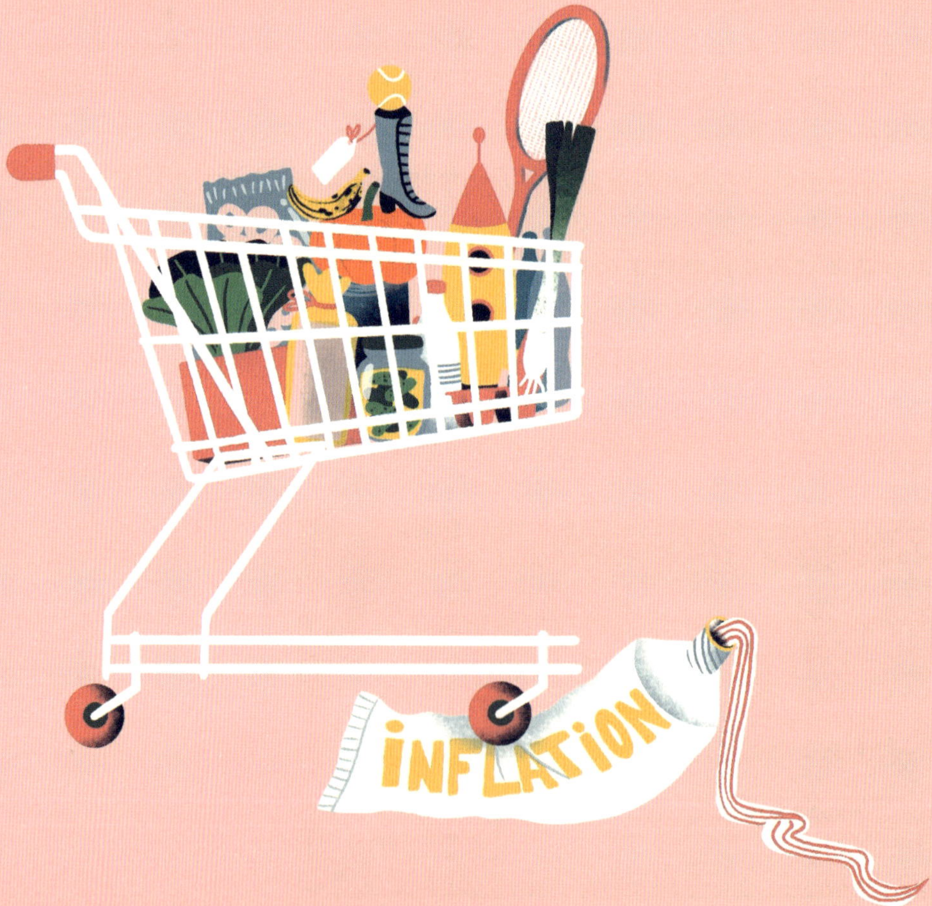
INFLATION

"通货膨胀就像牙膏一样。一旦挤出了管子,就无法再把它塞回去。"

卡尔·奥托·珀尔,时任德国中央银行行长,1980年。

值得注意的是，成本推动型通货膨胀也可能源于经济体中各个行业内相等的工资增长趋势，尽管不同行业内生产率增长差异巨大。威廉·鲍莫尔在 1976 年指出，工业部门的生产率增长强于第三产业，因此，第三产业是通胀的传播媒介。在服务业中，企业必须跟随工业企业上调工资（否则没有人愿意在服务业工作），但是理发、在餐厅做出一顿饭、上演一出戏剧、撰写报纸文章等，仍然需要相同的工作时间。这就是"成本病"，这种情况下企业别无选择，只能提高价格。

> 我们陷入了工资 – 价格螺旋。该如何做才能摆脱这一困境？

价格随供给变化

成本推动型通货膨胀也可能源于负面供给冲击，比如糟糕的收成。这种情况下供给减少，市场上的供需关系导致价格上涨。例如，俄乌之间的冲突对谷物生产（乌克兰是全球主要谷物出口国之一）与油的生产就造成了这种影响。同样的，1970 年代的"大通胀"与两次石油危机后石油产品价格上涨有一定关系，这两次危机都是因 OPEC 国家限制石油出口量造成的，而 OPEC 本身是一个为提高价格而居奇的卡特尔组织。

价格随需求变化

生产成本增加会导致价格上涨，这是肯定的。但通货膨胀也可能是需求突然增加引起的，经济学术语称之为需求冲击。在市场上，需求突然增加会导致价格上涨。然而，这种正面的需求冲击在另一个市场上可能对应着一个等量但负面的冲击，即需求从一个市场转移到另一个市场，也就是所谓的替代效应。例如，在 2020 年疫情初期，对干货和耐久品的需求（如面条、大米）取代了对易腐品的需求。而通胀下，所有市场的总体需求都在增加，因此所有价格都在上涨。这是为什么呢？

首先，是因为家庭储蓄的减少：经济主体可能会突然选择动用他们的储蓄以增加消费。2020 年一些国家解封后就是这样的情况。在数个月内由于无法进行除日常开销之外的其他支出而被迫储蓄之后，很多家庭在解封后拿出了部分储蓄用来购买之前无法获得的物品。然而，这种效应是暂时的，不能解释持续的通货膨胀现象。

价格也随货币供应量的增加而变化

能对整体需求和通货膨胀产生持久影响的是货币供应量的增加，即流通中货币数量的增加。米尔顿·弗里德曼与欧文·费雪（Irving Fisher）观点一致，并在其货币数量论中提出，货币供应量的增加是通货膨胀的根源。更确切地说，货币供应量的增加超过生产增加将导致通货膨胀。

在弗里德曼的理论中，货

币数量对经济活动没有影响，只对价格产生影响。这种观点被称为古典二分法：形象地说，货币只是一层"面纱"，在经济活动中是中性的，对经济活动没有直接影响。弗里德曼认为，如果增加供给，给经济主体提供更多货币，生产并不会自动增加，而为了应对额外需求，市场上的价格会上涨。在他与安娜·施瓦茨（Anna Schwartz）于1963年合著的《美国货币史（1867—1960）》一书中，弗里德曼将1930年代美国的通缩与当时货币供应量的下降联系在一起。

垄断 VS 竞争

最后，通货膨胀可能源于特定的市场结构。经济理论告诉我们，在竞争激烈的市场上，价格必定向下调整，因为如果有一家企业降低了价格，其他企业为了不失去客户也必须跟进降价。相反，在垄断市场中，企业处于支配地位，通常价格较高。因此，任何增加市场竞争的现象都会导致价格上涨的趋势减缓，甚至是相应价格的下降。国际贸易自由化产生的效应也是如此。一方面，它减少了贸易壁垒，包括关税［自二战结束到1995年世界贸易组织成立期间，在关税与贸易总协定（GATT）的推动下，全球商品的平均关税从40%降至4%］。另一方面，它使得富裕国家能够进口来自新兴国家的成本通常更低的产品。

因此，竞争的增加是自1990年代以来通货膨胀"大稳健"的原因之一。但就如托马斯·菲利庞（Thomas Philippon）等经济学家指出的那样，90年代之后，"大稳健"的趋势发生了逆转，因为大型合并或收购减少了竞争，加上数字化的影响，"赢者通吃"的优势地位慢慢形成［比如GAFAM（Google、Apple、Facebook、Amazon 和 Microsoft五家公司的首字母缩写）的霸主地位］。因此，通货膨胀回归存在结构性原因：竞争减少，企业

市场竞争较少，则大型企业更会提高价格。

米尔顿·弗里德曼
→（1912—2006）
美国经济学家，1976年获得诺贝尔经济学奖，货币主义学派和芝加哥学派的创始人，两学派都强调市场经济的益处，以及过度干预的不良影响。

尼古拉斯·卡尔多
→（1908—1986）
英国后凯恩斯学派经济学家，经济周期研究专家。

欧文·费雪
→（1867—1947）
美国经济学家，致力于研究货币现象与利率问题。

提高价格的能力增加。

通货膨胀的危害

通货膨胀主要有四种不良影响。首先，通货膨胀会使购买力下降，从而降低家庭的消费水平。的确，购买力的变化取决于薪资与物价的变化。但通货膨胀越严重，而既定薪资不变，购买力就会越低。其次，在一个开放的经济体中，如果一个国家的通货膨胀率一直高于其贸易伙伴国家，国内企业的价格竞争力，即其在市场上以有竞争力的价格提供产品的能力，将会减弱，这将限制其出口与生产。第三，通货膨胀使经济主体无法做出理性的消费选择，因为不同商品的价格上涨幅度不同，同时也就偏离了能使集体满意度最大化的最优选择。最后，通货膨胀往往能够自我维持：在物价上涨时，员工会要求加薪，而企业则会相应提高价格以应对加薪带来的成本升高。

好的一面

这些负面影响早已是许多研究的对象，也是 1980 年代以来抗击通货膨胀成为当务之急的原因。然而，在 20 世纪五六十年代，经济增长与高通货膨胀曾同时存在于许多高收入国家中，且这些国家都接近充分就业，这该如何解释呢？通货膨胀会降低实际利率，即以购买力衡量的借款人实际应支付的利率。假设您以 2% 的利率借款 100 欧元，一年后偿还，那么您在贷款到期时需要支付 102 欧元。假设与此同时通货膨胀率也是 2%，一年前售价 100 欧元的商品现在售价为 102 欧元，因此，实际上还款的 102 欧元与借款金额具有相同的价值，那么实际利率就为零。通货膨胀率越高，贷款的成本就越低。因此，

通货紧缩对有储蓄的人有利，但对负债的人不利。

这种情况下应该鼓励经济主体借款，从而刺激需求与增长。不过，面对通货膨胀，央行很快会提高银行向其贷款的利率，银行也会相应提高其利率。所以，通货膨胀只会在有限的时间内才会产生积极的影响。这就说明了 20 世纪五六十年代的持续经济增长实际上源于与创新相关的生产效率的提高。

通货紧缩也存在风险

通货紧缩看上去似乎是通货膨胀的反面，但其效果却并非如此。事实上，当所有价格都在下降时，一种破坏性的机制可能会大行其道，1930 年代的大萧条就是这样产生的：价格下降引发了人们对价格下降会持续的预期，从而推迟购买，总需求随之崩溃。货币的购买力确实得到了增强……但这也是一种毒药：它对那些有储蓄的人有利，但对那些负债的人不利，因为他们必须用购买力更强的货币偿还债务，而不是他们借款时的货币。一家

负债企业的产品价格下降,被迫抛售所有东西来偿还债务,这进一步加剧了通缩。这就是 1933 年欧文·费雪提出的"债务-通货紧缩"理论。

总的来说,通缩的影响似乎比通胀更为严重。适度的通货膨胀与可持续增长是相容的,但经济学家们对于理想的通货膨胀水平意见不一,尤其是因为通货膨胀总有变得无法控制的倾向:随着生产者将成本上涨转嫁到售价上,价格会逐渐上涨。因此,央行 **16** 这个维护价格稳定的机构的重要性不言而喻。

通货膨胀:一桩坏事?

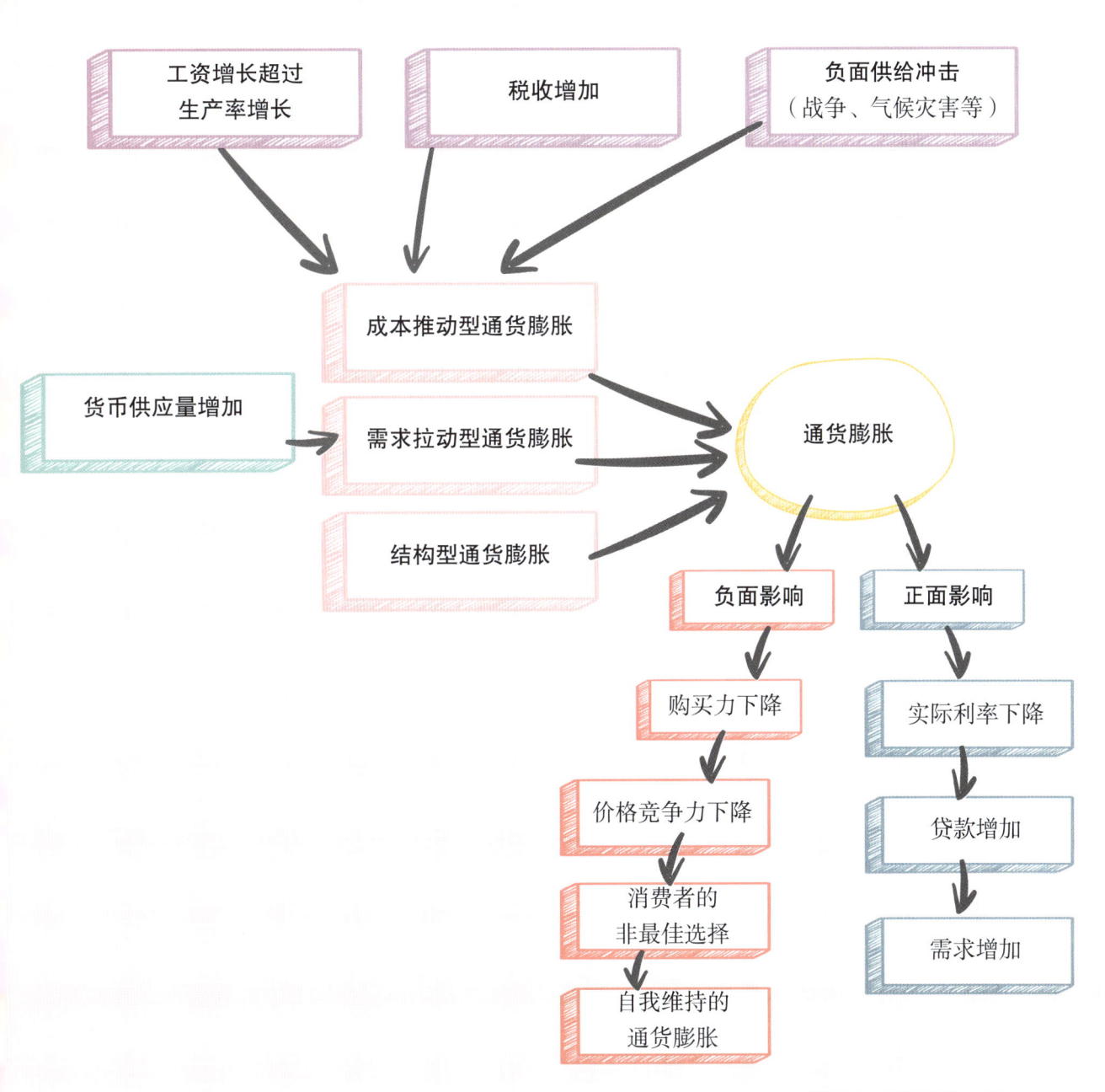

- 工资增长超过生产率增长
- 税收增加
- 负面供给冲击(战争、气候灾害等)

↓ ↓ ↓

成本推动型通货膨胀

- 货币供应量增加 → **需求拉动型通货膨胀**

结构型通货膨胀

→ **通货膨胀**

↓ ↓

负面影响 | **正面影响**

负面影响:
- 购买力下降
- 价格竞争力下降
- 消费者的非最佳选择
- 自我维持的通货膨胀

正面影响:
- 实际利率下降
- 贷款增加
- 需求增加

通货膨胀或通货紧缩 131

中央银行扮演了怎样的角色？

"福利银行"

当通信在疫情中出现混乱时……

2020年3月12日，新冠疫情已经在意大利爆发并开始蔓延到欧洲其他国家，欧洲央行主席克里斯蒂娜·拉加德举行了一场新闻发布会，宣布将采取措施来支持欧元区的经济。在她的讲话中，有一句话在金融市场中引发了快速反响："我们的目的并不是为了降低利差，有其他参与者及工具可以做到这一点。"这句话的意思是，为了避免意大利政府举债的利率相对于德国开始飙升（两个利率之间的差距被称为利差），欧元区的央行并不打算大规模购买意大利公债。当晚，拉加德在电视讲话中对自己的言论进行了澄清，与此同时，法国总统埃马纽埃尔·马克龙在电视直播中表示："欧洲央行今天已经宣布

中央银行是万能的吗？

了其首批决策。这些措施是否足够？我不这么认为。更多新措施是有必要的。"随后几天，其他政要也做出了同样的回应，欧洲央行也在全力以赴平息市场波动：分裂的阴影再次笼罩欧元区，一如2012年马里奥·德拉吉（克里斯蒂娜·拉加德的前任）被迫表示欧洲央行将"竭尽所能"确保希腊留在欧元区的时刻。最终，3月19日，欧洲央行宣布了一项大规模市场债券收购计划，以促进利率下降，特别是对于那些受影响最大的国家。

中央银行，经济体中风险管理的核心

这一事件能告诉我们很多。首先一点，就是央行行长难当，他必须字斟句酌，不然就会引发无法控制的金融动荡。时任美国联邦储备

历史回顾

中央银行简史

中央银行并非一直存在，从经济与货币的历史来看，它们甚至算得上是新生事物。最早的中央银行的出现与纸币发展有关。1661年的瑞典，银行家约翰·帕姆斯特鲁赫（Johan Palmstruch）在国王的支持下发行了第一张以金属货币储备为担保的纸币，但他滥用了创造货币的权力，不断地印刷纸币，最终导致破产。为了恢复对纸币的信任，瑞典国王于1668年创立了瑞典皇家银行，这称得上是第一家中央银行，因为它逐渐垄断了纸币发行权。其他中央银行也陆陆续续成立：英格兰银行（1694年）、法国银行（1800年）、美联储（1913年）。

在19世纪，随着存款与银行信贷的发展，中央银行的角色发生了转变：它们逐渐成为"银行的银行"，保障着以存款形式储存的货币的流动性。

尽管管理上与国家有密切联系，最初的中央银行是股东持有的私人公司，但在20世纪，中央银行逐渐成为公营机构，归国家所有。目前，央行在很大程度上独立于政治权力。它们的角色进一步扩展，尤其扩展到了金融与经济稳定方面。

中央银行

→ 一种金融机构，类似于"银行的银行"，负责确保不同形式下货币的稳定，以及金融稳定与经济稳定。

通货膨胀

→ 消费价格持续普遍上涨。

通货紧缩

→ 消费价格持续普遍下降。

中央银行扮演了怎样的角色？

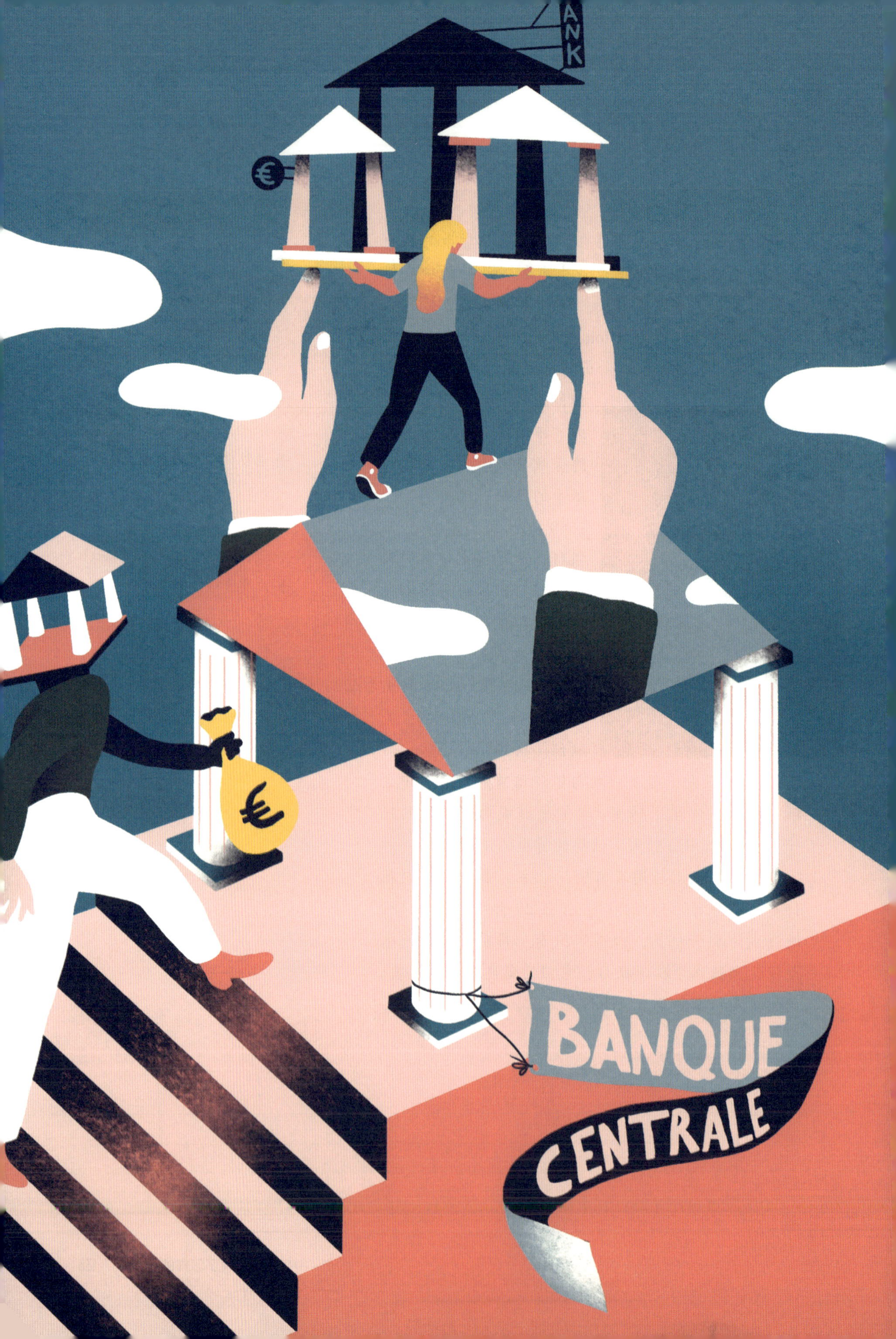
ANK
BANQUE
CENTRALE

"作为福利国家的支柱之一,央行在资本主义社会中有着风险管理与减少不确定性的功能。"

埃里克·蒙内,《福利银行》,2021 年委员会主席的艾伦·格林斯潘（任期1987—2006年）甚至说过："如果你理解了我想说的，那就意味着我表达不清楚。"字斟句酌在风平浪静时尤为重要，这样才能避免引发崩盘的风暴。但在金融危机期间，金融市场和所有经济参与者反而期待央行给出非常明确的指示，对于央行的措辞和措施，人们都会将其理论化，这样也能让央行"引导市场预期"。因为央行通过沟通能力与其采取的措施，成为了管理经济风险的机构网络的一部分：当然包括货币风险，还有金融风险、经济风险，以及其他领域甚至是环境领域的风险。法国经济学家埃里克·蒙内（Éric

中央银行，福利银行？

Monnet）因此称呼央行为"福利银行"：它是19世纪末"福利国家"的一个核心机构，即分担了国家在经济、社会、环境等方面风险管理的角色。

中央银行的核心使命：
稳定货币

不过，作为"福利银行"，中央银行具有明确的职责，并不是"万能"的，因为有些职责应该是国家承担的。中央银行的核心任务就是保持货币的稳定。这一任务涵盖两方面内容。

首先，中央银行负责保障各种形式货币的**流动性**，也就是确保货币能够实现即时、无成本的支付。为此，央行扮演着"银行的银行"的角色。每家银行在中央银行都有一个账户，称为"准备金"，其中包含以电子形式存储的央行货币，就像您银行账户上的一行账目一样。当客户想要以纸币形式提取账户上的一部分货币时，银行可以使用手头持有的纸币，也可以要求将其持有的电子形式的央行货币转换为纸币。此外，央行货币能让银行在央行的准备金账户之间进行简单的转账，为其客户与其他银行的客户进行结算。

其次，中央银行致力于稳定货币的价值，也就是让其购买力随时间的推移保持稳定。因此，央行也尽力避免**通货膨胀**过于抬头，同时也避免通缩。为什么呢？

目标：
通货膨胀，但低通胀率

在1980年代，时任德国央行行长的卡尔·奥托·珀尔（Karl Otto Pöhl）打了这样一个比方："通货膨胀就像牙膏一样。一旦挤出了管子，就无法再把它塞回去。"的确，当价格快速上涨时，在"第二轮通胀效应"的影响下，这种上涨会自我维持并形成累积。例如，小麦价格上涨导致面粉价格上涨，进而导致面包价格上涨，再导致工资上涨，从而引发所有价格的上涨，当工人们意识到他们的购买力在下降时，工资也会相应地上涨。

但是，通缩更糟糕，因为价格下降也可能形成累积效应：价格下降时，经济主体为了等到更低的价格会推迟购买，需求就这样减少了，于是生产者只能进一步降低价格以促销。这种**通货紧缩**的情况比通胀更糟糕，因为它将经济推入了一种衰退：经济活动的累积减少。

通胀的原因可以是多方面的，在经济体中创造货币是原因之一：当银行提供更多的信贷时，产品需求就会变多，如果生产不变，价格就会上涨。这就是1956年由米尔顿·弗里德曼等经济学家提出的货币数量论的一种说法，从货币角度解释了通胀的原因。

政策利率有什么用？

然而，货币创造主要由银行完成，中央银行只能通过间接的**货币政策**对其进行间接影响，即在银行间的结算机制中以不同的利率（**政策利率**）向有需要的银行提供央行货币。因此，如果通胀超过中央银行的通胀目标，即一年中价格上涨2%以上，世界上大多数的中央银行就会提高政策利率，这会导致银行提供的贷款利率更高，贷款就会减少，需求就会放缓，通胀水平随之降低。

中央银行的其他任务

中央银行的职责不止有稳定货币。比如，欧洲央行的章程规定，其首要任务是确保价格稳定，如果这一目标得到很好的实现，还有支持欧盟整体经济政策的任务。同样，美联储的货币政策中有三大目标（稳定价格、最大化就业率、低长期利率），除此之外还有货币领域之外的任务。

除了要稳定货币，中央银行还要承担起最后贷款人的责任，帮助处于困境的银行，以避免它们对整个金融

欧文·费雪
→（1867—1947）
美国经济学家，正式提出了货币数量与价格之间的关系，并根据通货紧缩对债务的影响解释了1930年代的经济危机。

米尔顿·弗里德曼
→（1912—2006）
美国经济学家，提出了新古典经济学中著名的货币主义理论，强调稳定的重要性。他于1976年获得诺贝尔经济学奖。

埃里克·蒙内
→（1983— ）
法国经济学家，以其对中央银行的历史研究而闻名。

系统造成影响，维护金融稳定。反过来，这些银行也受到监管。中央银行必须为二级银行确保流动性，但前提是（至少原则上）这些银行长期能够偿还其所借的央行货币，并控制其承担的风险（**审慎监管**）。

中央银行也或多或少地承担着稳定经济活动的责任，这不仅仅是将通胀率维持在每年约2%那样简单。新冠大流行期间，欧洲央行与其他大型中央银行的干预就是这一点很好的体现，这些央行购买公债，帮助一些国家在金融市场上筹集资金、填补赤字。不过，央行并不能直接向国家购买公债。

此外，中央银行越来越多地参与到应对气候变化中，研究"绿化"其货币政策的方式，例如向资助环保事业的银行提供更多资金。

因此，中央银行在整个经济风险管理中变得越来越重要，远不局限于单纯的货币风险管理。央行日益重要的职责引发了对其决策方式的激烈辩论：如何在保持独立性的同时加强对政府的监督，避免陷入控制货币的困境，并使控制更加民主化？

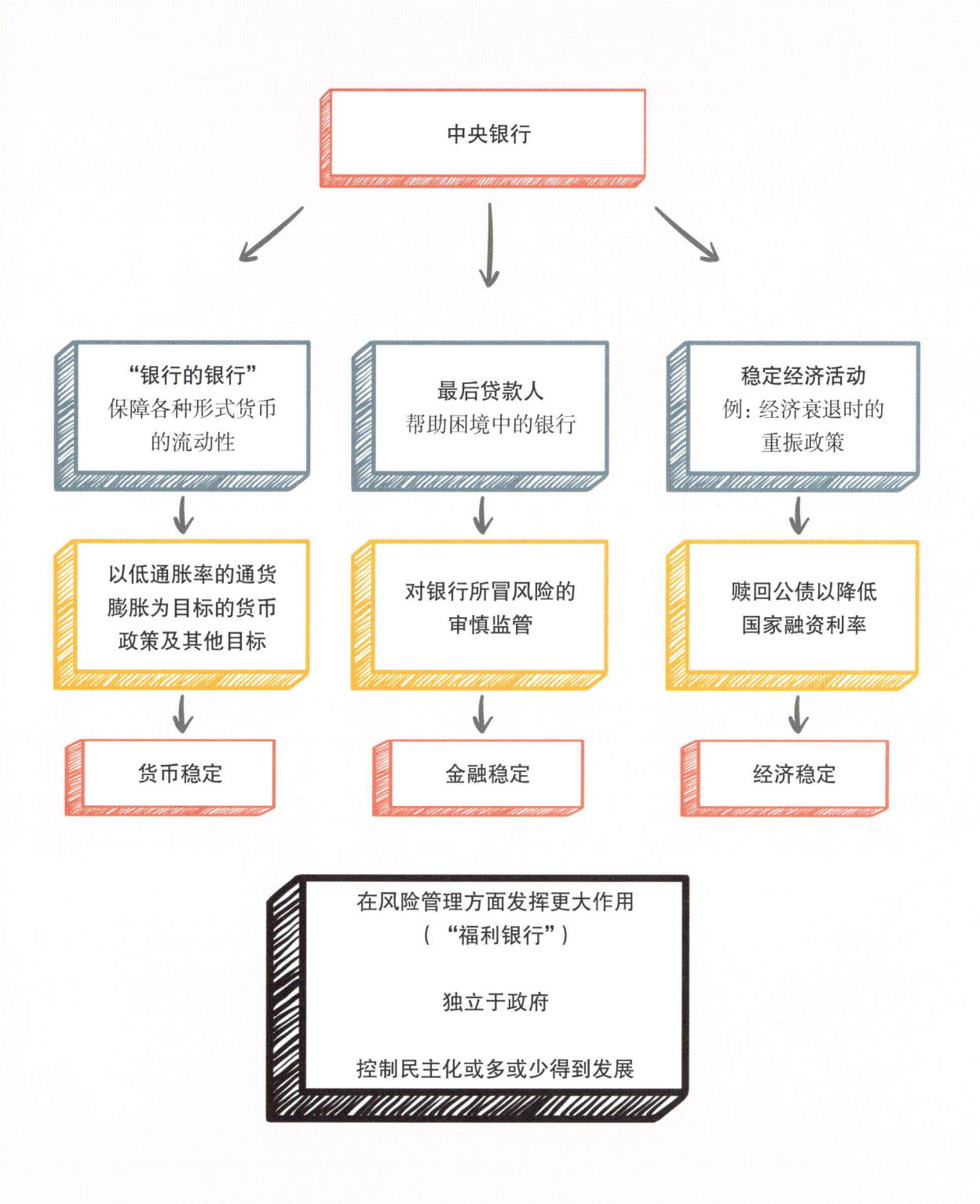

中央银行能做什么？

```
                    ┌──────────────┐
                    │   中央银行    │
                    └──────┬───────┘
          ┌────────────────┼────────────────┐
          ▼                ▼                ▼
```

"银行的银行" 保障各种形式货币 的流动性	最后贷款人 帮助困境中的银行	稳定经济活动 例：经济衰退时的 重振政策
↓	↓	↓
以低通胀率的通货 膨胀为目标的货币 政策及其他目标	对银行所冒风险的 审慎监管	赎回公债以降低 国家融资利率
↓	↓	↓
货币稳定	金融稳定	经济稳定

在风险管理方面发挥更大作用
（"福利银行"）

独立于政府

控制民主化或多或少得到发展

中央银行扮演了怎样的角色？

没有货币的国家？
不属于一国的货币？

货币与国家：不可分割的一对概念

当所有人闻币而逃

1923 年的德国，1946 年的匈牙利，1985 年的玻利维亚，1989 年的阿根廷，2009 年的津巴布韦，2018 年的委内瑞拉，2022 年的土耳其，等等。这一长串国家在当年都经历过**恶性通货膨胀**。恶性通货膨胀的特点是通胀率极高，高到足以自我滋生，数据变动呈现爆炸性的动态。1946 年匈牙利通货膨胀的最后几天，物价每天增长 150000%……这是当时最优秀的历史学家记录下的价格上涨速度。

如果您早上领到一份工资，但上午十点就需要一大袋钞票才能买到一块面包，到了下午四点一辆手推车的钱才能买到一块面包，到了晚上七点就得一整辆卡车才能买到，您会怎么做呢？一旦收到工资，您一定会立即花掉它，如果可能的话，一定会购买比一块面包更耐用的商品。

当货币不再有价值时，必须找到价值的避风港！

这就是"抛弃货币"的现象。这也导致某些价格上涨幅度超过其他价格，从而破坏了产品之间的相对价格结构。在 1985 年的玻利维亚，皮靴成为了避险资产之一：毕竟，您可以拥有多双皮靴，而且皮靴始终有用，与纸币不同！某些皮靴的价格最终超过了汽车，尽管生产皮靴所需的工作量要少得多……当某天价格平均上涨 1000% 时，有些商品上涨 100%，有些上涨 2000%。通货膨胀腐蚀了整个经济体，生产变得混乱无序。如果得到的报酬是一文不值的货币，那么努力工作又有何意义呢？

货币可能会失去其三大职能

恶性通货膨胀导致货币

历史回顾

2008—2009 年的津巴布韦：
当一个国家放弃其货币时

1990 年代末，津巴布韦总统罗伯特·穆加贝决定没收该国白人农民所拥有的土地，这些土地大都在罗德西亚时期的种族隔离制度下就被白人占有。这一激进的改革导致经济崩溃和通货膨胀飙升。通货膨胀率一度达到年均几百个百分点，然后在 2008 年飙升至数千个百分点，甚至达到数亿个百分点！面对物价飙升，民众纷纷抛弃津巴布韦元，转而使用美元或其他相对稳定的货币。

2009 年，总统宣布津巴布韦放弃国家货币，采用美元作为货币。2016 年，津巴布韦重新引入了津巴布韦元纸币，并规定了固定的美元兑换率，但又在 2019 年取消了这一固定汇率。在津巴布韦，通货膨胀率始终很高，美元仍然是主导货币。

恶性通货膨胀

→ 一种无法控制的通货膨胀，甚至会使货币丧失功能。

美元化

→ 用美元取代一国的本国货币。

加密资产

→ 基于区块链技术的资产。区块链指使用加密计算机协议验证和执行交易的所有数字交易记录平台。最著名的加密资产是比特币。

没有货币的国家？

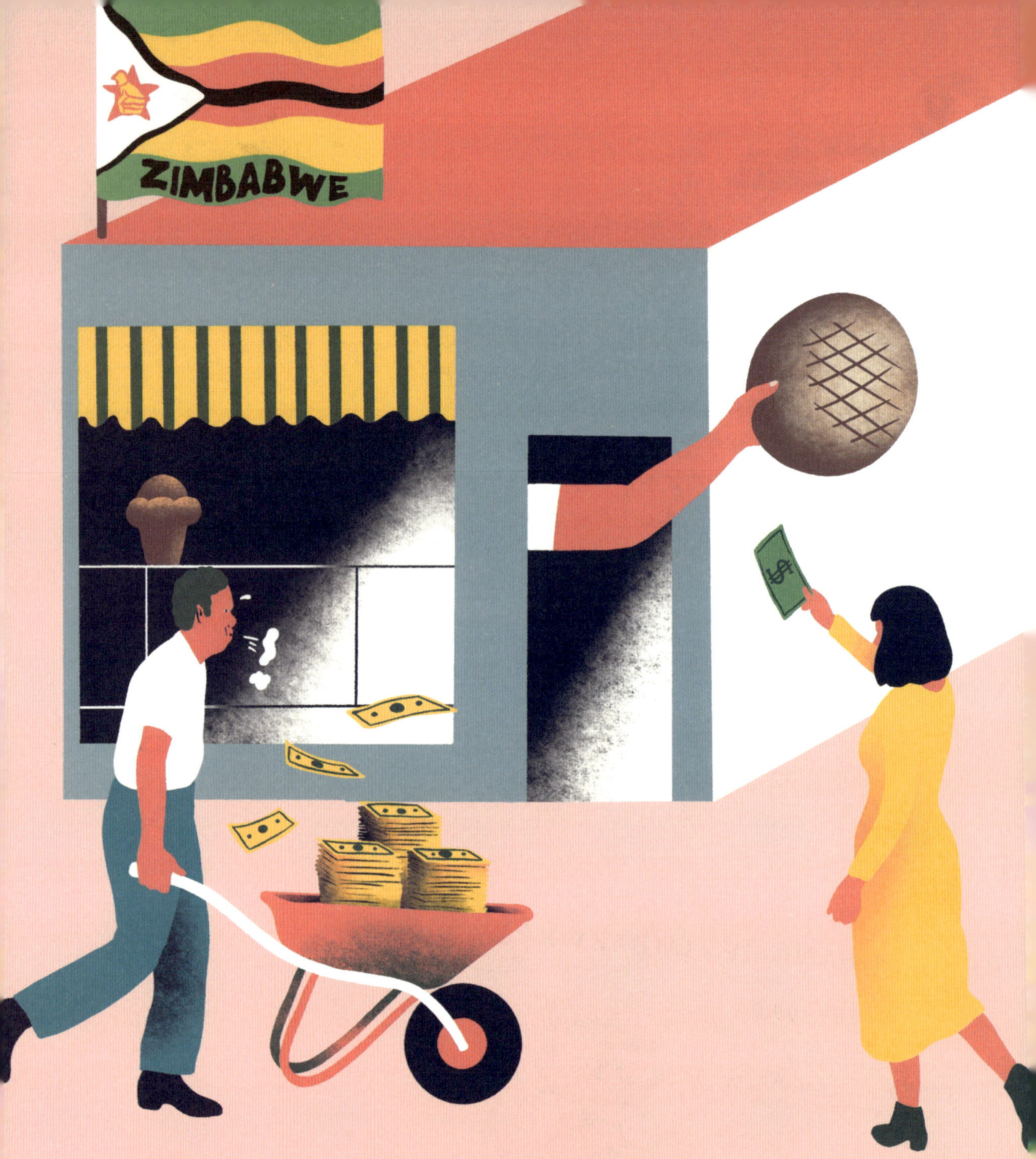
ZIMBABWE

→→→

"货币被主权原则所覆盖，该原则赋予货币在相关主权领域内的共同合法性。"

米歇尔·阿列塔，
《债务与主权之间的货币》，2020 年

丧失其特征性的功能，甚至可能导致货币消失。货币作为交易的媒介越来越不被接受，因为商人不愿意收下一文不值的货币。在某些情况下，一些地区内部开始使用物物交换替代货币：例如在2009年的津巴布韦，人们可以用面粉、鸡蛋或牲畜支付医院的诊费。但这很快变成了一场灾难：如何处理这些物品？医院简直成了杂货店！货币对经济运行 **13** 来说举足轻重，所以人们转向了另一种货币，也就是在经济体中已经有一定数量流通的外国货币。

这个取代国家货币的外国货币通常是美元，因为它在国际上扮演着最重要的角色，远远超过欧元的地位。**美元化**的过程非常迅速：一旦以本国货币收到工资，人们就会迫不及待地将其兑换成美元。但因为每个人都会这样做，美元兑本国货币的汇率就会飙升！这就给购买美元提供了另一个理由：将资金投资于增值的资产，而不是保留在迅速贬值的本国货币中。

货币还会失去其计量单位的功能。在几个小时内就丧失了价值的货币怎么能表达价格呢？货币也会失去价值储备的功能，就像阳光下的雪一样融化殆尽。

没有货币的国家就是没有主权的国家

恶性通货膨胀可能由各种原因引起（如战争、饥荒、国家通过央行创造货币来资助支出、汇率市场上货币的崩溃等），会导致国家货币的彻底消失，取而代之的是被严格管理的新货币，可能是

主权意味着能够用自己的货币偿还债务。

简单在价格上划掉多个零，也可能是直接用美元取代。例如，2001年的萨尔瓦多或2009年的津巴布韦。没有货币的国家啊！

不过，这种国家没有自己货币的情况是异常的，且通常不会持续很久。对于一个国家来说，放弃自己的货币意味着放弃其主权的重要部分，也就是在其领土上行使政治权力的能力。米歇尔·阿列塔特别探讨了货币与主权之间的联系。为了让货币被所有人接受，国家给予其**法定货币**地位，要求居民在所有交易中使用该货币，不过其他货币（如美元）也能在境内流通。根据规定，居民必须使用该货币支付税收，所有公共支出也以该货币进行，包括支付公务员工资、退休金、公共投资等。如果国家必须以美元支付这些支出，那么必须首先获得美元，而当国家货币兑美元的汇率崩溃时，就会变得非常困难。对于一个国家来说，实际上，最高程度的主权就是能够以自己的货币、而不是以外国货币（通常是美元或欧元）

借贷来填补赤字。如果一个国家以美元借贷，比如墨西哥，而其货币兑美元的汇率崩溃（墨西哥比索比起美元不值钱），也就是美元兑墨西哥比索的汇率上升（美元比墨西哥比索值钱），国家以美元计价的债务将对应更多的比索，所以需要更多的税收来偿还。因此，如果一个国家不以自己的货币借贷，那么它将受到的汇率波动影响就会很大，也面临着破产的风险，并且相对于以自己货币借贷的国家（如美国、欧元区国家、日本、中国、英国）来说，其主权性较低。

不属于一国的货币？

萨尔瓦多是少数几个放弃本国货币的国家之一。2001年，该国正式启用美元作为官方货币。2021年，获取与借贷美元都变得十分困难，在总统纳伊布·布克莱的领导下，该国成为第一个将比特币合法化并发行以比特币计价的债券的国家，并以投资者的乐土自居。然而，此后比特币的价格暴跌，使这个国家以及押注比特币和其他类似金融产品的投资者陷入了财务困境。

比特币的支持者认为，比特币是能与其他加密货币以及由中央银行管理的国家货币竞争的货币。这是一种货币竞争理论的新解，奥地利经济学家弗里德里希·冯·哈耶克在其1976年出版的《货币的非国家化》一书中首次提出了这一理论。

新解之新在于技术：比特币与其他类似资产（以太坊、泰达币、USDC 等）属于加密资产，"加密"是因为它们依赖区块链技术，一个与这

新技术是否会
彻底改变货币？

些资产进行的所有交易的记录平台。银行货币系统的中心是与一个国家相关联的中

米歇尔·阿列塔
→（1938— ）
法国经济学家，创立了调节学派，该学派分析了制度如何在每个经济体中形成独特的调节系统。他在金融与货币领域多有著作。

弗里德里希·冯·哈耶克
→（1899—1992）
奥地利裔英国经济学家、哲学家，他为货币以及市场经济中价格的作用研究做出了贡献，并更广泛地提出了一种将自由和市场交流置于核心的政治哲学。

央银行，而区块链技术是去中心化的："矿工"们利用他们计算机的算力来解决构成该区块链的交易问题，并获得发行比特币的权利，但这项权利是逐渐减少的，因为比特币的总量上限为2100万枚。

加密货币：货币的未来，有没有国家的存在？

不过，比特币不太满足"加密货币"的条件。它更像是一种极具投机性和不稳定性的加密资产。的确，比特币并不具备货币的三种职能。除了在暗网上进行的被国家禁止的交易之外，它在交换中的功能十分有限。即使在萨尔瓦多，比特币已经是合法支付手段，按理说民众应该接受比特币进行交易，但只有20%的企业接受比特币，几乎90%的企业声称它们会将收到的比特币立即兑换成美元……

事实上，比特币兑美元或欧元的汇率波动很大。2020年初到2021年秋，1比特币兑的美元从大约1万美元上涨到6万美元以上，到了2022年夏季，又暴跌至约2万美元。自1945年以来，没有任何一种主要国际货币经历过如此剧烈的波动。因此，虽然比特币在某种程度上可以作为交换手

银行中介的消失？

段，但它过于波动且不稳定，无法成为计量单位和价值储存手段。不过，区块链技术引起了中央银行的注意，因为它可以实现无需银行中介的货币支付，包括国际范围内的支付，并保持交易的可追溯性。许多中央银行（如欧洲央行、中国人民银行、日本银行等）都在开发中央银行数字货币项目，对央行来说，这种技术不仅可以取代纸币和硬币，还能应对数字巨头的野心。脸书公司（现更名为Meta）曾宣布推出一项名为Libra（后更名为Diem）的加密货币项目，但在2022年正式宣布中止。然而，数字巨头仍对区块链这种能控制全部交易记录的技术无比着迷，中国政府也是如此，并且数字人民币已经进入到测试阶段，这种货币是否会限制自由尚未可知。

有一件事是肯定的：货币和国家之间的关系在数字化的21世纪还将继续演变和进化。

当货币失去其职能……

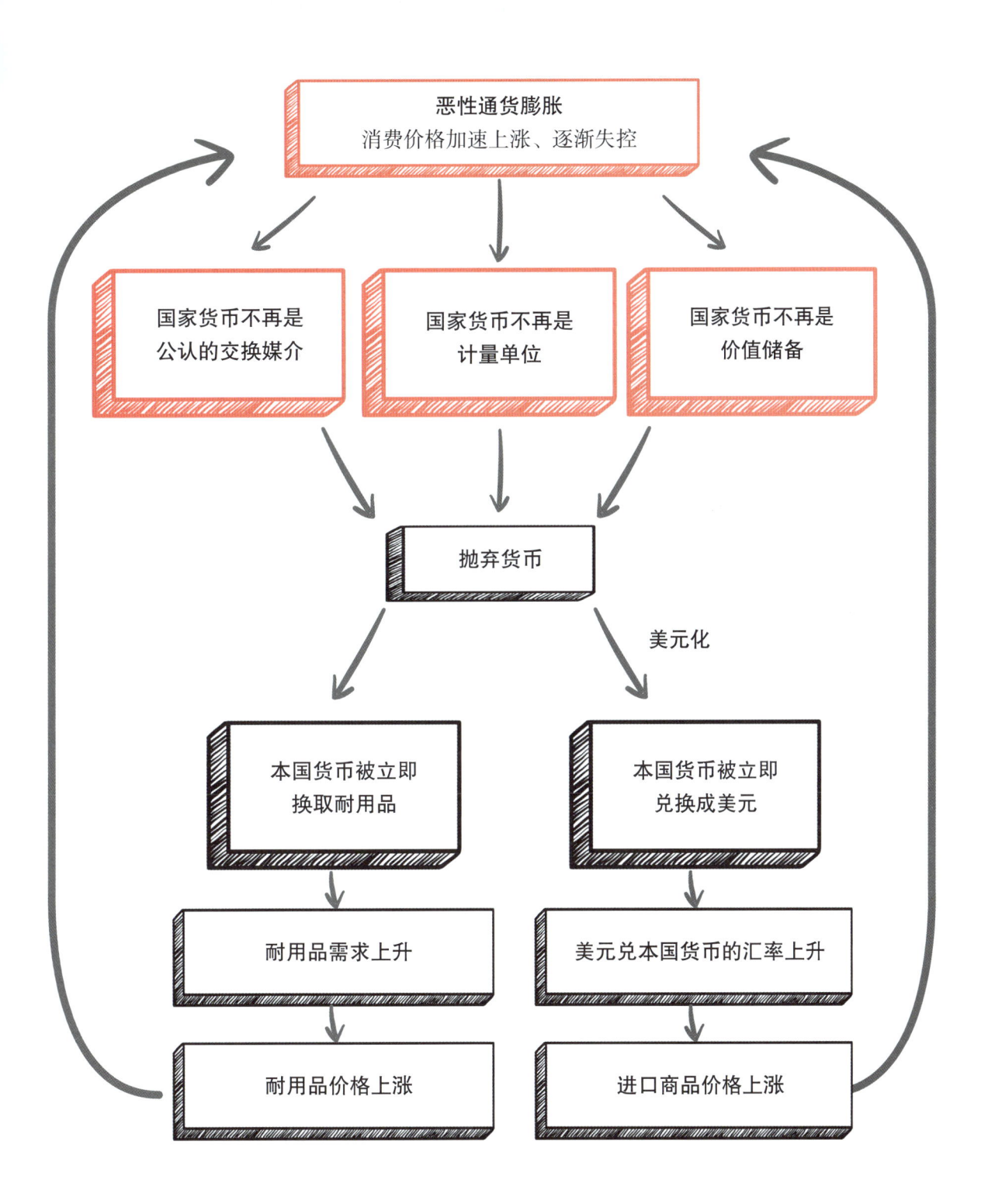

```
恶性通货膨胀
消费价格加速上涨、逐渐失控
         │
   ┌─────┼─────┐
   ↓     ↓     ↓
国家货币不再是  国家货币不再是  国家货币不再是
公认的交换媒介  计量单位      价值储备
   │     │     │
   └─────┼─────┘
         ↓
       抛弃货币
       │     │ 美元化
       ↓     ↓
本国货币被立即    本国货币被立即
换取耐用品      兑换成美元
   │              │
   ↓              ↓
耐用品需求上升    美元兑本国货币的汇率上升
   │              │
   ↓              ↓
耐用品价格上涨    进口商品价格上涨
```

经济学家的小世界之四
经济学家是否只关注经济问题?

经济学家与经济学

经济学家们对什么感兴趣呢?不妨在您身边的朋友、家人、同事中测试一下,问问他们这个问题。不出意外的话,他们脑海中首先浮现的词汇一定是"金钱"。这有什么值得惊讶的呢?毕竟新闻中充满了经济学相关的事:银行危机、股市崩盘、收入与财富不平等的加剧、苹果公司的市值创纪录……当然,您身边的人肯定也会提到消费、生产、失业、劳动组织、投资、储蓄……他们说得没错。经济学家们确实关注所有这些现象。他们试图定义、衡量并解释这些现象,揭示其产生的机制及其后果。

然而,经济学家并不是唯一研究经济学的人。社会学家分析我们与金钱的关系,工作、就业、职业的变化,消费、收入不平等的决定因素等。历史学家从长期的视角分析这些现象的演变,地理学家则研究它们在地理空间中的表现。人类学家研究各种人类社会,展示经济如何始终存在于特定社会框架中。

经济学家不只关注经济学

然而,经济学家的工作并不理所当然地局限于研究一些被归到"经济学"中的对象。从1960年代开始,在1992年诺贝尔经济学奖得主加里·贝克尔(Gary Becker)的推动下,经济学从一门以其研究对象(消费、财富的生产与分配等)为定义的科学,逐渐演变为一门以其方法论为定义的科学。因此,如果要对今天的经济学进行定义,那我们可以认为它是关于最广泛意义上的人类选择的科学。这种定义方法使经济学家对许多之前没有关注过的问题产生了兴趣。

每一步都追求理性

首先,大多数经济学家在他们的模型中提出了一个简单的假设:面对任何形式的选择,不同个体在某种程度上都以相似的方式进行推理。对于每一个选择,他们会比较预期获得的利益与将要承担的成本,并选择给他们带来最佳成本效益比的选项。

这其实是一个相当简单的选择过程。加里·贝克尔是第一个提出这一系列选择问题的经济学家，尽管这些问题乍看起来可能与经济学家的形象不太相符。如果我们将这一选择规则应用于我们所面临的所有可能情况，比如友谊、爱情、希望拥有的孩子数量、是否继续深造等等，每一次，我们都会面临一些可能带来一定利益的情况，但同时也要承担一定的成本。例如，参与非法交易而不是合法工作可以预期获得更高的收入，但是一旦被捕，成本（数年监禁或巨额罚款）实在太高，这可能会起到威慑作用。加里·贝克尔认为，犯罪分子只是一个将非法活动视为最有利可图的选择的理性个体。

这种方法现在已经成为经济学的一部分，并为一系列主题研究带来了全新视角。不过，这种方法也常因为其简化倾向而遭受批评，成为辩论的焦点。我们真的能将人类简单视为理性人吗？

事实，事实，只有事实

对于经济学家来说，还有一种方式可以研究我们日常生活中不仅是与钱有关的各种问题。这种方式就是验证一个变量是否影响另一个变量。

经济学家会利用大型数据库或实地实验，在两个人群中测量变量 B：一个受到变量 A 的影响，而另一个则没有。利用成熟的统计技术，可以确定变量 A 是否影响变量 B。

以教育为例。给学生或教师提供奖金是否能使学业表现提高？多读一年书是否一定会获得更高的薪水？减少班级人数是否会对学业成绩产生影响？所有这些问题的结果都取决于具体情境。例如，对于最后一个问题，2019 年诺贝尔经济学奖得主埃丝特·迪弗洛曾经证明，在发展中国家，这种影响较小；而托马斯·皮凯蒂（Thomas Piketty）和马蒂厄·瓦尔德奈尔（Mathieu Valdenaire）的研究范围不同，他们的研究结果显示在法国，减少小学班级规模对学业成绩有积极影响，但在中学阶段影响较小。研究的范围还可以进一步扩大：家庭津贴的增加是否会影响出生率？女性小时工资的增加是否能使家务劳动更好地在夫妻双方间分配？健康通行证的实施是否会影响接种疫苗的人数？

通过这些研究与实验，经济学家向公共决策者提供了关于应采取的最有效措施的信息，告诉他们是什么促使个人以特定方式行事，从而影响决策者的选择。

→→→

经济学首先是一种分析社会与人类事实的方法论。它能够从有限的原则出发来处理众多主题。

埃蒂安·瓦斯梅尔（Étienne Wasmer），《微观经济学原理：实证方法与现代理论》，2010 年

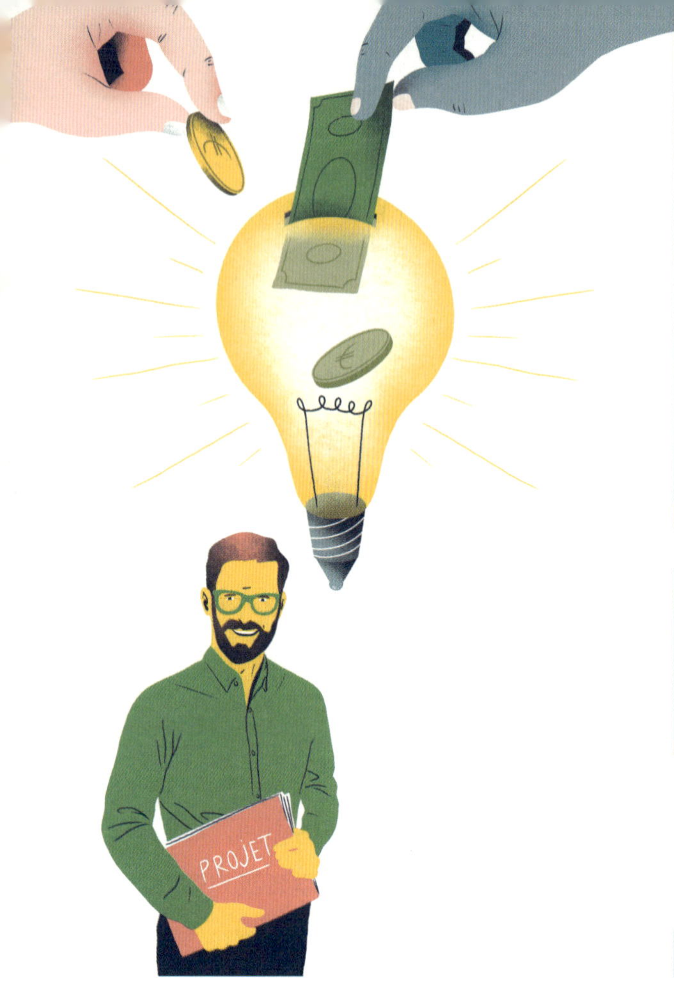
PROJET

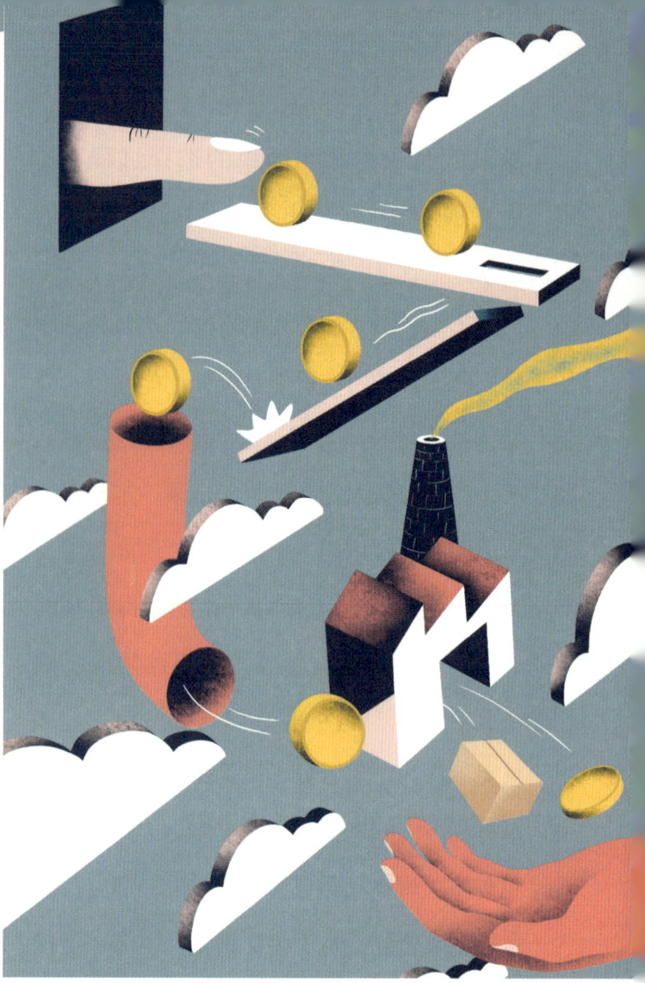

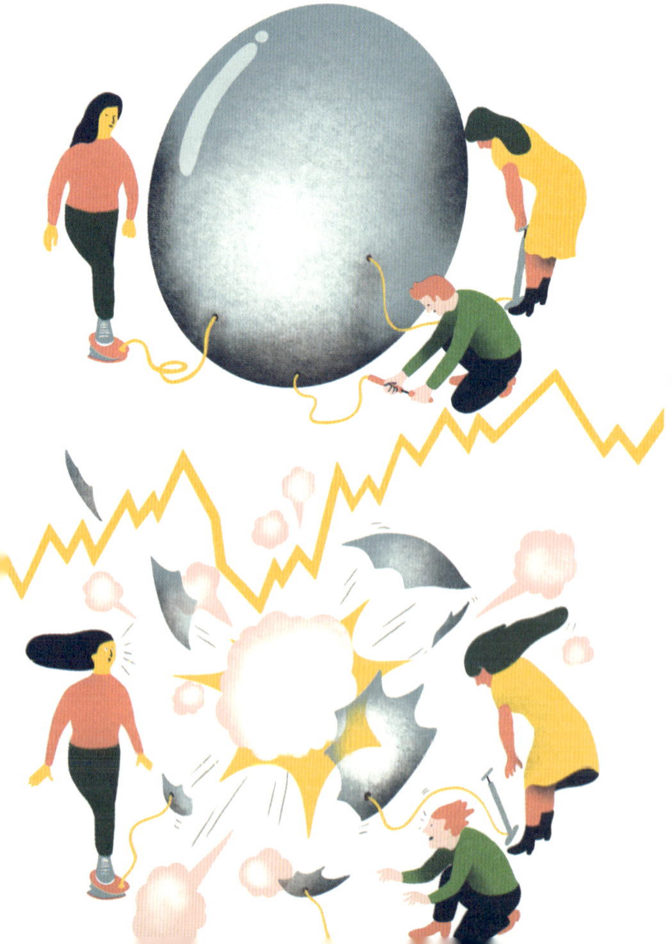

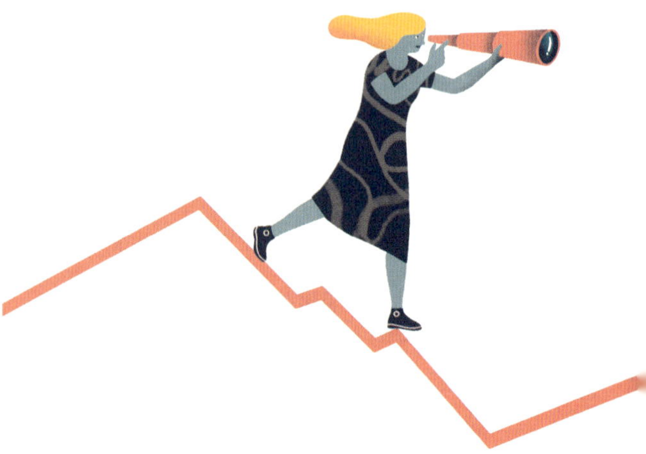

投资与筹款

- ⑱ 金融是什么?   **152**
- ⑲ 金融公司的职能是什么?   **160**
- ⑳ 金融资产的价格是如何确定的?   **168**
- ㉑ 金融对经济有害吗?   **176**

金融是什么？

基于约定的交易

金融，万恶之源

肆无忌惮的投机、无限制的赌场、金钱至上的统治、一个利润高于生命的脱离现实的领域、银行向客户收取与所提供服务不成比例的高额费用……不必再多说，金融市场确实声名狼藉，一再发生的股市崩盘和金融危机也反复恶化它的形象。但是，**金融**在许多方面都是至关重要的。它在过去和未来之间架起了桥梁，最重要的是，它让人们怀着互补的期望走到了一起。那么，让我们忘记先入为主的观念，进入金融的"黑匣子"，揭示它最深藏的秘密吧。

当我们谈论金融时，我们到底在谈论什么？

让我们从最简单的开始。假设有两个互不相识的人。第一个人拥有足够高的收入，可以存下一部分钱。他去找他的财务顾问，希望能够更清楚地了解自己的经济情况。显然，他可以将这笔存款放在一个藏得很好的保险柜里，把里面塞满纸币和硬币，但是一旦发生入室抢劫，他可能会失去所有的积蓄。他也可以将钱放在银行的活期账户上。无论哪种情况，这笔钱都是"流动的"，可以立即

金融在过去和未来之间架起了桥梁，最重要的是，它让人们怀着互补的期望走到了一起。

使用，但他无法获得任何回报，这些钱甚至会随着时间的推移而贬值，贬值的速度与通胀上行的速度（即消费品价格上涨的速度）一致。

因此，他主要面临两种选择。第一种选择是，他可以将这笔储蓄放在银行提供的安全投资中。这些储蓄账户在不同国家可能有不同的形式和名称，但基本上都是

历史回顾

从债务经济转向金融市场经济？

根据对20世纪后半叶的研究，约翰·希克斯（John Hicks）指出，高收入国家经历了20世纪40年代至70年代债务经济到70年代后金融市场经济的转变。在转变的第一阶段，融资主要是通过银行贷款来完成，银行作为融资的重要参与者，在需要融资的经济主体和有投资能力的经济主体之间担任中介。而在金融市场的去监管化和全球化的推动下，通过金融市场进行的融资占了大头，至少对于大企业和政府来说，银行的地位下滑了。

当代学者指出，这种区别在当今已不再适用，因为银行是金融市场的主要参与者：首先，银行在金融市场中寻找资金来源和投资；其次，银行将客户委托的部分储蓄通过集体投资产品（如可变资本投资公司）投入金融市场。

金融
→ 一种提供货币资源以促成特定经济行为的活动。

股票
→ 对公司一部分资本所有权的证明，它赋予持有人对公司的控制权和获得红利（即利润的一部分）的权利。

债券
→ 一种债权的证明，是企业或国家发行的债务的对应物，并且会产生利息。

市场融资 / 直接融资
→ 一种通过发行金融证券来满足经济主体融资需求的融资方式，这些证券由有能力提供资金的主体购买。

→→→

"整体上看，金融不过是一种'基于约定的交易'。"

皮埃尔－诺埃尔·吉拉德
《基于约定的交易》，2001年

金融是什么？

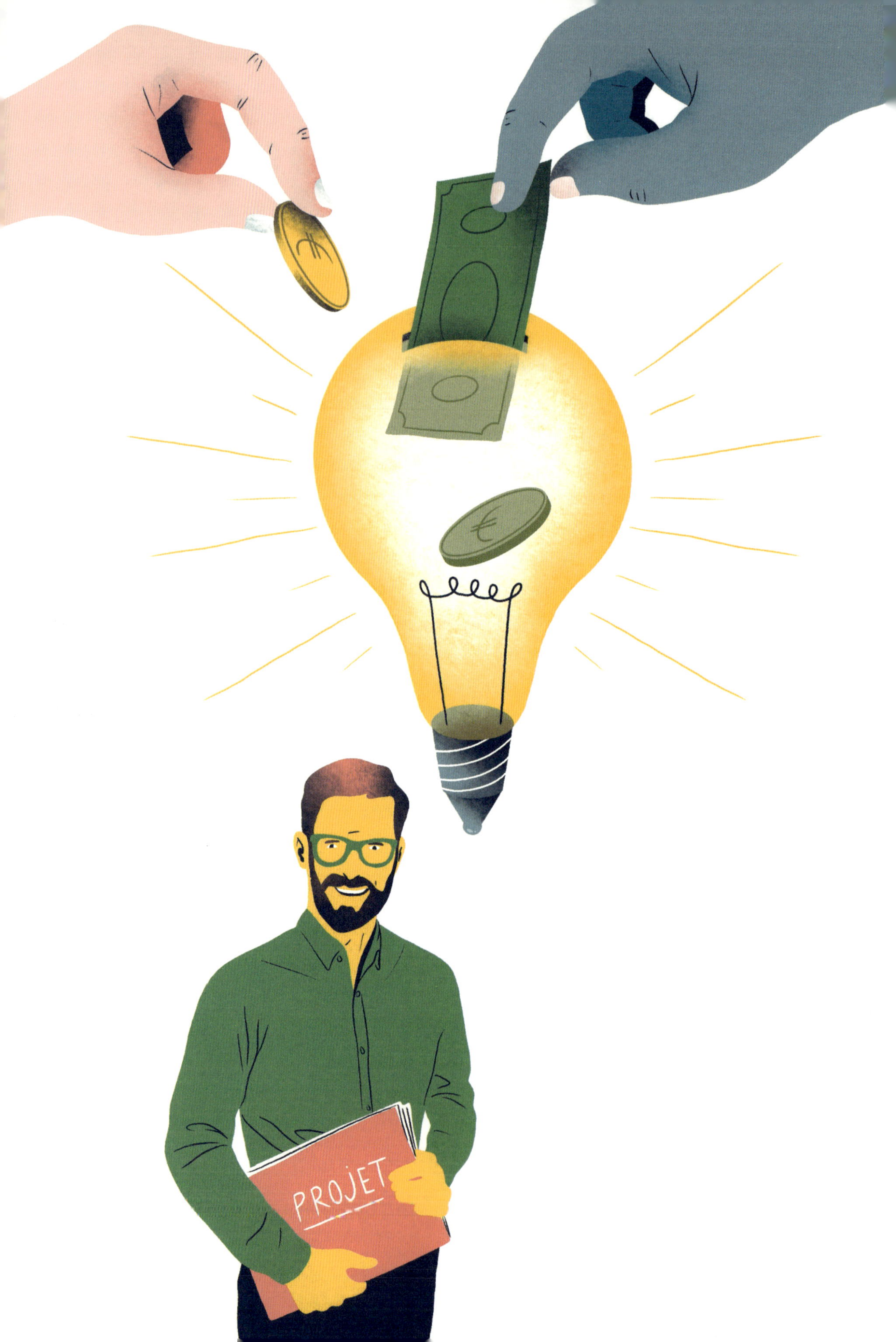
PROJET

以相同的方式运作：您将钱交给一个中介机构，即银行，而银行负责让您的钱增值；作为回报，银行会支付给您一定的报酬，通常是每年一次的利息。第二种选择是：他直接用储蓄购买证券，投入金融市场。

现在，请将目光转向第二个人。这是一位刚刚创办自己公司的女性。她希望建造一个新的场地来扩展业务，但她没有足够的财力实现这一目标。她可以去咨询财务顾问，申请银行贷款，但如果公司状况允许，她也可以选择其他方式进行融资，即通过金融市场筹集她所需的资金。在这两种情况下，无论是对于储蓄者（被称为"**投资能力方**"）还是对于那些需要外部货币支持以应对开支的人（被称为"**融资需求方**"），都存在多种融资方式。金融正是通过合适的金融产品，将这两种经济主体联系在一起。

自筹资金

首先，让我们来讨论一种可能的融资方式，它不涉及任何金融机构：**自筹资金**，或者称内部融资。之前提到的那位女性，希望创办自己的企业，那么她可以使用她的储蓄资金，也就是她通过过去所得利润积累的财富进行投资（如果这笔金额足够的话）。这

约翰·希克斯
→（1904—1989）
英国经济学家，1972年诺贝尔经济学奖得主。他的作品很大程度上受到里昂·瓦尔拉斯所创造的新古典主义框架（即一般均衡理论）的启发，类似于凯恩斯《就业、利息和货币通论》的简化版本。

皮埃尔-诺埃尔·吉拉德
→（1949— ）
法国经济学家，研究全球化、金融、不平等和环境对经济的影响。

→→→

"我的对手是金融世界。"

弗朗索瓦·奥朗德，
当时的法国总统候选人（2012年），
而后竞选为法国总统（2012—2017年）

金融是什么？

就可以避开从第三方筹集资金及伴随而来的不便（见上文）。

另一方面来说，自筹资金可能对企业产生**机会成本**，比如说筹得的资金其实也可以用于投资收益高于该企业项目的金融产品。

通过银行融资

银行扮演了**金融中介**的角色，经济主体可以通过银行这一中介间接将具有投资能力的主体与融资需求方联系起来。在更加简化的模型中，我们可以认为银行的功能是积累客户的储蓄，以便拥有所需的资金来间接实现银行贷款（尽管这个过程实际上要复杂得多，因为贷款也导致了货币扩张）。

这是小型和中型企业主要采用的融资方式，这些企业从创立开始就通过银行进行融资，因为通常来说它们没有足够的知名度直接在金融市场上融资，或者没有足够的财务实力这样做，毕竟这是需要成本的：上市公司需要公布财务状况、经营状况以及企业管理方式。银行贷款也是普通家庭几乎唯一的外部融资方式，因为除非创建一个公司，家庭没有权利在市场上发行证券。

通过金融市场融资

在小说《有形资产》中，法国作家贝尔纳·穆拉德（Bernard Mourad）设想了一种场景：如果个人能够像股市上的公司一样对自己进行估值，那么我们的社会将会变成什么样子呢？这其中涉及许多伦理问题，比如人们可以出售一部分身体供自己接受教育，这些新型"股东"所获得的收入将是其主要收益来源……当然，这就与本书无关了。与其让银

> 金融市场上涌现着各种各样的新奇产品。

行承担进入金融市场所需的成本（见前文），需要融资的企业——通常是大型企业或者具有较高知名度或潜力的初创企业——可以直接在市场上发行证券，吸引有意愿通过非银行投资来增值的第三方的资金，这被称为**直接融资**或**市场融资**。国家也是如此，当国家财政出现赤字，即公共收入（尤其是税收）不能完全覆盖公共支出时，几乎完全依赖于发行金融证券来进行融资。

"基本款"证券：股票和债券

金融市场上涌现着各种各样的新奇产品，迎合了市场参与者的种种期待。其中最简单的两种是股票和债券，在金融界被称为"香草"（基本款）产品，取意于最常食用的香草冰淇淋。

股票是仅用于企业融资的金融证券。它们代表了以公司形式合法成立的企业的部分所有权。为了维持存在，这些公司必须聚集一些带来资金的投资者。

随后，公司所有权按照每个人的出资比例进行分配，这些出资构成了必要的**股份资本**。例如，如果其中一个所有人最初提供了总金额的40%，那么他将拥有该公司的40%所有权；因此，他将被分配40%的已发行股票。如果公司发行了10000股股票，每一股代表0.01%的企业总资产，那么在此情况下，这个所有人将获得4000股。企业的财务状况决定了股票

> 金融因此成为我们生活的核心：基于约定的交易。

的价值。如果该公司在其发展历程中需要新的资金投入，它可以发行新股，这相当于增加资本。

优点在于这笔款项无须向股东返还，因为它为企业一次性提供了新的资金。作为交换，股东是企业的部分所有者，并且他们可以以此身份来影响由管理层做出的战略决策。公司还必须以**股息**的形式支付给他们一部分企业未来的利润。

债券是第二种在金融市场上筹集资金的主要方式，不仅适用于企业，也适用于国家。债券出售的是一种债权，即直接向储蓄者借款，而不是向银行借款。当一家公司或一个国家发行一张价值100欧元的债券时，所收到的100欧元对它们来说是一笔债务，而借出方持有的是一份债权。事实上，与股票不同，债券必须在购买时确定的日期（到期日）偿还，并且附带事先约定好的回报（通常是每年支付的利息）。这和家庭向银行借款是一样的，只是没有银行作为借款人和储户之间的中介。那么，这么做有什么好处呢？银行为借款人提供的服务是有成本的，这会导致借款成本增加。因此，对于公司来说，直接在金融市场上融资可能更经济。就像有些购房者更喜欢直接与卖家进行谈判，避免与房地产中介打交道。此外，债券不像银行贷款要分期偿还，而是在到期时一次性偿还。世界范围内，经济最稳定的国家有时可以借款五六十年，甚至七十年。

"非香草"的证券：
金融衍生品

在"基本款"证券以外，还有更复杂的证券，就好比香草冰淇淋会配有饼干碎和焦糖酱，这些都是**金融衍生产品**。简而言之，这些金融产品可以让那些不愿承担风险的经济主体（风险厌恶型）将风险转移，而那些愿意承担风险的经济主体（风险喜好型）则可以承担这些风险。

我们以一家航空公司为例，假设法国航空预计在7月需要一定数量的煤油来运行他们的飞机，以应对度假旅行的需求。现在是4月，今天航空煤油的价格是0.5欧元。然而，到7月份，航空煤油的价格可能会上涨。为

金融是什么？ 157

了保护自己免受影响，法国航空公司可以寻找一个或多个看跌航空煤油价格的经济主体，同时针对这些主体发行一种金融衍生品，其中规定在预先确定的到期日，以一定的价格（在本例中为0.5欧元）交换一定数量的航空煤油。这样一来，无论到期日的实际价格是多少，法航都能确保以0.5欧元的价格获得航空煤油。如果价格涨了，公司无须补交差价；不过如果价格下降了，公司也不会收到退款。在这两种情况下，法国航空都将风险转移给了另一个经济主体。

银行提供的服务是有成本的，这种成本往往会增加借款人的贷款成本。

金融至关重要

金融对于经济活动来说至关重要。它在过去和未来之间架起了桥梁。没有金融业，我们就无法在当下动用未来才拥有的资金对未来进行规划。这样的情况下几乎不可能进行投资。人们不能用在未来的收入在当下进行融资，因为这些收入尚未产生且数目不确定。唯一的方法是通过参与融资，以某种方式在当下获得将来几年才获得的资金，但并没有确定性。没有金融业，消费者在能够存下相应金额之前是不可能购买一辆汽车或一台洗衣机的。因此，金融是我们生活的核心：皮埃尔－诺埃尔·吉拉德（Pierre-Noël Giraud）认为，它是一种"基于约定的交易"，是对未来收入的承诺，承诺我们能够过上今天的生活。

该怎么融资？

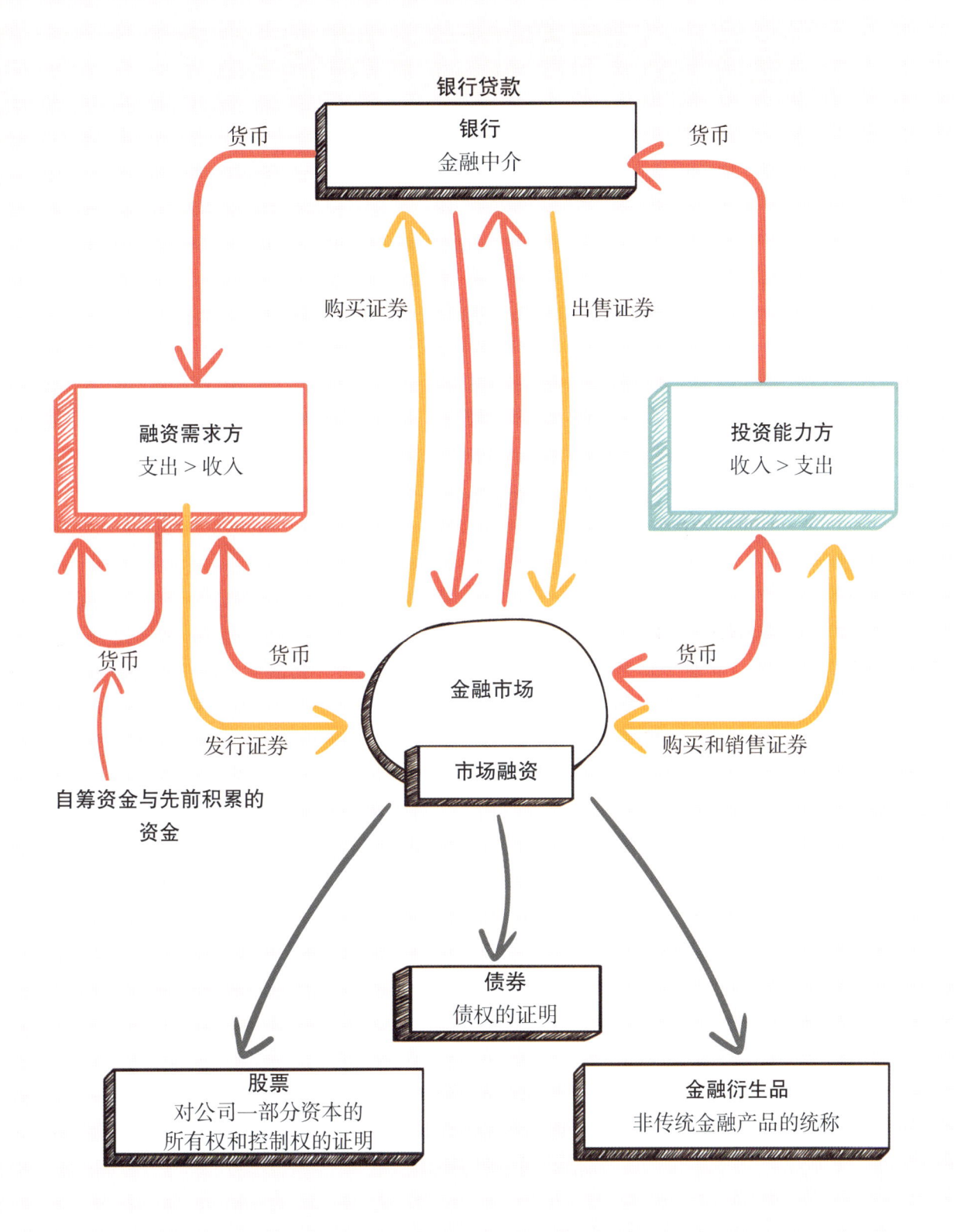

银行贷款

银行
金融中介

货币 ← → 货币

购买证券 ↑ ↓ 出售证券

融资需求方
支出 > 收入

投资能力方
收入 > 支出

货币

自筹资金与先前积累的资金

发行证券 → **金融市场** ← 货币

购买和销售证券

市场融资

债券
债权的证明

股票
对公司一部分资本的
所有权和控制权的证明

金融衍生品
非传统金融产品的统称

金融是什么？

19 金融公司的职能是什么？

不可或缺的中间人

没有中介的金融业？

1980年以来，信息和通信技术的发展使得人类可以在远距离上进行即时通信，并且金融活动的全球化促进了无国界（去壁垒）、少受监管（去监管）、对参与者来说成本较低的大规模金融市场的发展，这使得经济主体越来越多地通过在金融市场上发行证券（去中介），而不是通过银行等中介机构来获得资金。法国经济学家亨利·布尔吉纳（Henri Bourguinat）将这段历史总结为一个简单的公式："3D"，即去壁垒（décloisonnement）、去管制（dérégulation）和去中介（désintermédiation）。但是当前的金融业，特别是市场金融，真的能够摆脱**金融公司**这样的中介吗？

资本中介

事实上，金融公司主要的功能就是充当中介，与我们上一章提到的银行作用相同。银行的任务非常简单，即促进资金在那些需求少于所持资金的人（他们有投资能力）和需求超过所持资金的人（他们有融资需求）之间流动。然而，这不仅仅是银行的角色，也是保险公司的角色：每年您都向您的汽车保险公司支付保费，这些保

资产负债表：
负债为资产融资。

费用于支付那些遇到事故的人的损失。

这些金融公司进行**资本中介**业务，即通过它们的资产/负债充当中介的角色。金融机构的资产负债表反映了两项相关联的数据：负债部分反映了所持有的资源，而资产部分则显示了这些资源的使用情况。因此，银行收集存款，记录在负债部分，并发放贷款，记录在资产部分，

历史回顾

银行简史

银行的起源可以追溯到公元前 3000 年美索不达米亚文字出现的时期，当时的商人们使用楔形文字在泥板上记录存款并提供商品贷款。古希腊时期，随着贵金属作为支付手段的增加，货币在公元前 6 世纪出现，银行的业务随之扩大。在中世纪，一些商品开始在国际上流通，银行家们因此开发了货币兑换和向封建君主们提供贷款的业务（这是美第奇家族权力的起源）。在意大利，佛罗伦萨的银行家们会坐在街边的长椅（法语为 banc）上为人们办理业务，这就是法语中"银行"（banque）一词的由来。

在 19 世纪，随着工业革命时期企业的融资需求增加，金融市场得到进一步发展，投资银行的地位也进一步提高。与此同时，一些银行专门从家庭储蓄中收集资金并存放在银行账户上，即储蓄银行。再后来，随着越来越多与稀有金属数量没有直接联系的非实物货币的出现，一些银行也成为了信贷机构：它们通过发放贷款来创造货币。

这些多样的职能，过去是由不同的机构承担，而现在的银行业务则更加全能，不仅包括了原来储蓄银行、信贷银行、投资银行的功能，还加上了投资基金、保险公司、养老基金等等。但是如今银行发放贷款时，它们往往将其转让给其他金融公司以规避风险。

总之，严格意义上的银行业务（贷款、存款）现在在大型银行的资产负债表中只占少数。而持有银行发放的信贷的其他金融公司则扮演着准银行或"影子银行"的角色。

资本中介

→ 一种通过在金融公司的资产负债表上进行操作的活动，通过筹集资金来进行后续借贷，同时也通过贷款来创造存放在银行账户上的货币（货币扩张）。

市场中介

→ 金融公司进行购买和销售证券的融资活动。

银行

→ 一种特殊的金融机构，通常被称为"货币机构"或"信贷机构"，获得了央行的授权，通过发放银行信贷等方式来创造存在于账户上的货币。

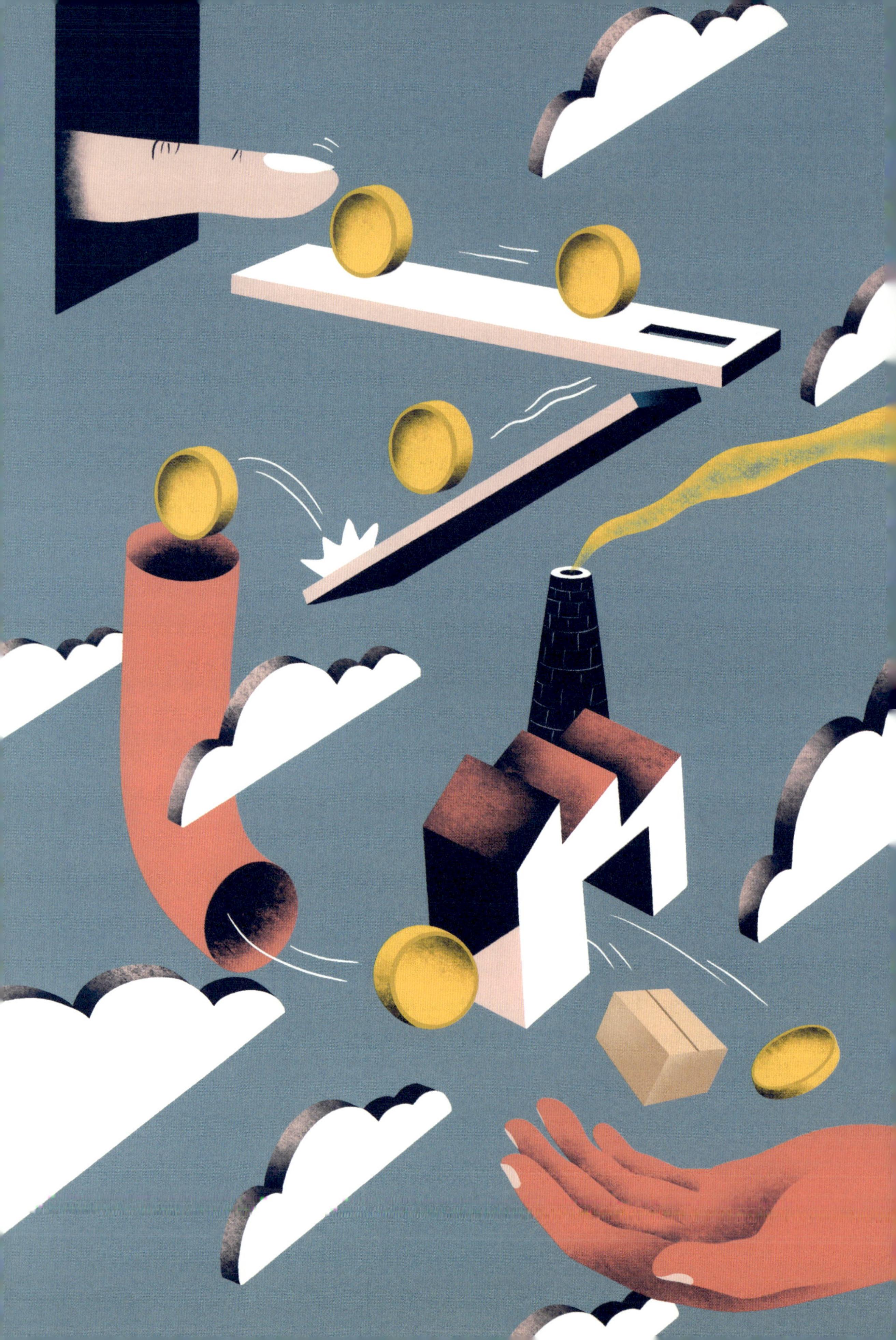

"自从美第奇家族时期以来,银行已经长足发展,如同罗斯柴尔德三世男爵所说的那样,能够'让资金从A点(其所在之处)流向B点(需求之处),以促进资金的流动'。"

尼尔·弗格森(Niall Ferguson),《货币崛起》,2008年

即向有融资需求的机构提供贷款。由于资源（存款）是可随时存取的，而贷款则在更长时期内发放（有些房地产贷款长达 25 年），因此银行会进行**金融资产转换**，即将短期资产转化为更长期的贷款，但金融机构也承担了一定的风险：包括流动性风险（例如，对于一家银行，如果所有存款人同时来提取他们的存款）；偿债能力风险（如果借款人不还款，那么资产负债表上的贷款部分将一文不值，而负债中的存款偿还义务仍然存在）。

金融资产转换：
一项高风险的活动！

货币扩张：银行的特殊性

然而，中央银行作为货币和经济稳定的保障者，赋予了银行一项重要特权：逆转资产负债表。对于你我以及其他所有人来说，在资产负债表上的负债资源使我们能够获取资产，但银行拥有发放贷款的特权。银行将借款人的偿还承诺记录在资产负债表上，形成对债务人的债权。随后又将存入银行账户的货币记录在资产负债表的负债部分。这些货币属于账户的持有人：因此，对于持有人来说，这是一项资产，而对于银行来说，这是一项负债。例如，一个人买房时需要支付首付，并向银行偿还贷款。房子对买房人来说是资产，贷款则是债务，而对银行来说，买房人的债务则是资产。**14**

在金融机构中，银行因此是非常特殊的：它们通过资产负债表充当中介，但它们还有权利创造货币，因此被称为货币金融机构。

市场中介

金融公司不仅仅包括银行。而且银行不仅仅是充当资产中介。事实上，一些经济主体，比如大型企业或国家，发现直接在金融市场上出售股票、债券或其他更复杂的证券来筹集资金是有利于其发展的。这种融资方式有时被称作"直接金融"，但这只是表面现象。

证券通常要在由金融公司管理的平台上购买和出售，例如 Euronext 或 ICE，这些平台允许卖家和买家在不直接见面的情况下进行交易，与直接交易不同，这被称作"场外交易"（OTC 交易）。因此，为了最小化买家和卖家的风险，该机构充当了中介的角色：它是所有卖家的买家，也是所有买家的卖家，这杜绝了任何交易对手的风险（例如，出售证券而未收到付款的风险），尤其是因为由机构负责结算和交付证券，组织报价以确定市场价格，使卖出的证券数量等于购买的数量，这也大大降低了流动性风险（即无法出售资产以获得货币/现金的风险）。

总的来说，有许多金融公司，包括银行和保险公司，从事市场中介业务：在金融市场上买卖证券。这甚至已经成为自1980年金融全球化兴起以来，大型银行的主要业务。

金融市场上有哪些金融公司？

除了保险和银行，其活动涉及金融市场、一直受到监管以外，有多种类型的金融公司在金融市场上共存并相互作用，采取着不同程度的投资策略，风险大小不一。

投资基金由股东提供资本，并通过债券市场上的借款融资来进行最有回报的投资。某些基金是由国家资助

市场上有着多种不同的投资逻辑。

的，例如挪威和中国的主权基金，它们的投资策略融合了经济和政治考量。其他基金的策略就很冒险，非常投机，比如大规模利用杠杆效应的对冲基金：借款购买债券；或是承诺在未来一年内以期货的形式卖出证券，但其实并不真正持有证券。

养老基金的策略则更为谨慎。金融公司负责养老基金的资本化运营：收集储蓄者的缴费，这些储蓄者希望自己交的钱能让自己在退休时每月都能获得养老金，直到去世。正因如此，养老基金的投资需要产生定期的收入流，对金融市场的起伏不敏感，因此需要高度分散的证券投资组合（俗话说"不要把鸡蛋放在一个篮子里"），避免风险较大的行业。

风险投资基金需要非常不同的投资策略。被瞄准的目标是初创企业这样创新且充满潜力的年轻公司的股票，这些股票往往没有在金融市场上挂牌交易，因此风险更高。通过在许多具有潜力的公司中增持少数股权，这种投资某种程度上是在挖宝，

亨利·布尔吉纳
→（1933— ）
法国经济学家，主要分析国际金融及其在全球化进程中的演变。

尼尔·弗格森
→（1964— ）
英国历史学家，经济和金融历史作家。

想要找到下一个脸书、谷歌或亚马逊。

最后，许多这些金融公司内部缺乏管理大规模资产组合的能力，需要根据具体情况在全球范围内处理风险。**一批基金经理**则充当公司的中介：他们所属的金融公司为其他金融公司管理他们的投资组合，购买、出售和制定投资策略。这些公司是金融市场上重要的操盘手，尤其是美国的"三巨头"——贝莱德（BlackRock）、先锋领航集团（Vanguard）和道富公司（State Street）。在纽约上市的前500强企业中，90%的公司的主要股东里或多或少都能见到这三家公司。

金融监管："大不是好"

这些资产管理者手中的资产非常集中，这使之成为大型企业治理中的新话事人，当他们采取有利于营商环境的策略时，对大企业来说是一件好事，但当他们迫使大企业向股东分红时，就会影响投资环境。

此外，金融机构的规模使其成为全球经济不稳定的因素，因为其中一家类似机构的破产可能引发一场金融危机。遗憾的是，这样的例子不在少数：比如1998年的LTCM对冲基金破产差点导致美国金融市场崩溃〔该基金部分由1997年的诺贝尔经济学奖得主迈伦·斯科尔斯（Myron Scholes）管理〕，再比如2008年全球经济陷入次贷危机也要部分归咎于同年9月15日破产的雷曼兄弟银行。2008年的这次危机标志着一个重大的转折点：人们意识到在金融领域，参与者规模的增加导致他们承担越来越多的风险，而他们相信在出现问题时会得到救助。"大不是好。"因此，自2008年以来，国际上制定并实施了更严格的法规，以限制银行和保险公司所承担的风险。然而，公司追求庞大规模的脚步并没有停止，在限制金融公司承担的风险和它们在加剧整个经济的金融不稳定性方面带来的集体风险上，监管机构还有许多工作要做。此外，金融在减少环境风险方面也扮演着日益重要的角色：这就是所谓的"绿色金融"的关键。这是旨在确保金融公司更好地考虑环境风险对其业务的影响以及其业务对必须减少碳排放和更好地保护自然以实现可持续发展的经济融资的影响的规定。但也要注意"洗绿"（greenwashing）的问题："绿不是美"，如果企业仅仅是做表面功夫，以吸引对环保问题更为敏感的投资者，那绿色金融不过是虚有其表。

金融公司：是中介，但不一定是银行！

集体投资组织是如何运作的？简单的资本中介

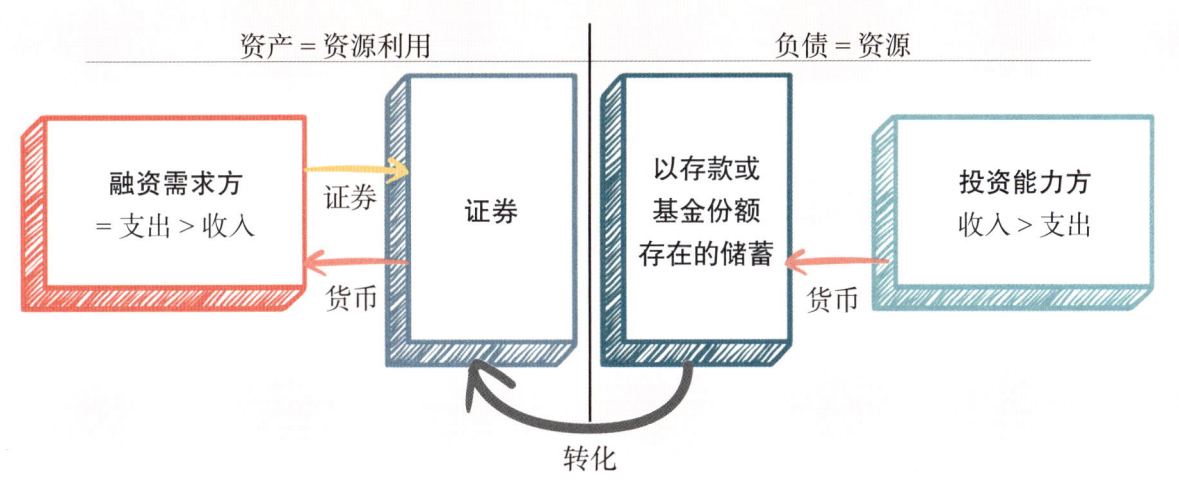

资产 = 资源利用	负债 = 资源

融资需求方 = 支出 > 收入 —证券→ 证券 ←货币— 以存款或基金份额存在的储蓄 ←货币— 投资能力方 收入 > 支出

转化

如何通过银行获得信贷？反向的资本中介：货币扩张

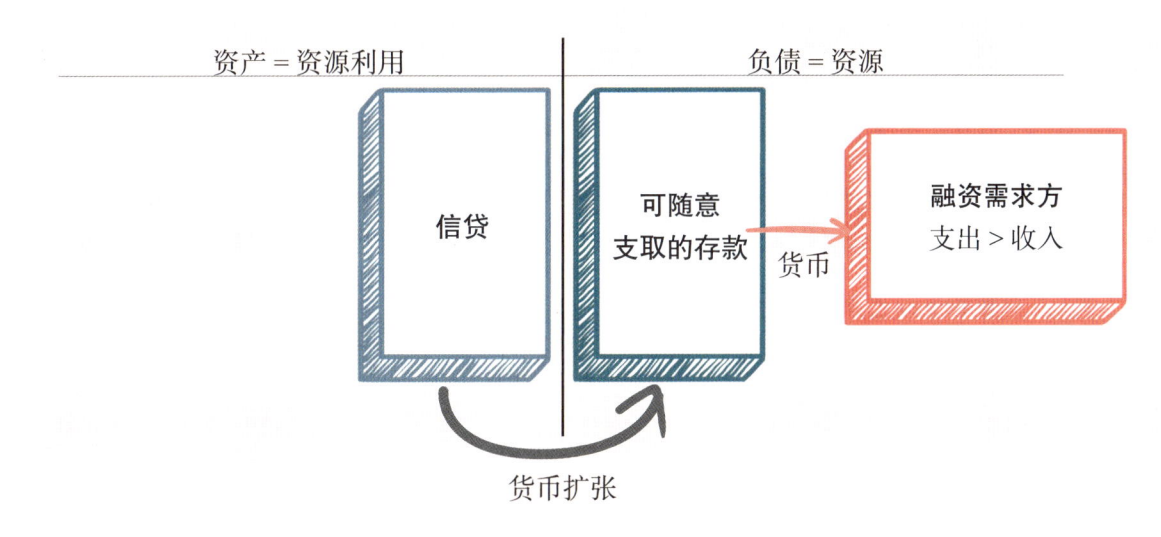

资产 = 资源利用	负债 = 资源

信贷 | 可随意支取的存款 —货币→ 融资需求方 支出 > 收入

货币扩张

投资基金是如何运作的？市场中介

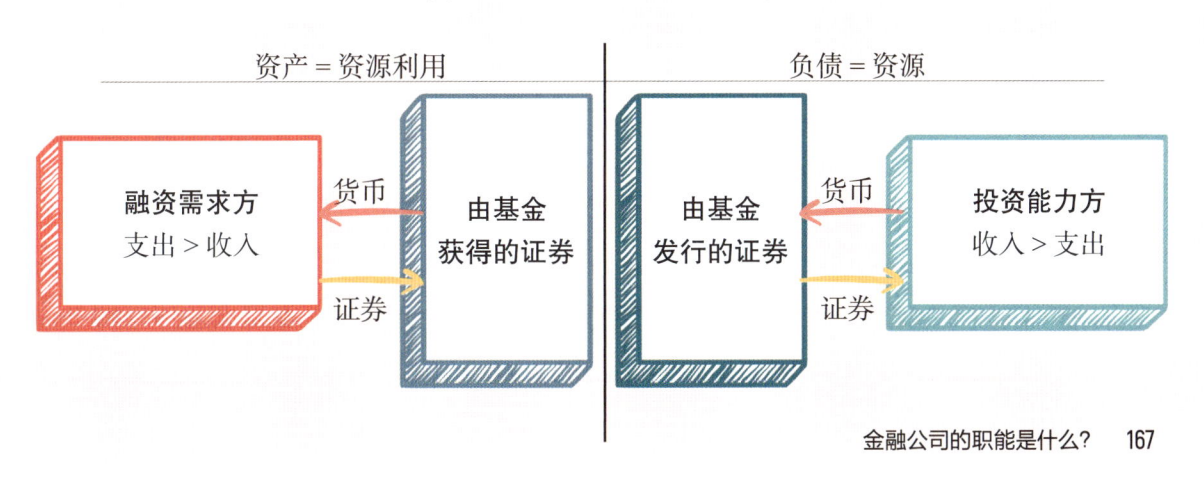

资产 = 资源利用	负债 = 资源

融资需求方 支出 > 收入 ←货币— 由基金获得的证券 —证券→ ←货币— 由基金发行的证券 —证券→ 投资能力方 收入 > 支出

20 金融资产的价格是如何确定的?

当心理学颠覆经济基本原理

足球小故事

2021年4月18日,12个欧洲足球俱乐部(6个英国俱乐部,3个西班牙俱乐部,3个意大利俱乐部)宣布举办一个与欧洲冠军联赛竞争的私人比赛:欧洲超级联赛。第二天,曼联(Manchester United)的股票价格猛涨,仅仅几个小时内增长超过10%,涨幅接近两美元。然而在仅仅两天后,由于球迷、官方机构和其他俱乐部的极度抗议,该项目随之取消,股价又回到了最初的水平。

证券交易所永远是个繁忙地方。股票价格不断变化,有时波动很小,有时很大,有时普遍上涨或下跌,而有时候相反的变化同时发生,恐慌之后紧接着狂欢,一天创下的纪录在第二天就会被打破。该如何解释这样的狂热?

> 恐慌之后紧接着狂欢,一天创下的纪录在第二天就会被打破。

股票是什么?

为了解释证券交易所的运作,我们先把研究对象限制在最具象征意义的证券上:股票。股票是公司的一部分所有权,因此购买者可以按照公司发行的股票比例成为股东。他可以在股东大会上投票,选举决定公司的重大战略方向的董事会,核准公司的财务报表,并决定可能分配给股东的利润部分:即股息。不过,持股数量越多,股东的投票权就越大。股息与所持股份数量成正比。而且,如果转售价格高于购买价格,股东可以随时出售股票,获得**增值**。

如何确定一只股票的走势?

对于关注股市动态的人来说,股票交易的波动可能

历史回顾

股灾接连不断

在2007—2009年次贷危机之后出版的《这次不一样》(*This Time is Different*)一书中，肯尼斯·罗格夫（Kenneth Rogoff）和卡门·莱因哈特（Carmen Reinhart）回顾了金融危机的时间历程，并指出这些危机贯穿了经济史的进程，堪称"8个世纪的金融疯狂"。在过去的一个世纪里，除了1997年的亚洲金融危机（这场危机同时冲击了银行体系和汇率体系），我们还可以列举几次给人们留下深刻印象的股市崩盘：1929年华尔街股灾引发了严重的经济危机，1987年的黑色星期一则没有对经济体系产生同等程度的影响，2000—2001年的崩盘与新兴科技企业股票泡沫的破裂息息相关，最后便是2007—2009年的次贷危机……下一次危机又会在何时到来呢？

沃尔特·桑顿（Walter Thornton）是一个倒霉的投机者，在1929年股市崩盘后，他试图在纽约街头以100美元现金的价格出售他的豪华敞篷车。

股票
→ 公司的所有权份额。

增值
→ 资产（例如股票）的转售价值与购买价值之间的差异。当资产增值时即为赢利，有减值时则为亏损。

股息
→ 返还给股东的公司利润的一部分。

市值
→ 在股票市场上，通过将股票价格乘以发行股票数量来获得的上市公司的市值。

利益相关者理论
→ 一种企业治理方法，认为企业的所有利益相关者，即可能受到企业决策影响的人（员工、消费者协会、地方官员等）都应该参与决策。英语中，"利益相关者"是"stakeholder"。

"树不能长到天上。"

金融界著名谚语

会让人头晕眼花。股票的价格每天、每小时甚至每一毫秒都在变化（这是由软件进行"高频交易"的时代）。如何解释这种在日常生活中并不常见的物品和服务的差异性呢？股市是金融市场中竞争最接近完全的市场之一（但并非**完全竞争**的市场）。在这个市场上，有多少家上市公司，就有多少个不同的分区。每股**股票**都按照某个**价格**（其"股价"）进行挂牌，这个价格仅仅取决于每时每刻出售的股票数量（**供给**）与购买的股票数量（**需求**）之间的变化。如果在现有价格下，提供出售的股票数量突然增加而需求保持不变甚至减少，市场组织者会提供较低的价格以确保所有出售的股票都能找到买家。这是竞争市场中确定价格的经典方法。然而，这并不能说明为什么供给或需求突然开始波动。什么能够激励经济主体购买或出售股票？

预期收益和股票价格

第一种方法是将经济主体视为具有经济知识的"**理性人**"，信息也在市场上自由传播。那为什么要拥有一只股票？是为了获得报酬，可以通过股息或资本增值的形式来实现——在这里我们不考虑那些购买曼联股票却不指望获得除了象征意义以外任何利益的球迷们！因此，储户会比较不同的投资选择，以选择最有利可图的。如果他认为从中获得的回报超过了其他可选方案的报酬，那他只会购买股票。

但该怎么知道有没有回报？如果要找一个充满不确定性的地方，那就是股市，经常被称为"赌场"，有时有好处，有时有坏处。然而对经济活动和企业财务状况感兴趣的人来说，即使不深入了解技术细节，也可以尝试通过流传的信息来预测企业未来利润的走势。假设有一家企业刚宣布与一位客户签署了一份大额销售合同，在这种情况下，根据专家的分析，就可以推断出未来可能的额外利润范围。说到新的利润，就意味着未来更高的股息。所以，该公司的股票将更受欢迎，价格也会上涨。会涨到多高呢？

股票的价值与未来预期的利润有关。

为简化起见，我们可以认为，一只股票的价值与其整个生命周期预期获得的未来利润相关。换言之，明年的利润比后年的利润更重要。这种预期的时间跨度可长可短，但都遵循类似的规律。事实上，一个企业的价值取决于其出售价格。如果有人想成为唯一的所有者，他必须买回100%的股份。企业的价格将等于发行的股票数量乘以它们的价格，这被称为市值。如果新签订的合同能够预测未来利润增长1000万欧元，并且公司发行了100万股股票，那么可以推断出，每股股票的价格将增加10欧元，因为这个增长将恰好对应于公司的估值。

自我实现的预言？

另一种方法是基于约翰·梅纳德·凯恩斯的著作发展起来的。这一方法的观念是，即使不是专业的管理和财务人员，也可以买卖股票，尽管两者显然并不相互排斥。首先，购买股票是出于以更高的价格出售，获得更多的利润的打算。为了实现自己的目标，投资者必须能够确定哪些公司的股票价格会上涨。当前价格下，对一只股票的**需求**超过**供给**时，该股票的价值就会上升：此时有更多的交易者认为该股票将增值。因此，当人们预期股票价格将上涨时，也就是当预期其他交易者预期股票价格将上涨时，就需要购买股票。不过是什么让这些其他参与者有这样的思想呢？这是因为他们自己也预测着与我们相同的事情，整个决策过程就陷入了自我指涉的循环中。关键是猜测当前的趋势，经济主体如何构建他们对世界的理解，以及他们对股票走势发展的期望和担忧。理想情况下，最好在其他人之前行动；如果在其他人购买之前购买，股价将在我们成为股票的所有者后上涨，这样就可以以更高的价格卖出。如果所有人都这么干（如果他

乐观和悲观的态度都会产生自我实现的结果。

们确实共同预期股票价格会上涨，那么这就是理性的），那么股票的价值将会真的增

长，而赢家将是那些反应最快的人。

这里所涉及的机制是"**自我实现预言**"，它是由社会学家罗伯特·默顿所创造的概念。这是因为所有经济主体都预期股票价格即将上涨，所以他们购买了股票，从而导致了上涨。这种方法强调了心理因素在经济主体的选择中的重要性。尤其是，不仅仅是在股票市场上，乐观和悲观的态度都会产生自我实现的结果。

金融泡沫与信息有效

股票价格是否系统地与企业的财务状况相关，或者主要取决于经济主体的心情，这可能与各种考虑因素有关，但有时与企业的实际情况相去甚远？

1986年1月28日，美国航天飞机挑战者号发射。发射不久后，航天飞机在空中爆炸，无人生还。一年后，调查委员会指责一家向NASA提供零件的企业，因其提供的其中一件零件制造有缺陷。然而，在爆炸发生后的几个小时内，该公司的股票价格就已经大幅下跌。除非假设经济主体能预见到这种责任，并且预测该公司财务状况将会严重恶化，以及其转售价值会下降，否则很难解释这个现象。这一情况可以说明尤金·法玛（Eugène Fama）所称的"**信息有效**"：金融市场是为经济主体提供指导其最佳选择所需的所有信息的地方。但鉴于最近的金融危机，我们很难相信这一假说！

此外，罗伯特·席勒（Robert Shiller）与法玛在同一年获得诺贝尔经济学奖，这清楚地表明了经济学领域内存在的分歧。席勒反其道而行，他证明金融市场的波动性不能仅通过经济主体的简单理性最优选择来解释。在2000年代初，大卫·赫什莱弗（David Hirshleifer）和泰勒·舒姆韦（Tyler Shumway）以一种完全不同的视角进行了一项研究，

约翰·梅纳德·凯恩斯
→（1883—1946）
英国经济学家，著有《就业、利息和货币通论》（1936年），该书理论化地分析了在没有充分就业条件下经济的运行。尽管凯恩斯学派内部观点多样，此书仍是其重要理论参考。

尤金·法玛
→（1939— ）
美国经济学家、金融市场专家，提出了有效市场假说。2013年经济学诺贝尔奖得主。

丹尼尔·卡尼曼
→（1934—2024）
以色列裔美籍心理学家，2002年因其对行为经济学的研究——在实验室中进行实验以测试个体选择的理性而获得诺贝尔经济学奖。

罗伯特·席勒
→（1946— ）
美国经济学家，研究投资行为金融学和泡沫经济的著名学者，2013年诺贝尔经济学奖得主。

该研究涉及26个国家，提出了股票收益与阳光照射程度有关。似乎股票价格在早上天气晴朗时上涨得更快！阳光明媚的天气使人们更快乐和更乐观，但最重要的是，因为股票价格上涨，似乎显得那些比其他人更有预见性的人更加乐观并且赌对了。这又让我们想起了自我实现预言的理论。更令人困扰的是，根据以利亚·迪切夫（Ilia Dithev）和T.简斯（T. Janes）进行的另一项研究，满月期间的股票回报似乎低于新月期间的回报！

应当引入心理学，研究人们选择的多样性以及这些选择在多大程度上是理性的。这是行为金融学的研究方法，基于心理学家丹尼尔·卡尼曼（一位在2002年获得了诺贝尔经济学奖的心理学家）的研究成果——他在实验室中测试了当面对较高或较低风险时的投资选择，以及人们在这些决策中需要面对的个体偏见。这些工作使罗伯特·席勒能够解释例如2008年次贷危机时投机泡沫背后的"非理性繁荣"。

确定金融资产价格的因素就有两个了：关于该资产和经济背景的信息，以及经济主体在面对这些信息时做出的购买或销售决策，不管这些决策是否理性。

在这场激烈的辩论中，授予诺贝尔经济学奖的瑞典皇家科学院选择不做出裁决，在2013年将奖项颁发给了两位行业翘楚，也是两位老对手尤金·法玛和罗伯特·席勒！

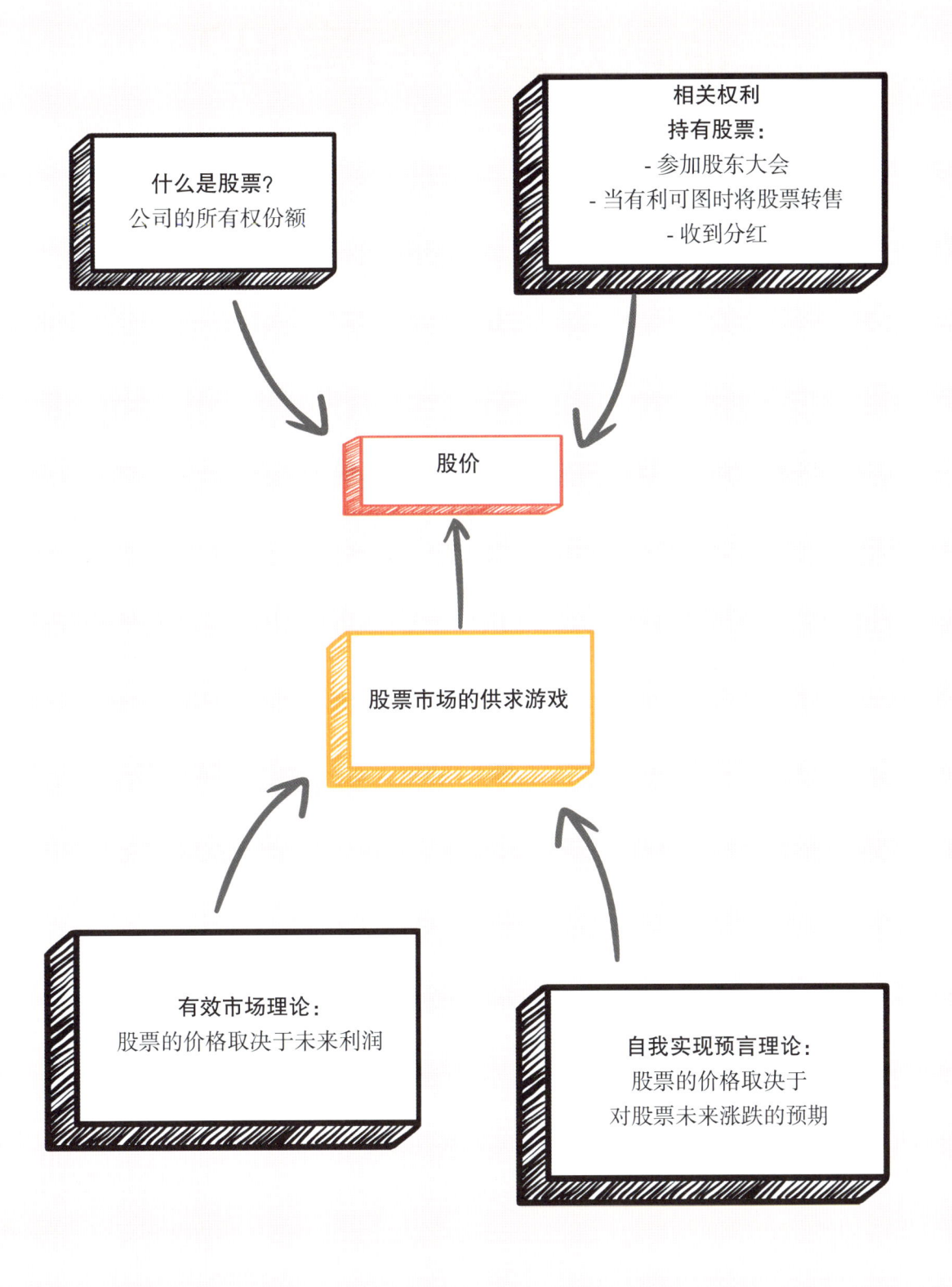

股票价格如何确定?

什么是股票?
公司的所有权份额

相关权利
持有股票:
- 参加股东大会
- 当有利可图时将股票转售
- 收到分红

股价

股票市场的供求游戏

有效市场理论:
股票的价格取决于未来利润

自我实现预言理论:
股票的价格取决于对股票未来涨跌的预期

金融对经济有害吗？

应当限制金融发展吗？

不断发生的金融危机

如果说生活并非总是一条风平浪静的大河，那么金融世界从外部看来就像是永恒的漩涡。在其著作《这次不一样》中，卡门·莱因哈特和肯尼斯·罗格夫回顾了8个世纪以来的金融危机，在历史时间线上揭示了这些危机的周期性和系统性，分析涉及银行体系、金融市场、外汇市场（即货币之间的交易市场）等多方面。只需在搜索引擎上查看主要的股票指数（纽约证券交易所的道琼斯指数，东京的日经指数，巴黎的CAC 40指数）的历史发展，就能意识到它们的极高波动性。那么，金融是一个巨大的赌场，使发展频频碰壁，还会导致经济衰退和失业？还是说，它是经济增长的积极因素？

金融，创新的源泉

不过，金融还是有许多优点的。约瑟夫·熊彼特曾写道："金融机构对支撑经济增长的技术创新来说必不可少。"实际上，金融系统通过

> 金融直觉对于技术创新是必要的。

直接或间接地将拥有融资需求和能力的主体联系起来，为那些无法自行融资的项目提供了落地的手段。在某种程度上，**金融市场**使我们有可能在今天筹集到明天才会出现的收入。有了金融业，这些**投资**才能实现并产生**收入**，投资者才能够履行其承诺。这样就构成了一个良性循环，成为**创新**和**增长**的源泉。同样，金融使得风险喜好者和风险厌恶者相遇，或者更通俗地说，使得那些至少暂时希望摆脱**风险**的人能够找到愿意承担风险的人。因此，创新也得到了鼓励。

在1950年代，琼·罗宾逊

历史回顾

次贷危机的惨痛教训

金融危机的不断发生似乎证明了金融市场的不稳定性，而这些金融市场正是资本主义所经历过的最大的几次经济危机的根源。但是这真的那么简单吗？

2008年爆发了资本主义历史上第二大金融危机，仅次于1929年的大萧条。虽然它的后果不像大萧条那么持久和灾难深重，但它仍然导致了历史上最大的几次经济衰退之一（2009年全球GDP下降了4.3%，尤其是在欧洲，公共债务在几年内激增）。简单来说，这次经济危机的缘起展示了金融业是如何引发经济危机的。

起初，美国银行希望规避一项规则，该规则要求它们限制向客户提供贷款的数量，尤其是向风险最高的客户提供贷款的数量。为此，银行将其持有的债权（已经发放的贷款）转化为证券，然后在专门的市场上进行销售，即"证券化信贷市场"。这么做就使银行从它们的资产负债表中摘除了相应的贷款，这些贷款现在由购买相应证券希望获利的所有金融公司承担。通过购买这些新型金融资产，这些金融公司也成为这些贷款和相关风险的持有人，而银行则可以提供新的贷款，而不违反现行规定。显然，每个人都是赢家。

银行开始向越来越贫困的家庭提供贷款，这些高风险的贷款被称为次级贷款。在利率保持较低且经济增长强劲的情况下，这个系统运行良好，在房地产价格不断上涨时为这些家庭提供了稳定的收入，而在违约的情况下，将房屋再次出售就可以轻松偿还债务。当美联储（美国的中央银行）在2000年代中期改变货币政策并提高其基准利率时，一些负债的家庭借款者发现自己无力偿还贷款。

结果，恐慌蔓延到所有金融市场，因为金融公司突然意识到他们的资产正在因贫困家庭的违约而蒸发，这引发了股市和银行崩盘。2008年9月15日，美国著名银行雷曼兄弟宣布破产，这也成为了危机的导火索。

> "在主流模型中没有任何迹象表明去年有发生类似经济崩盘的可能性。"
>
> 保罗·克鲁格曼，《纽约时报》，
> 2009年9月2日

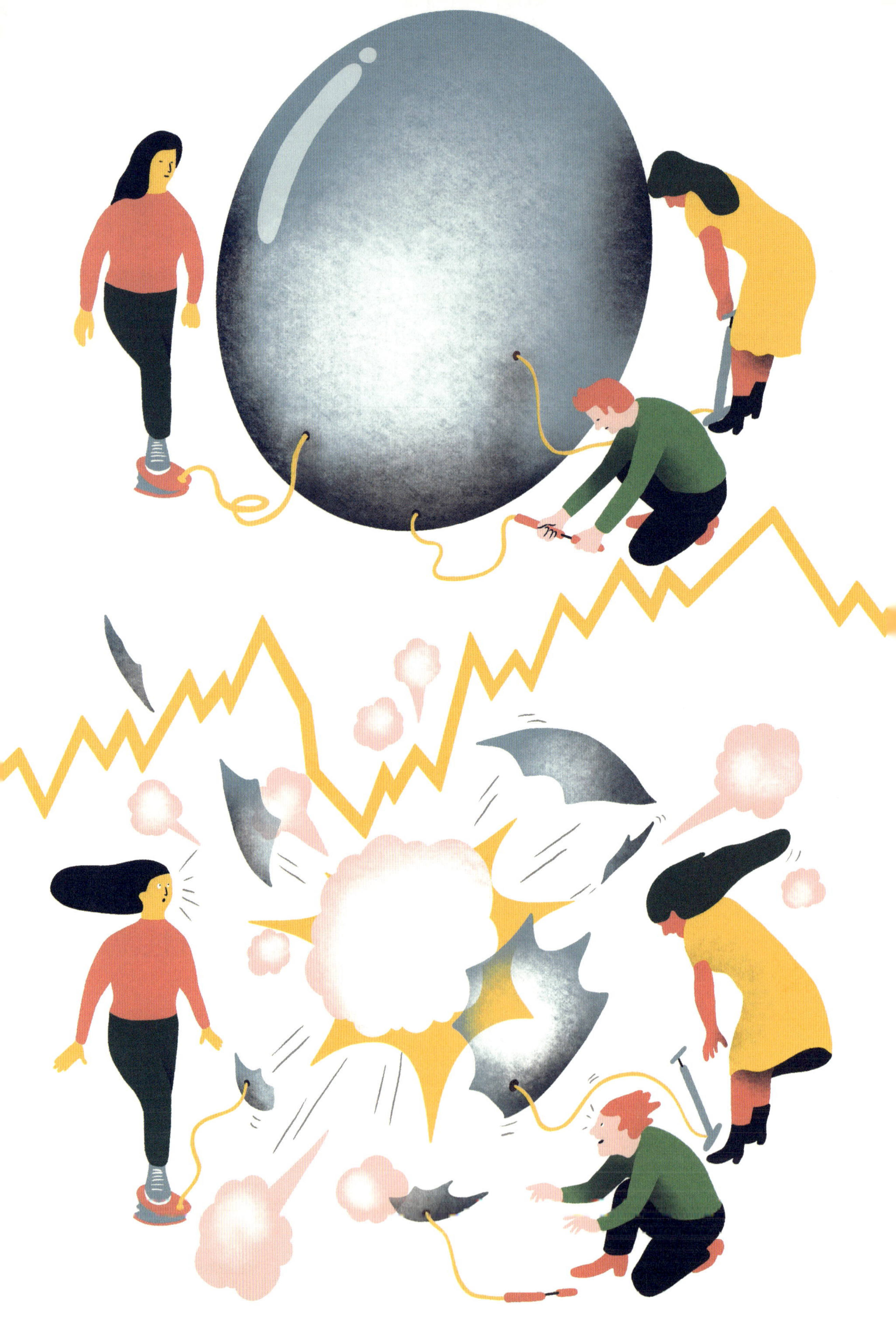

→→→

"但设企业而为投机漩涡中之水泡,情形就严重了。设一国之资本发展变成游戏赌博之副产品,这件事情大概不会做得好。"

约翰·梅纳德·凯恩斯,
《就业、利息和货币通论》,1936 年

却相信经济增长与金融之间存在相互因果关系；据她所说，正是因为经济增长强劲，金融才得以发展，以满足正在蓬勃发展的经济的需求。

谁是对的，是熊彼特还是罗宾逊？雷蒙德·戈德史密斯（Raymond Goldsmith）在1969年进行的第一项实证研究试图解决这一问题。他试图将金融与经济短期与长期的增长关联起来，这也是企业治理中的一个重要问题。从一项在36个国家进行的超

> 平衡短期与长期利益，是企业治理的重要问题之一。

过一个世纪（1860—1963）的研究中得出的结论表明，金融和增长之间存在着正向且显著的相关性，这支持了金融对经济增长的因果关系，正如熊彼特所假设的那样。确实，金融的发展使得促进工业革命的重要投资和创新得以获得资金，比如蒸汽机在交通工具（铁路、蒸汽船）中的普及，以及电力的应用。

金融，企业领导者的守护者

同样，通过扩大股东权益，金融市场可以对上市公司的管理进行监督。实际上，股东的目标是通过股息或出售时获得的资本利得获得投资回报。他们的利益在于企业尽可能地实现利润。为此，必须让企业领导者降本增效，否则他们可能会被不满意投资回报率的股东解雇。金融系统因此控制企业管理以提高生产率。这种观点与**股东至上理论**不谋而合，根据该理论，企业所做的所有决策都应该符合股东的利益。与之相对立的是**利益相关者理论**，后者强调在商业活动中要考虑所有利益相关方的期望，包括：员工、社区、邻里代表等等。平衡短期与长期利益，是企业治理的重要问题之一。股东们经常期望他们的投资能够迅速获得回报。

然而创新和投资都涉及风险，需要有长远视野。以史蒂夫·乔布斯为例：他在1985年被苹果的股东解雇，原因是双方对公司战略产生分歧。但是他在1997年回归苹果则表明，公司因为没有他而失去了一部分创新能力。直到他去世，他都会坚持自己的意见，甚至拒绝向股东支付股息！虽然股东们可以在公司的发展中发挥积极作用，但按熊彼特的观点看，或许有时将公司的管理权交给企业家更为可取……

金融是有效市场吗？

尤金·法玛（2013年诺贝尔经济学奖得主）的有效市场假说为金融业的优势提供了最后一个重要论点。根据他的说法，金融市场是最接近完全竞争市场的市场之一。特别的一点是，信息可以自由流通，因此，有关公司未来财务状况的任何新消息（签订新合同、宣布公司

成功背后的首席执行官离职、限制公司发展可能性的新法律）都会自动共享，并纳入金融市场买卖双方的考量中。结果就是，无论何时，在金融市场上，资产价格（包括股票价格等）使经济主体能够完全预测未来的经济和金融事件。

或者是无法控制的投机市场？

在金融市场上做交易，就要不断地展望未来。一家企业的业绩可能会快速增长？那应尽快购买股票，以便随后从生产增长所带来的收入中获益。相反，这家企业前景不好？那就必须在股票价格开始下跌之前尽可能地卖出。总之，始终要预测市场。或者，换句话说，投机，也就是在今天做出一个选择，希望未来会证明这个选择是正确的。

这种投机是金融市场运作的核心，且饱受诟病。投机常常导致市场的狂热，先是突然脱离实际生产的飙升，紧随其后的是突然的崩盘，这种情形既引发金融危机，也引发经济危机。金融业就像一个平行世界，里面投机者们只求利益，而不管投机对现实世界的后果。在2019年，仅在外汇市场上［这是金融市场中专门用于货币交易（例如美元兑欧元）的部分］，全球每天的交易额已经超过 6.5 万亿美元，而当年全球 GDP 预计是 85 万亿美元，这还仅仅是外汇市场！

这种投机可能潜在地将一部分现有的流动性从生产领域转移了出去，然后形成

投机是金融市场运作的核心。

了一个金融泡沫。这么做一定会有后果，因为每个泡沫迟早都会破裂。在泡沫破裂的那一天，至少部分投机者受到负面**财富效应**的影响：如

股东至上理论
→ 一种企业治理理论，主张唯一合法的决策者是其所有者，通常是股东。

利益相关者理论
→ 一种企业治理方法，认为企业的所有利益相关者（员工、消费者协会、地方官员等）都应该参与决策。

财富效应
→ 衡量经济主体的财富［也称为资产（其价值的变化）］增加或减少时，他们的消费趋势是如何变化的。

果他们拥有的资产价值暴跌，就会迫使他们减少消费。因为消费趋势与资产有关，如果一个人拥有的资产变多，这个人就不会在消费时斤斤

> 金融的走势直接决定了经济的走势。

计较。同样，这些资产可能由企业持有，它们在这里找到了一个增加财务储备的机会。面对储备价值下降，它们可能会推迟甚至取消投资项目。在这两种情况下，都会出现衰退效应，这就可以解释为什么经济危机经常紧随金融危机而来。海曼·明斯基（Hyman Minsky）的重要研究贡献就在于此，他受凯恩斯的启发后得出：金融业是不稳定的，并且它会将其不稳定性传递给整个经济体系。此外，注重公司金融环境会让股东在企业内部拥有对所有战略决策的主导权，可能导致优先考虑短期的股息而忽视创新（见上文）和长远利益。

那最终结论是？

显然，金融对经济的正常运转至关重要。没有金融业，经济增长无疑会放缓，并且大多数人将无法在当下通过未来预期的收入购买汽车或房地产。对于金融市场和金融机构，可以有不同程度的监管措施。监管越宽松，金融业就趋向于完全竞争市场，有着自己的优势；同时，监管越宽松，发生金融危机的风险就越高。但关停金融业是没有意义的。不过，金融在当代经济中的地位已经过高，金融业的走势直接决定了整体经济的走势。尽管金融业不分国界，但2008年的危机标志着一个转折点：人们意识到，金融的良性发展离不开在国际框架下对金融市场和金融机构的监管。永远要警惕以经济学家明斯基命名的"明斯基时刻"，他揭

约瑟夫·熊彼特
→（1883—1950）
奥地利裔美籍经济学家，专门研究创新和经济周期分析。

琼·罗宾逊
→（1903—1983）
英国经济学家，她与约翰·梅纳德·凯恩斯合作并参与了凯恩斯《就业、利息和货币通论》的编写，她本人也撰写了许多涉及不完全竞争的著作。

海曼·明斯基
→（1919—1996）
美国后凯恩斯主义经济学家，对金融周期与经济增长之间的关系有重要研究。

示了被称为"宁静悖论"的现象：当金融市场稳定时，经济主体会有信心承担越来越高的风险，直至创造出未来危机的条件。正如著名法国谚语所说，沉默的人最可怕（指不能被温和、平静外貌或表象所迷惑）。

金融到底是好还是坏?

金融发展

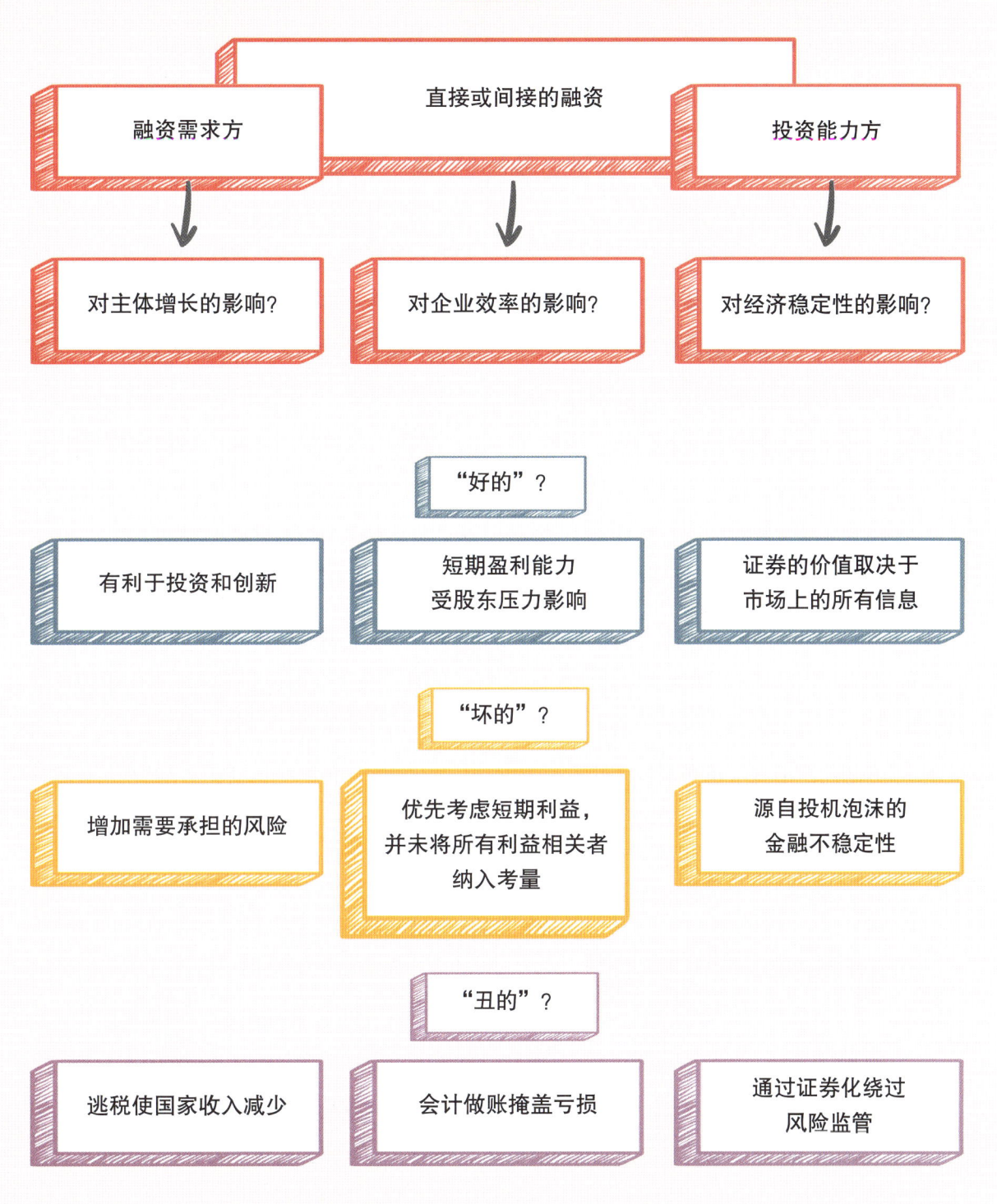

- 融资需求方
- 直接或间接的融资
- 投资能力方

↓ 对主体增长的影响?
↓ 对企业效率的影响?
↓ 对经济稳定性的影响?

"好的"?

| 有利于投资和创新 | 短期盈利能力受股东压力影响 | 证券的价值取决于市场上的所有信息 |

"坏的"?

| 增加需要承担的风险 | 优先考虑短期利益，并未将所有利益相关者纳入考量 | 源自投机泡沫的金融不稳定性 |

"丑的"?

| 逃税使国家收入减少 | 会计做账掩盖亏损 | 通过证券化绕过风险监管 |

经济学家的小世界之五
我们能相信经济学家吗？

一个看似压倒性的控诉

新冠大流行期间，出现了许多阴谋论。其中大部分是对科学家的话进行质疑。比如：新冠病毒可能是在实验室里制造的，疫苗只是一个借口，用来给人们注射5G芯片，等等。这种对科学的不信任态度，经济学家早就习惯了。与不太容易掌握的学科（如宇宙学、分子生物学或量子力学）不同，即使没有读过有关经济学的书，人们就不能有自己的意见了吗？这样的观点相当常见，即普通大众比专家更了解经济学，因此对经济学家的不满并不少见：他们的预测错误百出，构建的模型脱离现实，被意识形态所影响，还会和一些渴望不断获得更多财富的有权者串通一气……

经济学家们总是会犯错吗？

必须承认的是，经济学家经常犯错。有时候他们错得厉害，比如对未来的上升或下降水平评估会不准确：经济学家预测经济会下行，而几个月后我们会看到经济在向好发展，或者影响没有那么大。通货膨胀程度会被低估，经济增长速度会被高估，对失业走势的预测也完全不准确，经济学家又该怎么解释这些接二连三的错误呢？

模型无法准确预言未来发展，因为它们只是现实的简化表达。这些模型可以从现实世界中的诸多变量中筛选出最相关的变量，并基于模型给出预测。所以有一些误差是很正常的。此外，预测者通常提出不同的发展情景，根据存在的不确定性来预测某些因果变量的发展情况，而这些不确定性往往被媒体忽略了。同样，模型无法预测在其构建时无法预见的事物（这被称为"**外生冲击**"）。正因如此，所有关于2020年**增长**的预测都被证明是错误的，因为没有一个经济学家能够预料到像新冠肺炎这样的大流行病的暴发！与流行病学模型的比较在这里很有启发性：流行病学家会根据他们过去收集到的数据制定可能的发展情景；但是我们如何知道这些数据是否准确，如何知道病毒是否会变异从而传播得更快，又如何知道每个人采取的防护措施是否会发生变化？然而，和开车的道理一样，当我们需要领导一个国家或企业时，有一块不准的仪表盘比没有仪表盘要好！而且最重要的是，一般而论，除非像上面提到的那样发生异常事件，经济学家还是能够预测整体趋势的。

所有科学都通过试验和错误来发展：提出假设，建立模型，这些模型与观察结果并不完全吻合，但它们是我们所知最能解释问题的模型。

经济学家真的独立吗？

想象中的科学家是一个比较超脱的角色，他们只追求真理，不受任何可能干扰他工作的个人利益的影响。就算不去考虑那些被当场抓包的极端情况，比如科学家为了更好地得出委托人的期望结果而篡改研究结论，我们仍然可以质疑经济领域的研究人员是否能做到真正独立。

一项由芝加哥大学的研究人员于 2021 年进行的研究对此问题进行了特别详尽的阐述。他们筛选出介绍自 2010 年起即次贷危机后实施的货币政策的文章，试图衡量**中央银行 15** 实施这些货币政策的效果。这些文章的作者往往因其雇主的性质不同而得出不同的结果。更确切地说，受雇于中央银行的经济学家相比在大学工作的经济学家，对这些政策的效果的预期会更乐观。真是奇怪！作者得出结论，即央行的经济学家的研究可能存在偏见，他们更倾向于展示政策的优点，这无疑对他们的职业生涯有益。事实就是如此，在中央银行内部，最为推崇当前政策的经济学家将来会在机构内官运亨通。

如何确保经济学家的工作的有效性？

这些批评不仅限于经济学。为了更好应对这个问题，研究人员被要求始终提及他们的雇主和相关活动，尤其是当这些活动可能与所研究的主题有关联时（例如，经济学家是金融公司董事会成员时）。而确保其工作质量的最佳保证是通过其他来自不同机构的同行，在多元化的科学界中接受阅读、审查和修订（有不同雇主、不同政治取向、不同国家、不同性别和社会背景等因素）。2013 年，两位知名经济学家卡门·莱因哈特和肯尼斯·罗格夫就承认他们在 2010 年的一篇论文中犯了错误，他们在文章中写到，当公共债务超过一定水平（国内生产总值的 90%）时，国家的经济增长会放缓。而一个博士生发现他们在 Excel 文件中的计算有误。

经济学家肯定是会犯错的。然而，他们并不都是错的，且并不会同时犯错。因此，有些人在 2007 年就预测了次贷危机，而其他人则没有。正如在所有科学领域一样，错误是修正模型以增进科学家对经济学的了解的机会，但这一切的前提是创造条件让科学界对未发表和已发表的作品进行持续的批评监督。

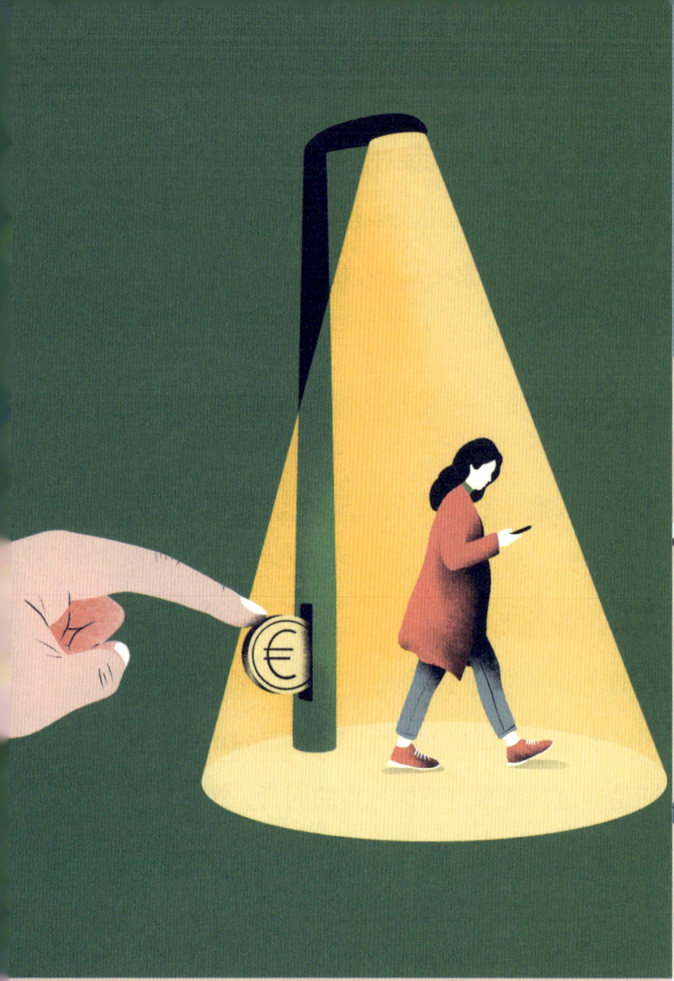
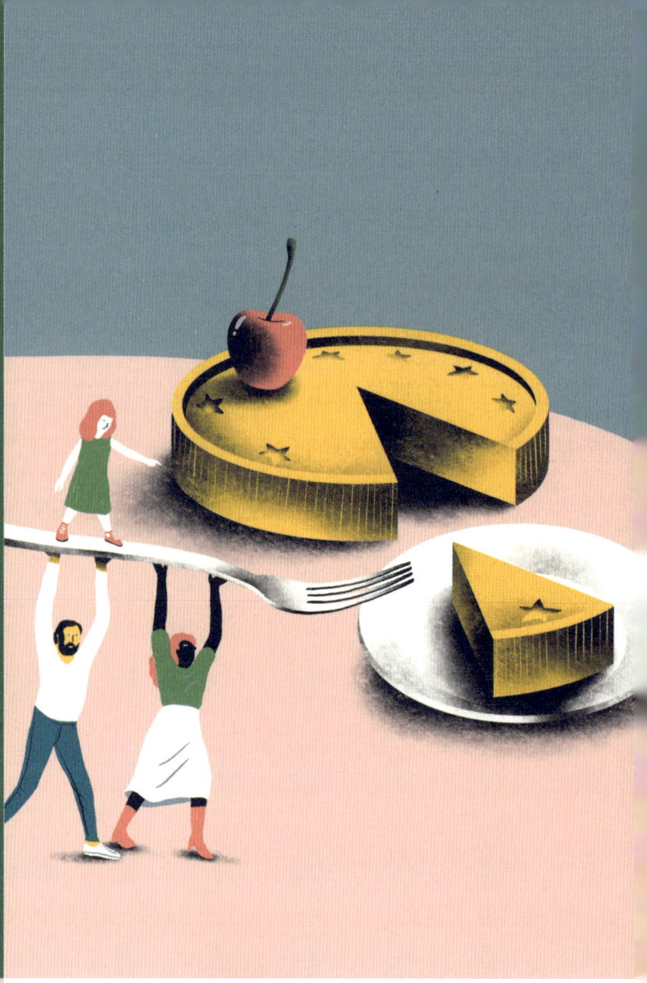
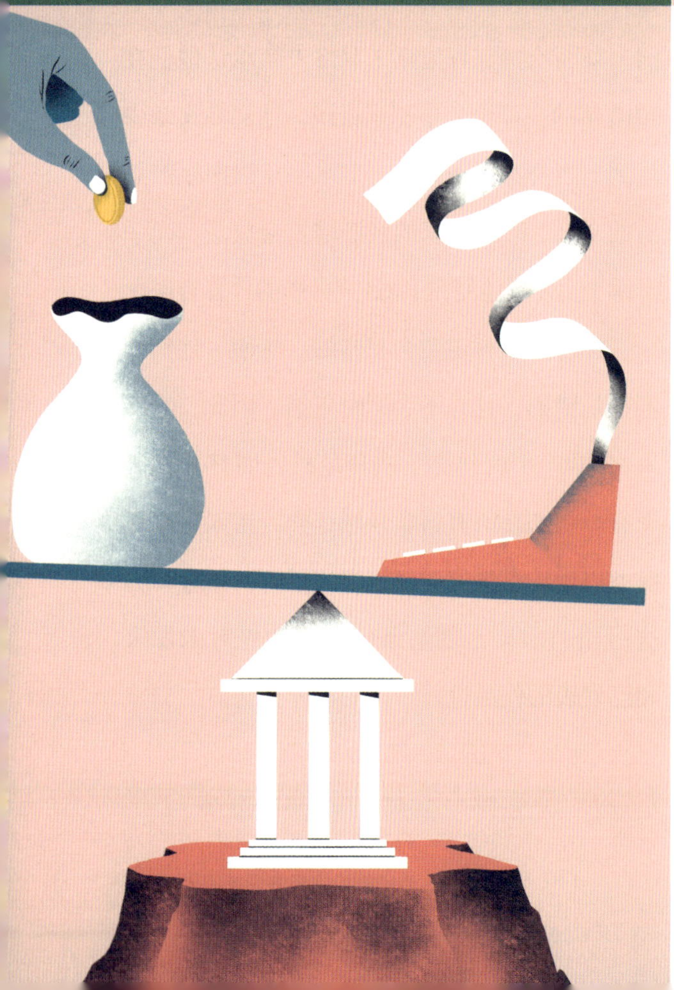
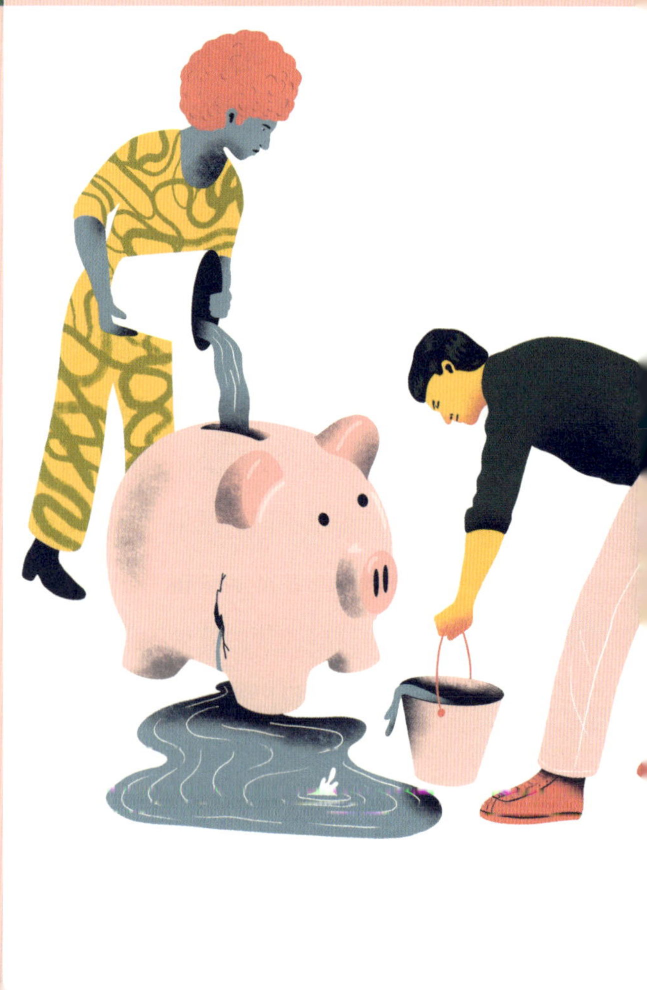

国家，经济的中心

㉒ 作为生产者的国家？　　　　　　　　　**188**

㉓ 为什么要再分配，又该怎么做？　　　　**196**

㉔ 国家需要稳定经济吗？　　　　　　　　**204**

㉕ 一个国家会破产吗？　　　　　　　　　**212**

作为生产者的国家？

国家拯救市场……远不止于此

"免税日"

众所周知，国家征收很多税，包括税收、税费、使用费等等①。在丹麦，强制征收的税款（即税收和负责资助社会保障系统的社会保障金之和）约占该国国内生产总值的47%。一些反对者甚至设立了"免税日"，以庆祝在这一天，人们为自己工作，而不是给国家交钱，例如，澳大利亚的免税日为4月25日，法国大概是7月中旬，英国则是6月3日。为什么会有这样的差异？为什么有些国家要收这么多税？

收上去的税和提供的服务

假设一个人每年有5万欧元的收入，即使他生活在发达国家，也完全算得上富裕。再假设这个人现在住在丹麦，并且他的税率处于全国平均水平，那他每年就要交近23500欧元的税，只剩下26500欧元。再假设一个人住在美国，年收入为5万美元。而那里的强制征税的税率为27%，那么他每年就要交13500美元的税，能剩下36500美元。这个差距可不小。那么就可以得出结论，美国比丹麦更宜居吗？

实际上，一切取决于我们在交完税后所得到东西。"免税日"其实名不副实：它给人的印象是所有收取的税款都被国家拿走之后，就和纳税人无

---

① 译者注：此处原文为 impôt、taxe 和 redevance，在中文里一般被统称为"税"，而在法语中对税务有更细化的描述。"impôt"在此翻译为"税收"，强调是由政府对个人或企业征收的义务性款项，常见税项为所得税。"taxe"翻译为"税费"，强调是按照法律规定而征收的特定费用，常见税项为增值税。"redevance"翻译为"使用费"，强调是根据特定服务或使用权而征收的费用，典型税项为家庭垃圾税。在后文中出现的这三个词均照此翻译。

历史回顾

一个没有国家的世界？

自中央集权国家产生以来，有些思想家想象了一个自由的没有国家存在的世界，主要来说，这些空想家发展出了两个方向：第一个是无政府主义，旨在摆脱资本主义世界，认为国家是统治者对被统治者进行压迫的工具，而自治则是实现一个没有市场和国家的社会的关键；其次是自由主义，以罗伯特·诺齐克（Robert Nozick）、大卫·弗里德曼（David Friedman）或者默里·罗斯巴德（Murray Rothbard）为代表，梦想着一个没有任何限制的资本主义世界，这个世界完全由市场规则统治，没有任何压制自由的法律或任何形式的税收。这显然会引起许多道德和可行性问题，这些经济学家和/或哲学家则试图在他们出版的许多著作中解决这些问题。

为了做到这一点，他们想出了各种策略：在国际水域中建立"浮岛"，以逃避任何国家的管辖〔这是由米尔顿的孙子帕特里·弗里德曼（Patri Friedman）提出的〕，或者有"实践"计划，即利用加密货币来设计不同货币可以竞争的空间。

此外，人类学家詹姆斯·C. 斯科特（James C. Scott）在他的著作《佐米亚》（Zomia）中分析了在东南亚高地（面积大约相当于整个欧洲）中，数个世纪以来，起义的社群是如何发展战略来逃避纳税和地方政府的控制的。

罗伯特·诺齐克
→（1938—2002）
美国哲学家，1974 年出版《无政府主义、国家与乌托邦》后，成为自由主义思想的核心人物之一。

大卫·弗里德曼
→（1945—　）
著名经济学家米尔顿·弗里德曼的儿子，自由主义思想家，因其著作《自由的机制》（1973 年）而闻名。

保罗·萨缪尔森
→（1915—2009）
美国经济学家，著有大量关于经济分析的作品，涵盖经济增长、国际贸易以及公共政策分析领域，并于 1970 年获得诺贝尔经济学奖。

阿道夫·瓦格纳
→（1835—1917）
德国经济学家，提出对国民经济的整体分析方法，与古典经济学家和新古典经济学家的分析相对立。他分析了国家在经济中的关键作用。

经济学一个非常重要的分支致力于分析市场失灵现象并采取政策来改善社会福祉。

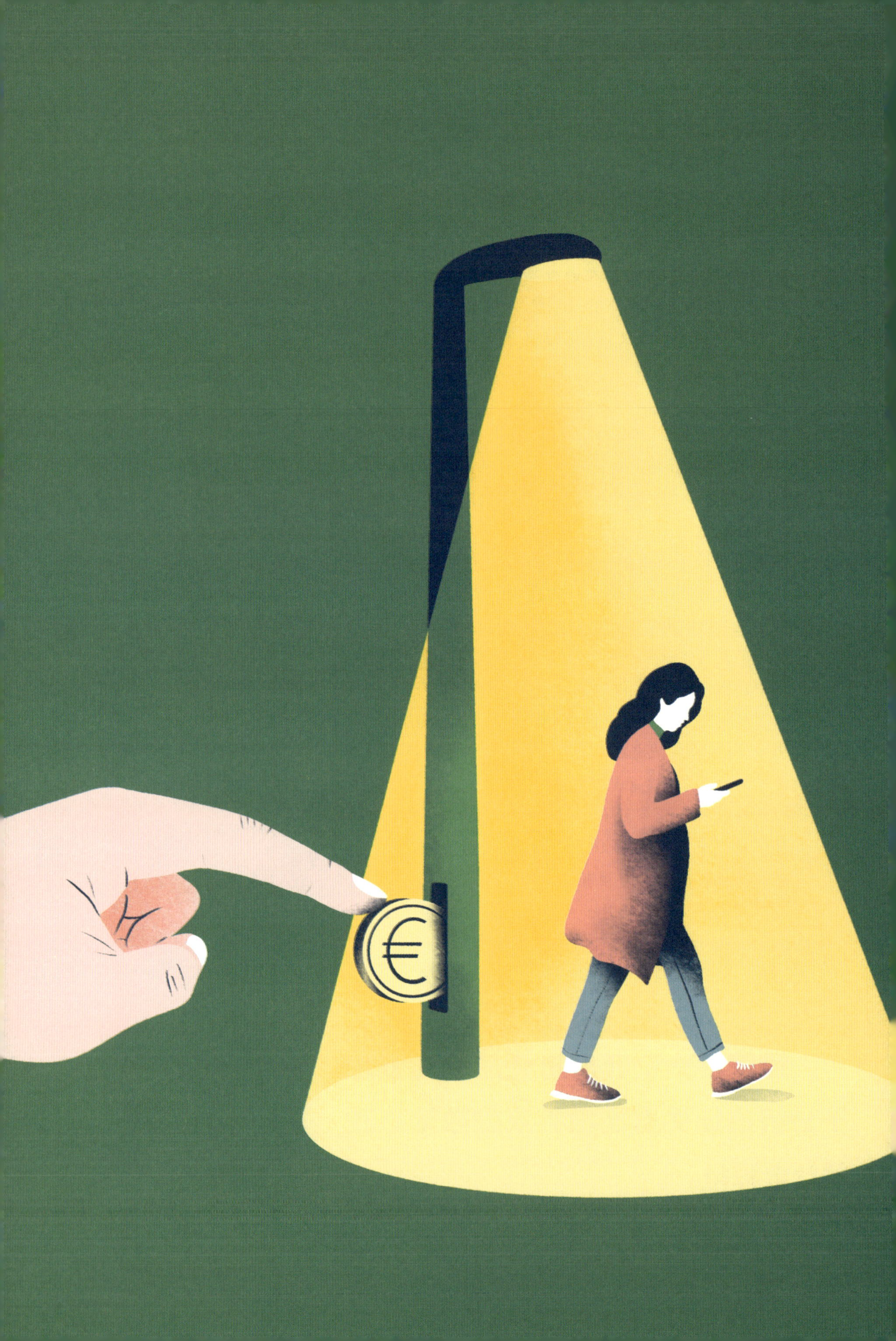

> "社会越是文明,国家支出就越高。"
>
> 阿道夫·瓦格纳,《政治经济学原理》,1872 年

关了。不过，至少在大多数情况下，国家其实不寻求盈利，也不为满足领导人的利益而挪用资金。这么一大笔钱，随后，要么以货币形式（家庭津贴或失业津贴、退休金等等），要么以实物形式，要么以**非营利性服务**的形式完全重新分配给公民。这些由国家免费或几乎免费提供的服务在不同国家中的重要性和范围各不相同，其中包括公共照明、市政道路、通过警察和军队提供的安全服务、公共教育、垃圾收集和处理、铁路网络维护等等。

赢家还是输家？

不知不觉中，我们每天都在使用由政府和各种公共行政机构提供的许多服务，这样做的同时，我们所交的税款的一部分也在向整个社会进行再分配。每当我们在照明的小巷里

有一些经济活动是没法简单通过市场完成的。

夜行，每当我们的孩子在公立学校上课，每当我们走过一座横跨城市中心的河流的桥梁时，实际上，国家在重新分配我们的资源。而且，如果国家为我们提供了更多的服务，那么它将需要收取更高的费用。

征税最少的国家是那些在很多服务方面选择偏向**市场化**的国家（例如将退休金或公共交通服务私有化）。如果人们不交那么多税，相应的服务费用就由他们自己付钱，国家不会免费给他们买单。在某种程度上，不打蛋就炒不了鸡蛋！尽管我们不能确保每个人会得到与被征收的税款等值的服务，但总体而言，非市场服务的产值至少与强制性征收的税款相同（甚至更多 **25**）。

为什么不是所有东西都交由企业生产？

根据情况不同，国家会承担安全、教育和部分交通职能。有时候，它还负责邮政服务、电力生产、科学研究、银行服务、工业生产等等。为什么我们需要国家，而不是把一切都交给私营企业呢？

实际上，国家承担部分经济活动的做法有两个可能的主要原因。第一个理由已经在经济学家中取得共识，无论他们的理论观点如何。这个理由强调了某些活动根本无法通过市场组织，因为它们的本质不具有盈利性；生产这些活动的企业很快就会破产。为什么？为了理解这一点，则需要明白：所有生产出的物品和服务可以根据两个标准——**竞争性**和**排他性**——分为四大类别。一个商品（或服务）的竞争性与其能否同时或不同时被多个不同的人使用有关。比如一支笔是竞争性的，当有人使用它时，别人在同一时间不能用这支笔，而放电影是一种非竞争的"商品"（当然，是一种泛指的商品），因为很多个人可以同时在电影院观看同一场电影。同样，当生产者要求，使用者若不支付价格就不能使用某一

商品时，该商品被称为具有排他性。一本在书店卖出的书具有排他性；然而，灯塔的光所提供的是一种**非排他性服务**，因为任何船只都可以跟随灯塔发出的光来导航，而无须付款。

四类物品与服务

这两个区分标准可以将商品或服务分为四类。最常见的是**私人物品**，它们具有竞争性和排他性，这些商品在商店里随处可见。紧随其后的是**俱乐部物品**，它们没有竞争性，但有排他性：包括付费的体育比赛、付费的音乐会、博物馆等。这两类商

在历史上，根据不同的国家和时期，国家曾经承担了一部分通常由私人企业负责的生产任务。

品的共同点是排他性：没有人可以在不付钱的情况下获得它们。这些商品可以在商业环境中由**企业生产**，从而可以通过销售收入来弥补成本。

相反，有一类商品先天不能由企业在市场上销售：**公共物品**，它们既非竞争性又非排他性（我们在这里先不去提有竞争性而又是非排他性的**公共资源30**）。这些"物品"可以被多个人同时消费，而无法通过付款的门槛禁止他人进入（参见上文中灯塔的例子）。在这种情况下，它们无法通过销售盈利。这些商品，根据其性质，因此必须由国家生产，国家通过税收来获得资金支持生产。首先，国家作为生产者进行干预的原因是：市场参与者，即企业，无法自行完成这些生产任务，包括国防、司法、基础设施、卫生、教育、基础科学研究等。在人均收入最高的国家，政府更能够通过征税来资助这些生产，并逐渐满足这些关键职能中主体需求的增长，以促进经济增长的持续。公共支出随着生活水平的提高而增加的趋势，在19世纪末被阿道夫·瓦格纳（Adolph

竞争性物品
→ 无法同时被多个不同的人消费的商品

排他性物品
→ 可以通过付费等方式预订使用的资源。

公共物品
→ 既非竞争又非排他的商品。

作为生产者的国家？

Wagner）这位亲眼目睹了德国的崛起与政府职能变化的德国经济学家所发现。

首先是政治选择

第一，国家作为生产者干预市场的原因是：生产市场参与者，即企业，无法自行完成有些生产任务，比如国防、司法、基础设施、基础研究等。但这就是全部吗？

显然不是。在历史上，根据不同的国家和时期、历史和社会背景，国家也直接承担了通常由私人承担的一部分生产，通常是通过国有企业（由国家拥有的企业）来实现。如电话、电力、银行服务、公共交通等。该如何解释这一现象呢？国家干预的领域不仅仅取决于经济标准，它也是政治选择的产物，即什么领域应该遵照纯粹的市场逻辑运转，什么领域不应该。例如，在欧洲，1990年代和2000年代的大部分时间都被认为是在上述所提到的领域去除国有**垄断**的时期，理由是市场**竞争**总是优于任何其他形式的组织。但相反的情况也存在，在私有化其铁路系统之后，英国政府目前正在收回并重新国有化北部的某些铁路线。

政府干预的范围不仅仅取决于经济标准。

那么最终，市场应该止步在哪里，国家生产应该从哪里开始？政治选择应该通过民主流程让公民决定，也便于让民众接受。

一个国家，确实，但是一个高效的国家？

上文提到过，只要等值的公共服务以免费或几乎免费的形式提供给公众，那么收税本身并不构成问题。然而，人们有时会表现出"税收疲劳"的感觉，其根源可能是面对着一个幅员辽阔、效率低下的国家，又被繁重的官僚主义压得喘不过气来，"公共资金浪费"就此产生。那么，情况究竟如何？征收的税款是否有被妥善利用？

首先，在民主国家，公共资金的分配由议会控制。因此，它成为民选代表讨论的议题，选民的选择可能导致国家支出被重新分配：在军队、教育、企业津贴等方面，增减不一。接下来，我们需要考虑**激励**问题，用经济学的话来说，一个员工的生产率与其受到激励的程度成正比，可以通过奖金或在表现不佳时担心被解雇来实现。然而，公共部门的人力资源组织可能会导致一些反应迟缓，这可以解释国家在其生产者角色中显得不称职。然而，这就无视了公共交通运行良好、公共基础设施通常质量较高、公共教育培养了数百万合格的劳动者这些事实……这个问题十分复杂，不是两三句话就能解决的。

医疗费用：私有还是公共？

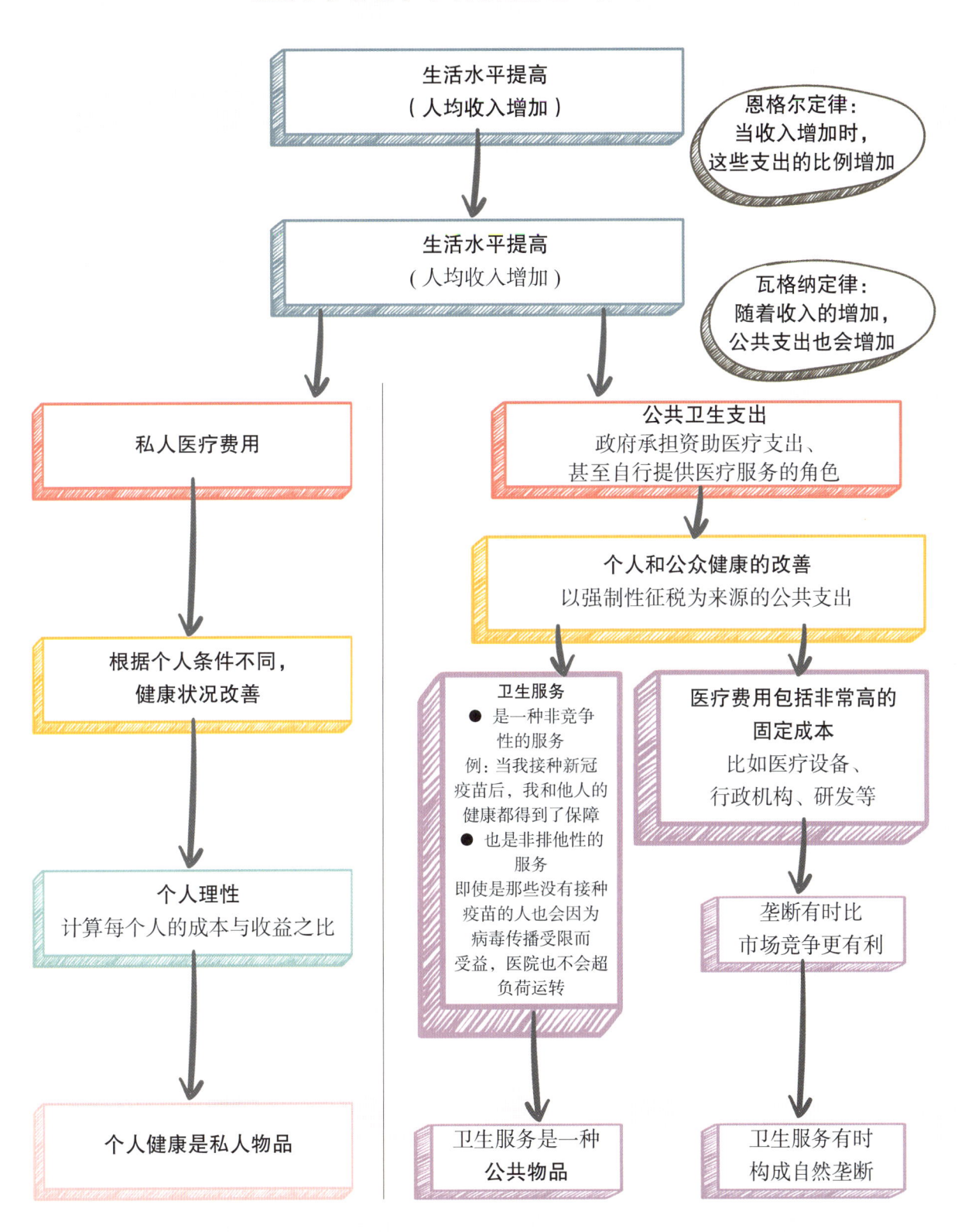

```
                    生活水平提高
                   （人均收入增加）
                          │
                          ▼                    恩格尔定律：
                    生活水平提高                当收入增加时，
                   （人均收入增加）              这些支出的比例增加

                                               瓦格纳定律：
                                               随着收入的增加，
                                               公共支出也会增加
```

┌─────────────────────┬──┐
│   私人医疗费用   │   公共卫生支出   │
│   │   政府承担资助医疗支出、   │
│   │   甚至自行提供医疗服务的角色   │
│   │   │   │   │
│   ▼   │   ▼   │
│ 根据个人条件不同，   │   个人和公众健康的改善   │
│   健康状况改善   │   以强制性征税为来源的公共支出   │
│   │   │   │   │
│   ▼   │   ┌──────────┴──────────┐   │
│   个人理性   │   ▼   ▼   │
│ 计算每个人的   │   卫生服务   医疗费用包括非常高的 │
│ 成本与收益之比   │   ● 是一种非竞争   固定成本   │
│   │   │   性的服务   比如医疗设备、   │
│   ▼   │   例：当我接种新冠   行政机构、研发等   │
│ 个人健康是私人物品   │   疫苗后，我和他人的   │   │
│   │   健康都得到了保障   ▼   │
│   │   ● 也是非排他性的   垄断有时比   │
│   │   服务   市场竞争更有利   │
│   │   即使是那些没有接种   │   │
│   │   疫苗的人也会因为   │   │
│   │   病毒传播受限而   ▼   │
│   │   受益，医院也不会超   卫生服务有时   │
│   │   负荷运转   构成自然垄断   │
│   │   │   │
│   │   ▼   │
│   │   卫生服务是一种   │
│   │   **公共物品**   │
└─────────────────────┴──┘

作为生产者的国家？

23 为什么要再分配,又该怎么做?

现在还流行罗宾汉那套吗?

我们可以为这样的不平等辩护吗?

经济学家,如安东尼·阿特金森(Anthony Atkinson)和托马斯·皮凯蒂,已经证明自从1980年以来,无论是在收入还是在财富方面,不平等现象开始大量回归,而这些不平等从20世纪初开始减少。在他们之前,西蒙·库兹涅茨(Simon Kuznets)也对这一过程进行了分析。某些不平等现象令人眩目,因为所涉及的财富额难以估量。又该怎么解释在同一家公司工作的一个人的薪酬可能比另一个人多上10倍、20倍,甚至100倍呢?

这个问题是所有**社会正义**理论的核心。与其深入探

> 又该怎么解释在同一家公司工作的一个人的薪酬可能比另一个人多上10倍、20倍,甚至100倍呢?

讨每种方法的细节,不如把问题聚焦在大多数涉及这个主题的问题背后:不平等这一现象是否是公平有效的?

不平等的有效性?

我们继续分析,在生产过程中,创造的财富首先在参与其中的各个经济主体之间进行分配:这就是**初次分配**,包括工人(工资)、资本供给者(股息、利息)和国家(税收)。

关于劳动和资本,企业家支付的报酬与其效率多少相对应:生产组织在寻求生产要素(工资、利息或股息)的成本与它们对最终生产的贡献之间的对应关系,这可以通过它们的生产率来衡量。显然,这意味着需要能够计算每个参与者在生产过程中的贡献,而能不能做到这一点值得商榷 **11**。

这种薪酬确定方式似乎是有效的,因为它具有激励作用:由于薪酬间的不平等,可以推动经济主体不断提高

196　国家,经济的中心

历史回顾

俾斯麦模式 VS 贝弗里奇模式

在历史上，社会保障系统在每个国家都围绕两种主要模式进行构建。

第一种模式涉及德国在19世纪末由总理奥托·冯·俾斯麦推出的针对疾病（1883年）、工伤事故（1884年）、老年和残疾（1889年）风险的社会保护制度。这个系统的资金来自工人的强制性社会保障费用，这使他们以及他们的其他家庭成员根据保险条款享有权利，如果他们遭受到他们的保险所覆盖的事故，将获得赔付。

第二种模式是英国经济学家威廉·贝弗里奇（William Beveridge）的间接成果。1942年，英国政府采纳了贝弗里奇关于彻底改革原有医疗保险制度的建议，并根据两个简单原则具体实施：全体人民都应享有社会保障；社会保障系统应由税收而非社会保障费来资助。

今天，许多社会保障系统是在这两种模式的共同指导下建立的，即系统的资金一部分通过税收，另一部分通过对劳动收入征收社会保障费来满足。

威廉·贝弗里奇（1879—1963）

收入初次分配与二次分配

→ 初次分配指市场上对生产活动支付的报酬，而二次分配是指由公权力进行的收入再分配。

收入再分配

→ 通过公权力采取措施来改变分配，主要是通过强制性征税和社会保障费实现。

强制性征税

→ 由政府征收的税收和社会保障费组成。

社会公正

→ 这是一组力求社会公平的原则，根据预先定义的一个或多个标准来判断某种财富分配是否可以被视为公正或不公正。

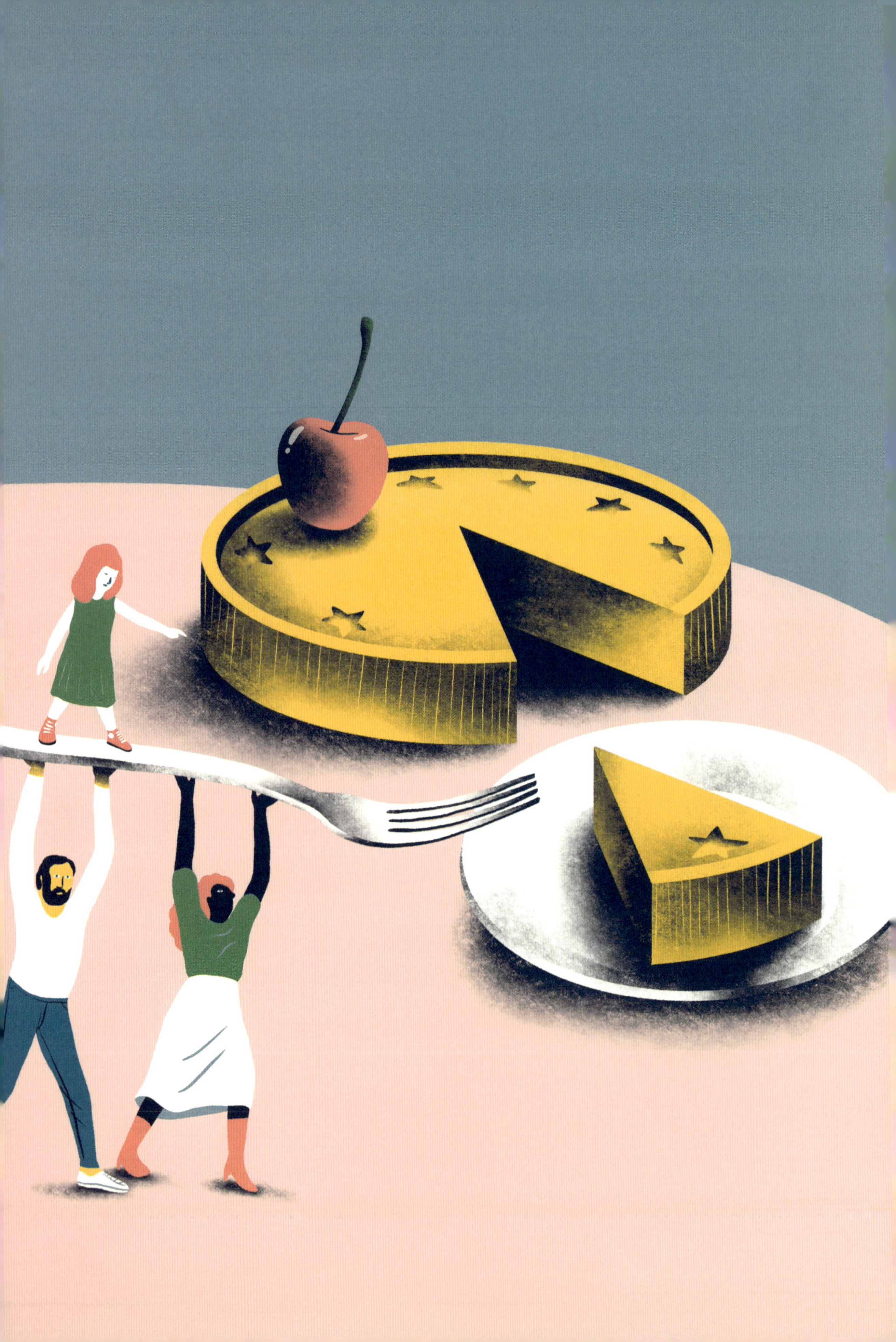

↣↣↣
"资本主义固有的弊端在于财富的不平等分配。"

温斯顿·丘吉尔于英国下议院的演讲，
1945 年 10 月 22 日

生产率以增加他们的报酬。相反地，过大的不平等可能导致社会冲突，并让处于工资等级底端的人感到灰心。在这两种情况下，很难想象不对企业的业绩产生不良影响。

不平等是公平的……

必须承认这种初次分配的形式是高效的。但是否就应该自动接受它而不试图改变它呢？在这种情况下，我们需要运用第二个标准，即**社会正义**。商品交易中的不平等是否公正？

这是个值得考虑的问题，因为可以依照的标准有很多。那些最不赞成国家干预的经济学家主要提出过两种观点。第一，也是最常见的观点，强调了**精英主义**的概念：不平等是公正的，因为这一制度奖励了最有才华的人，那些最抢手、展现出最大动力、最能满足客户需求的人。以某个课堂为例：那些最优秀的，也就是努力学习且天赋出众的学生，理应得到比其他人更高的分数。而梅西或C罗之所以获得如此高的薪酬，仅仅是因为他们比其他足球运动员更强，他们为各自的俱乐部带来了数百万欧元的球衣销售、电视转播权、门票销售和赞助费用等收入。

第二种观点更为激进，与奥地利经济学家弗里德里希·冯·哈耶克等人的观点相似。哈耶克认为在市场化的活动中产生的收入能够实现整体效率，但这样的分配方

胜利者和失败者在竞争中是否平起平坐？

式并不公平也不公正。不平等是数以百万计的人类个体决策的产物，而没有哪个人希望它会以这个形式呈现。既然收入分配不均背后没有集体意图，只要遵守基本规则（不仅是对商品的财产权，也包括对工人自身的财产权），就没有人是公平或不公平的，因此我们不能对这些规则发表看法，只能理解并安然接受。

还是不公平的？

这些观点曾经激烈交锋。首先，"赢家"和"输家"在竞争中是否处在同一起点？最有生产效率的人是否应该因为他们的胜利是靠天赋而不是努力获得的而值得称赞？尤其是在一个学历成为职业发展的决定性因素的世界中，在学业成功方面是否存在社会决定因素，使得人们在学历方面因为社会背景的不同而不平等？此外，难道没有一些职业虽然收入较低，创造的经济财富不多，但社会价值却非常大吗（例如护士或社工）？

如果是这样的话，那么初次分配就不能被称作"公平"，根据其他模型，国家可能需要进行收入**再分配**操作，以实现更好地反映社会共识

的再分配。但又该怎么操作？

如何实现再分配？

国家拥有许多工具来纠正这种不公平的初次分配。一般来说，它们的目标要么是从富人中收取财富并分配给穷人，要么是建立一种保险体系，从而实现新的收入分配，而不一定减少现有的差距。

在第一种情况下，"垂直"再分配一方面引入**强制性征税**（税收或社会保障费），如果可能的话，采用累进制，即税率应随着收入水平的提高而提高，从而使高收入者

再分配有助于在经济风险中减轻最弱势个体所面临的后果。

相对于其他人缴纳更多的钱。另一方面，通过采取措施来增加最低收入者的收入：实施或增加**最低生活保障**、**最低工资**、**专项补贴**，例如廉租房或是免费的**非市场服务**，如免费交通、更完善的公共服务等。

在第二种情况中，**再分配**会采取保险制度的形式，被称为"水平"再分配。就像我们通过私人保险公司来保护我们的车辆或手机免受盗窃一样，政府可以建立公共强制性的社会保障体系以提供相同的服务，如在医疗（例如医疗费用报销）和工作（失业津贴等）等领域。这里，我们有权利享受的福利来自于之前缴纳的费用。这样的制度可以通过退休金来减少工作人员和退休人员之间的不平等，减少工作者和失业者之间的不平等，减少健康者和病人之间的不平等，等等。

再分配到什么程度？

这种重新分配具有不可否认的优点。首先，它可以减轻经济风险对最脆弱个体的影响。这样，失业的损失部分得到了失业救济金的补

约翰·梅纳德·凯恩斯
→（1883—1946）
英国经济学家，著有《就业、利息和货币通论》（1936年），该书理论化地分析了在没有充分就业条件下经济的运行。尽管凯恩斯学派内部观点多样，此书仍是其重要理论参考。

弗里德里希·冯·哈耶克
→（1899—1992）
奥地利裔英国经济学家、哲学家，他为货币以及市场经济中价格的作用研究做出了贡献，并更广泛地提出了一种将自由和市场交流置于核心的政治哲学。

安东尼·阿特金森
→（1944—2017）
英国经济学家、不平等研究的先锋，在公共政策分析方面多有著作。

托马斯·皮凯蒂
→（1971— ）
法国经济学家、经济不平等研究的专家，著有《21世纪的资本》（2013年）。

埃马纽埃尔·赛斯
→（1972— ）
法国经济学家，专门研究不平等现象（与托马斯·皮凯蒂合作）和税收（与加布里埃尔·祖克曼合作）。

加布里埃尔·祖克曼
→（1986— ）
法国经济学家，与埃马纽埃尔·赛斯合著了有关税收的作品，与托马斯·皮凯蒂合著了有关不平等的作品，对于逃税（他将其称之为"国家隐藏财富"）也有相关著作。

偿，病假或产假得到了社会保障资金的支持。但是有一些国家，比如美国，选择将这些服务的一部分转移到私人保险公司，结果却使得社会更加不平等。但重要的是，这使个人不再生活在对身份变化后果的永久恐惧中，因为在这种情况下，集体至少暂时减轻了其影响。同样，根据凯恩斯的观点，这种再分配有助于增加总需求，因为它减少了会把钱储蓄起来的富人的收入，而将其转给穷人，穷人则会完全花掉这笔钱。

相反，凯恩斯的反对者担心这些措施的威慑效果，这会让最贫困的人失去责任感，同时也会打击最有生产效率的人。根据他们的说法，过度的再分配将会导致"福利文化"，最终会导致人们不愿承担风险、减少创新、增长放缓。

那么该怎么做？如果纯粹的平均主义似乎不利于建立一个充满活力的社会，那么所有旨在增加机会平等和减少经济不平等的措施都应该被鼓励，因为这些不平等往往是不公平的，比如基于继承的特权或与实际工作无关的收入。

20世纪的再分配政策成功减少了不平等。

这就是为什么遗产税问题会时不时地成为政治焦点。一方面，人们可以将传给后代的财富视为他们工作、投资和储蓄的成果，这表明他们在利用收入方面保持节制，以便给子女提供更好的生活。在这种情况下，征收遗产税将是很不公平的，这可能会导致他们失去动力，就像对其他最有生产效率的人一样。另一方面，预期寿命的增加意味着平均而言获得遗产的时间越来越晚，这时孩子们已经在他们的职场中站稳脚跟，因此不需要这种帮助来启动他们的事业，而自1980年以来，财富的价值随着金融全球化而飙升，导致继承人与其他人之间的机会不平等越来越严重。对这些遗产课以重税将有助于机会上的平等，因为征收的款项将重新分配给那些没有在相同环境中出生的人。在托马斯·皮凯蒂的多部作品以及埃马纽埃尔·赛斯和加布里埃尔·祖克曼合著的书中，明确阐释了在20世纪，再分配政策是如何成功地减少了不平等，同时并未阻碍经济增长。但在危机和全球化经济的背景下，是否还有可能实施相同性质的政策？

收入再分配
从原始收入到可支配收入

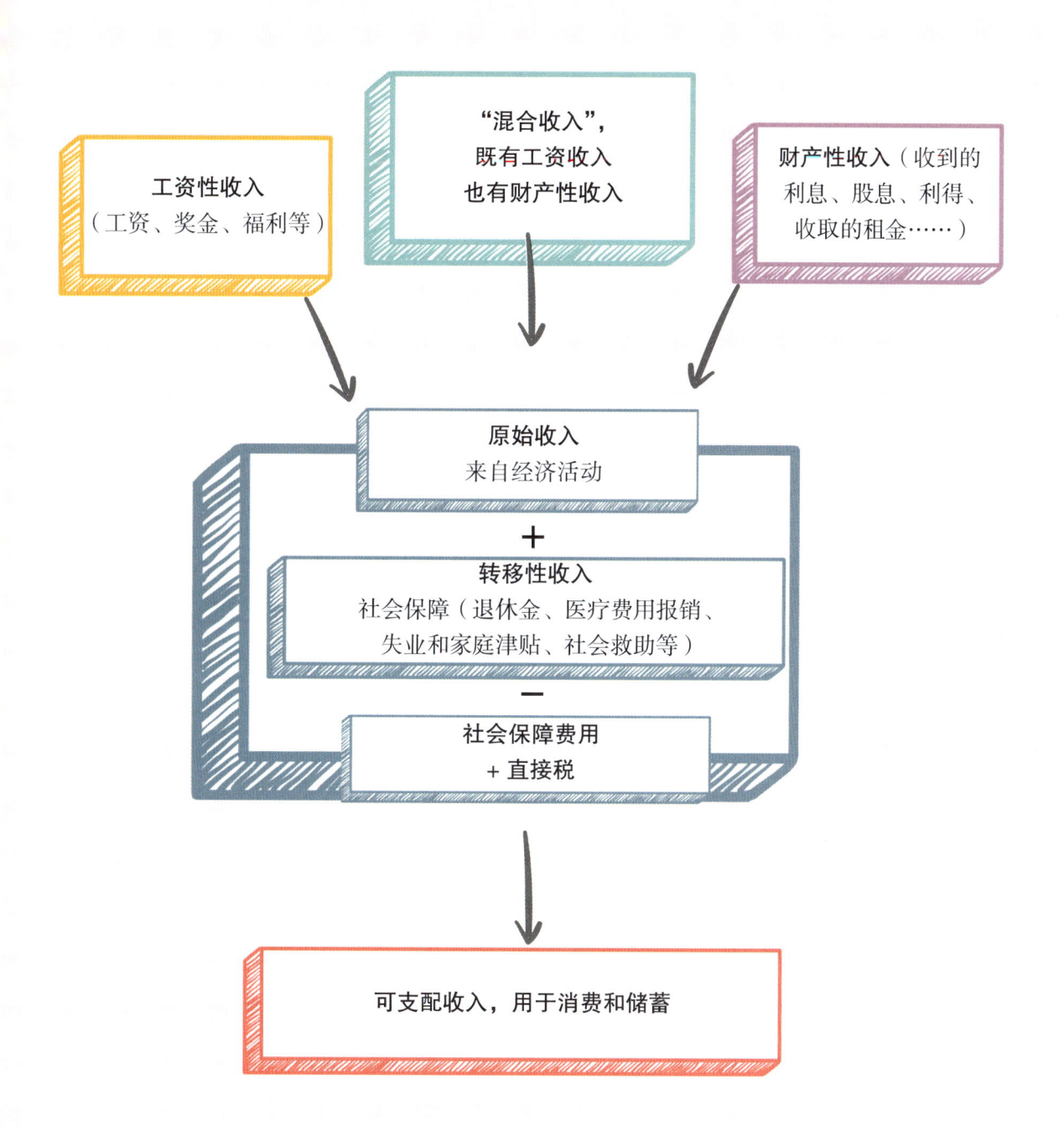

```
┌─────────────────┐   ┌─────────────────┐   ┌─────────────────┐
│   工资性收入    │   │   "混合收入"，  │   │ 财产性收入（收到的│
│ （工资、奖金、  │   │   既有工资收入  │   │ 利息、股息、利得、│
│   福利等）      │   │   也有财产性收入│   │ 收取的租金……） │
└────────┬────────┘   └────────┬────────┘   └────────┬────────┘
         │                     │                     │
         └─────────────────────▼─────────────────────┘
                    ┌─────────────────────┐
                    │      原始收入       │
                    │    来自经济活动     │
                    └─────────────────────┘
                              +
                    ┌─────────────────────────────────────┐
                    │         转移性收入                  │
                    │  社会保障（退休金、医疗费用报销、   │
                    │  失业和家庭津贴、社会救助等）       │
                    └─────────────────────────────────────┘
                              −
                    ┌─────────────────────┐
                    │    社会保障费用     │
                    │     + 直接税        │
                    └─────────────────────┘
                              │
                              ▼
                ┌─────────────────────────────┐
                │ 可支配收入，用于消费和储蓄  │
                └─────────────────────────────┘
```

国家需要稳定经济吗？

为此不论代价？

从次贷危机到新冠疫情

2009年9月，美国大型投资银行雷曼兄弟破产。之后，世界各地的其他银行也陷入动荡。当时人们还不知道，世界即将迎来自1929年以来的第二大经济危机。就像一堆多米诺骨牌一样，大型银行的崩溃将导致**金融市场**的崩溃，接着是经济陷入衰退（国内生产总值下降）。

2019年末，新冠病毒开始传播。人们当时还不知道，随着隔离、宵禁和各种限制措施的实施，全球各国的国内生产总值将再次下降。

1929年，起源于华尔街股市崩盘的危机造成了巨大的经济影响，导致GDP在整个1930年代持续累计下降，形成了被称为大萧条的时期。相反，2009年的危机被迅速克服，到2012年，几乎所有发达西方国家的经济活动都已恢复到危机前的水平。因此，这次危机有时被称为大衰退，以区别于影响更为深远的1929年大萧条。同样，在2020年，尽管经济衰退是实实在在的，但对就业和企

得益于国家干预，2009年和2020年可能发生的最坏情况得以避免。

业破产的经济后果影响相对较小，远不及1929年的程度。为什么？这是因为我们从错误中吸取了教训。2009年和2020年一样，最糟糕的情况得以避免，这要归功于一个重要的经济参与者：国家。

什么样的稳定措施？

理查德·马斯格雷夫（Richard Musgrave）提出了国家干预经济的三个主要原因。首先，国家必须生产市场无法生产的产品，这是国家的**资源配置**职能 **22**；其次，国家必须重新分配收入以消除不平等，这是国家的**再分配**

历史回顾

1929年的经济危机

1929年10月24日的"黑色星期四"象征着资本主义历史上最大的危机：1929年经济危机，也称为大萧条。首先，让我们看一些当时美国的数据：仅仅三年时间，纽约股票市场道琼斯指数就跌去90%；四年时间，失业率上涨两倍，工业生产下降一半，无家可归的人超过200万。这场危机从美国开始，蔓延至整个欧洲，然后波及全世界。这场危机在规模上前所未有，几乎同样罕见的是其持续时间，直至1930年代中期，大多数市场经济国家仍未走出困境。

为了摆脱这一困境，新当选的美国总统富兰克林·D.罗斯福于1933年决定实施一项极富干预主义色彩的政策，即"新政"：对经济活动进行监管，增加公共开支，并对富人加税。后来，其中一些措施被认为非常"凯恩斯主义"，但直到1936年，约翰·梅纳德·凯恩斯才出版了20世纪下半叶稳定性政策发展的参考——《就业、利息和货币通论》一书。

1929年股市崩盘的经济和社会后果极为严重，新当选的民主党总统富兰克林·罗斯福于1933年3月开始实施一系列措施，被称为"新政"（New Deal）。

潜在增长
→ 与低稳定通胀相兼容的增长，劳动力市场没有重大失衡，接近充分就业。

公共余额
→ 公共行政部门（国家）在一年内收入和支出之间的差额。当收入超过支出时，是公共盈余，而在相反的情况下，则是公共赤字。

稳定性政策
→ 通过国家财政政策或央行货币政策，以刺激或抑制经济增长。

潜在产出
→ 一国在通货膨胀率保持低位、劳动力市场无重大失衡、接近充分就业的情况下所能生产的国内生产总值。

国家需要稳定经济吗？

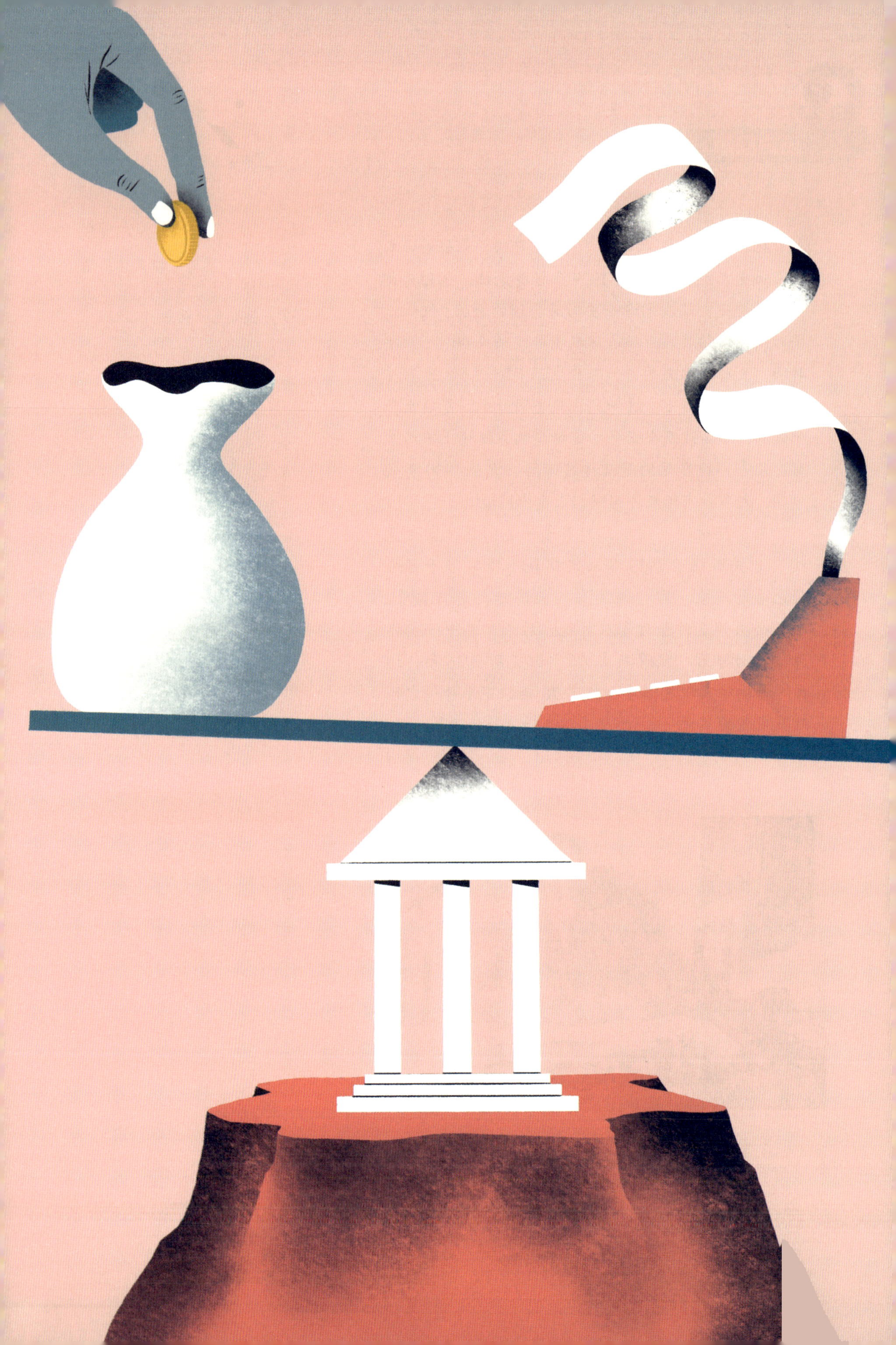

> "补救商业循环之良方,不在取消繁荣,使我们永远处于半衰退状态;而在取消衰退,使我们永远处于准繁荣情况。"
>
> 约翰·梅纳德·凯恩斯,
> 《就业、利息和货币通论》,1936年

职能 23；最后，国家必须尽一切可能避免经济危机，这是国家的**稳定**职能。

稳定经济意味着进行干预，使经济增长平稳，避免过度震荡。就像安德烈·纪德在完全不同的领域写的那样："忧郁只是热情的消退"；热情和忧郁似乎是相互关联的，就像疯狂的经济增长和衰退一样。为了实现稳定的增长，必须避免过度停留在两极状态，即经济的过度增长或急剧下行。

那么到底该怎么办？为此，国家拥有一整套工具，实施发展与停顿交替的停－走措施，必要时放缓经济活动（停）或相反地启动"刺激"政策（走）。在这两种情况下，原理是相同的：从周期性即短期的角度出发，把握总需求。

不论是为了增加总需求，还是相反地为了控制需求，国家都有一系列措施可供实施：例如调整**最低工资**水平。但更重要的是，可以使用财政手段，即调整其征收的**税收**、**社保费用**（如果将国家理解为广义上的概念，则包括社会保障部门）和支出的金额。不同国家之间，这些收入的数量和结构差异很大；一切都取决于公共干预相对于市场所占的比重。总的来

> 必须避免经济停留在两极状态，即过度增长或急剧下行。

说，任何增加税收的政策都将有助于减少私人需求，以实施紧缩性财政政策，如有需要的话，减税措施将有助于刺激需求政策的实施。在支出方面也一样。关键问题在于公共赤字，这将有助于更好地理解为什么在 2000 年代末和新冠疫情期间，各国国内生产总值没有像 1929 年大萧条后那样崩溃。

一定要缩减赤字吗？

公共余额是指政府收入与支出之间的差额（包括中央政府、**社会保障**部门和地方的支出）。当这个余额是负数时，就会出现赤字（在拉丁语中，*deficit* 意味着"缺失"）：一部分公共支出在该年度无法通过征收的公共收入来支付。因此，这就是钱箱里的"漏洞"，必须通过国家在金融市场 18 上进行借款来填补。这些借款在之后必须偿还，而且通常还要加上利息 25。

在经济危机期间，赤字往往还会增加，企业破产和失业增加导致税收和社会保障收入减少，同时还会有新的公共支出项目（企业支持补贴、失业救济金增加等）。所以，赤字在次贷危机和新冠疫情期间飙升并非偶然。在 2020 年，美国的预算赤字达到了创纪录的水平：31320 亿美元，相当于之前纪录的两倍多（14000 亿），而巧合的是，之前的纪录是在 2009 年创造的。

通常情况下，当经济主体（无论是企业还是家庭）出现赤字时，应尽快采取措

施，可以是减少支出，抑或是增加收入。问题是，对于**国家**来说，如果在经济危机期间采取这样的行动，这将进一步加剧危机，因为这会压缩企业的整体需求，之后整个经济就会陷入恶性循环。在危机情况下，正如凯恩斯所说，通过增加额外支出来增加公共赤字，有助于维持需求水平，从而抵消危机的衰退效应。这就是为什么政府出于稳定性政策的逻辑，在 2009 年和 2020 年都允许赤字扩大到如此程度的原因：因为这是对抗危机的唯一手段。

> 在危机情况下，放任财政赤字有助于维持需求水平。

潜在增长还是实际增长？

要理解稳定性政策，需要参考**潜在增长**这一概念。为了增长，经济需要资源。经济增长就需要更多的原材料，需要投资新的生产要素，招募更多的劳动者。假设所有可用资源都被利用，且市场不会过于紧张（事实上，经济系统并不总是能够全力运转，就像马拉松选手在整个比赛过程中不能一直以最大速度奔跑一样），那么在这种情况下，我们可以估算出可能达到的最大国内生产总值。考虑到劳动人口增长、投资增长和未来技术创新的预期，就能得出**潜在增长**。

但现实中，国家很少能达到这个数据。为什么呢？因为大多数时候，由于**失业**问题，许多可就业人口并不在工作。这些"可用资源的浪费"阻碍了生产效率达到最优点。在这种情况下，刺激性政策就说得通了：因为市场不能自发地利用所有可用资源。而国家将通过其刺激措施来助市场"一臂之力"。相反，如果经济处于"过热"状态，即与增长潜力相比增长水平过高，不断稀缺的生

约翰·梅纳德·凯恩斯
→（1883—1946）
英国经济学家，著有《就业、利息和货币通论》（1936 年），该书理论化地分析了在没有充分就业条件下经济的运行。尽管凯恩斯学派内部观点多样，此书仍是其重要理论参考。

理查德·马斯格雷夫
→（1910—2007）
德裔美籍经济学家，专门研究国家干预下的经济体系。他定义了国家的三个经济职能：资源配置、收入分配和稳定经济。

产要素价格就会上涨，引发可能无法控制并导致未来危机的通货膨胀。国家必须采取紧缩政策措施，以使生产机器慢下来。

事实上，当国家发现产出缺口，即**潜在产出**与实际测量的国内生产总值之间存在差距时，应该立即采取干预措施。

这些措施会产生什么负面影响？

在法国，这些稳定政策在光辉三十年期间得以实施，直到 2009 年次贷危机后逐渐受到质疑。质疑的原因是，对于一些经济学家而言，市场对受到的冲击会通过价格波动来自我调整，自发性地修正不平衡状态。当需求崩溃时，过剩产能危机是暂时的，因为价格会下降，从而刺激需求。经济的**自我调节**机制将使其回归平衡。任何国家的人为干预只会干扰这些机制，如果所做的决策不及时，或者有更多政治而不是经济方面的考虑，甚至可能会使情况恶化。

国家干预经济时手法必须精细。

2009 年的危机证明了有时国家干预确实是必要的，这可以避免发生过于严重的危机以及持续的经济衰退，反面例子就是持续时间更长的 1929 年大萧条。但是 2020 年的危机表明，当政府干预过度和不恰当时，可能会导致经济过热并产生通货膨胀。因此，在美国经济面临供应危机（原材料价格上涨）的情况下，拜登政府选择大规模刺激总需求，进一步加剧了通货膨胀。所以说，国家干预经济时手法必须精细。

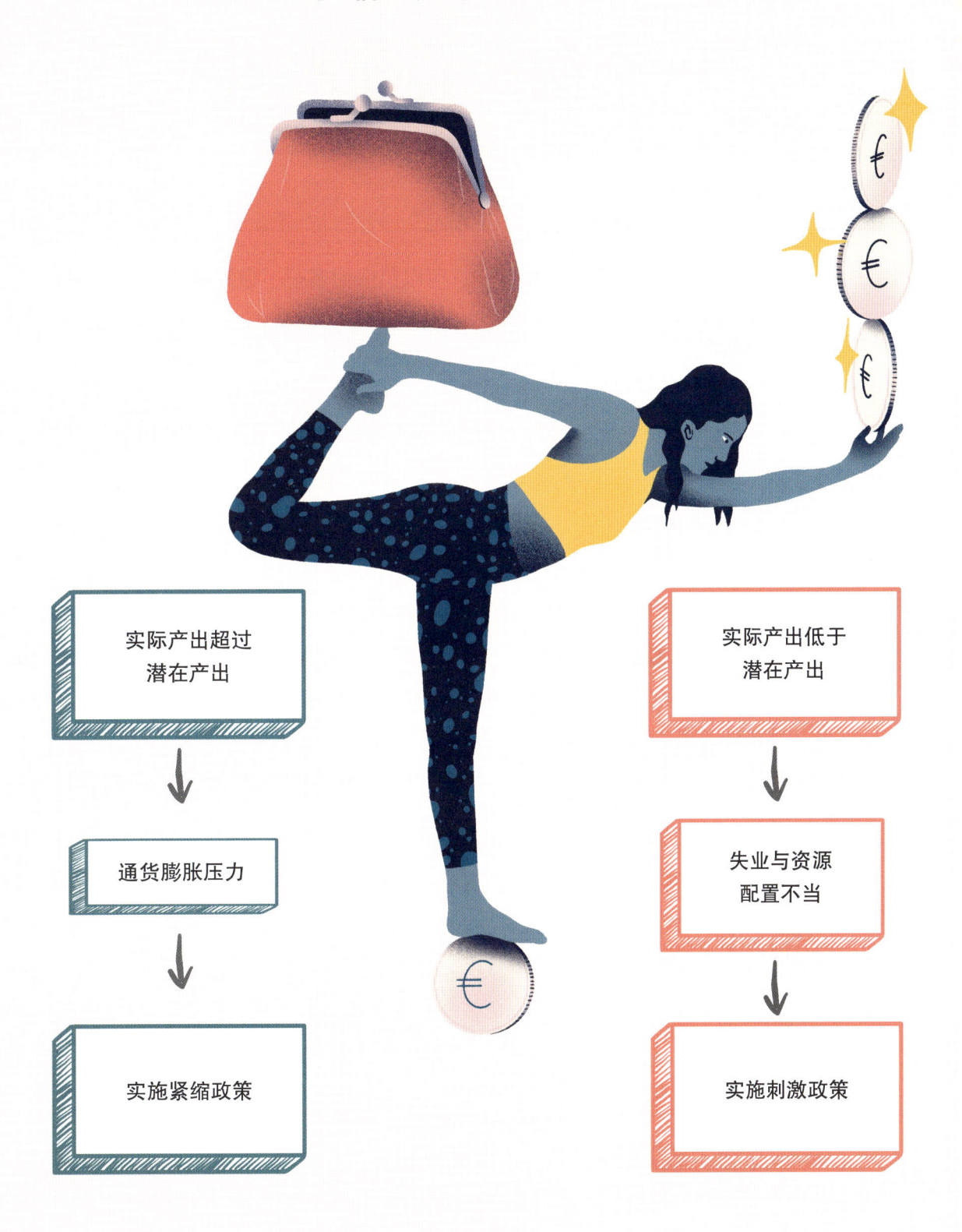

紧缩还是刺激?

实际产出超过
潜在产出

↓

通货膨胀压力

↓

实施紧缩政策

实际产出低于
潜在产出

↓

失业与资源
配置不当

↓

实施刺激政策

一个国家会破产吗?

一个国家可以负债很少,可以负债很多……极限是?

深不见底的债务

这些数字听着就头大。根据国际货币基金组织的数据,在新冠疫情危机之后,全球债务(包括私人债务和公共债务)达到了 226 万亿美元,而全球 GDP 大约为 85 万亿美元,即债务相当于世界年产财富的 256%!而在这些全球债务中,世界各国所签订的债务(公共债务)略高于 90 万亿美元,约占世界债务的 40%。如果我们看一下某些国家或地区,情况就会很明显:在所有经济合作与发展组织(简称 OECD)国家中,公共债务约占其**国内生产总值**的 80% 左右,而在欧元区则达到了 98%,在美国达到了 165%,在希腊达到了 200%,在日本则接近 260%。但国家并没有破产,继续为人民提供服务并实施公共政策。这是因为与家庭不同,一个国家总是能够增加其收入,例如通过增加税率。而且,它的债务有时只是公共投资的对应产物,这些投资不仅有助于人民的福祉,而且还能产生未来的收入,至少在理论上,使该国能够偿还债务。

> 债务有时只是公共投资的对应产物。

公共债务从哪里来?

公共债务是指出现**公共赤字**(即支出超过收入 **24**)时,国家为满足公共管理的财政需求而借入的款项。为此,各国家在**金融市场**上发行**债券**,即金融证券,对应于债务承认,然后在事先确定的日期偿还,并在借款期间产生应付利息。公共债务因每年产生的公共赤字而产生,这些赤字需要进行新的借款。

为什么会有这么多债务？

总的来说，大多数国家都负债累累，只有一些石油出口国和其他避税天堂除外。自1970年代初以来，各国的长期债务不断增加。虽然这种债务背后有周期性因素，但负债国无力克服这种债务是债务如此普遍的原因之一。

首先，有一些特殊情况导致债务增加。在经济危机时期，债务会膨胀 24，这是不争的历史事实。例如在美国，在2008年至2010年次贷危机期间 21，公共债务在仅仅两年内从国内生产总值的64%增加到92%。同样，债务也可能因为国家采取特定的刺激措施或履行选举承诺而增加。

这些周期性因素可能会根据政府采取的经济措施而迅速消失。然而，更为棘手的是结构性因素，因为它们更持久且根深蒂固。为了理解这个问题，让我们假设有一个家庭正在为未来一年制定预算。他们知道自己的月收入将会达到约2000欧元，

公共赤字

→ 公共行政机构（国家）在一年内支出超过收入（主要是强制性征税）时的财务状况。

公共债务

→ 政府部门（中央政府、地方政府和社会保障机构）对其他机构的债务，这些债务是由每年的公共赤字引起的过去未偿还的借款所产生的。

历史回顾

纽芬兰的惊人案例

纽芬兰（Newfoundland）是加拿大的一个省。直到20世纪的前30年，纽芬兰还是一个拥有独立主权的地区。然而，这个国家在1920年代面临着不断增加的公共赤字，导致了外债累积。1933年，其公共债务达到财政收入累计12年之和。当时，此地区并没有选择违约，而是在英国的斡旋下，同意成为加拿大领土的一部分，以换取它的债务被偿还。这是一个国家出于预算原因放弃了主权的极端案例。

> "债权人的记忆比债务人好。"
>
> 本杰明·富兰克林，《穷理查年鉴》，1732年

一个国家会破产吗？

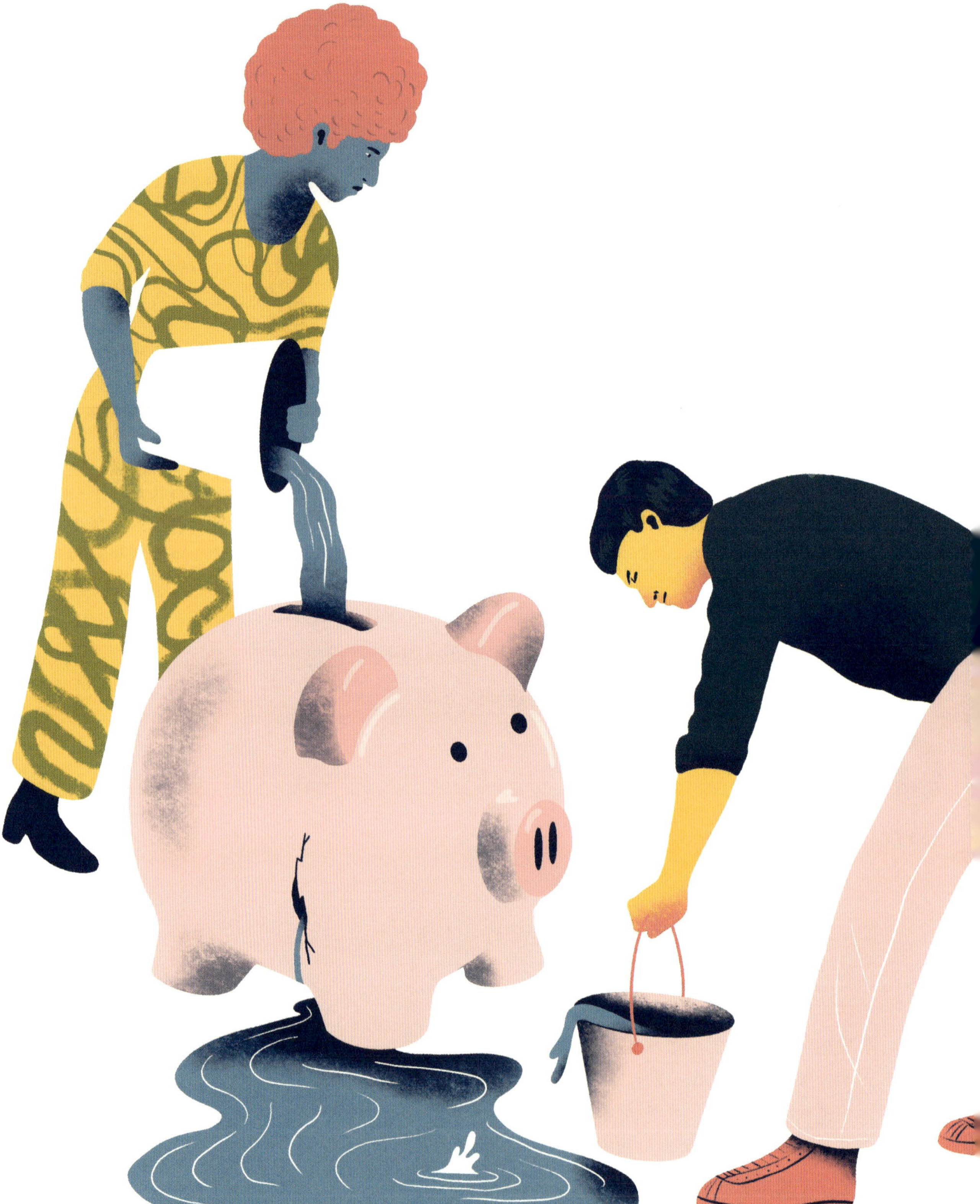

→→→

"健康是无价的。政府将动用一切必要的财政手段来提供援助,为患者提供医疗服务,拯救生命。无论代价如何。"

法国总统埃马纽埃尔·马克龙在 2020 年 3 月 12 日
关于新冠病毒流行的卫生危机的电视讲话

同时，还要支付必要开支：支付房租，偿还贷款，支付燃气费、电费、互联网费用等，总计 1500 欧元。即使最大限度地压缩其他开支（食品、交通、服装、娱乐等方面），月度支出还是要增加 700 欧元。在这种情况下，这个家庭将面临 200 欧元的"结构性"赤字；如果在那个月，一定得更换发动机中的一个零件，还可能增加 100 欧元的"周期性"赤字。即便国家所

> 希腊的例子表明，紧缩政策对经济有非常负面的影响。

受的限制与家庭所受的限制不同（我们会再讨论这个问题），因此必须谨慎处理类比，但有一点是相同的：在不考虑经济环境变化的情况下，即**国内生产总值**的增长率接近**潜在产出**的增长率时，如果一个国家无法持续应对其全部支出，它将面临结构性赤字。这可能与人口老龄化有关，导致不断有新的支出：支付退休金（如果养老服务属于国有）和医疗保健系统（如果卫生系统属于国有），结构性**失业**，维护大量且优质的公共服务，等等。

这很严重吗？

在法国，1974 年以来的各政府都无法提出一个收支平衡的公共预算。虽然不是所有国家都处于相同的情况，正如我们在开头提到的那样，但**公共债务**并不是一个孤立的现象。相反，它甚至趋向于达到历史上前所未有的规模。那么，这是一个令人担忧的问题吗？这是否会导致国家无法履行其财务承诺？债务由借款支付。简单来看，每年，一部分借款到期，它们必须被偿还，并加上应付的**利息**。但与此同时，公共债务也可以用于公共支出，这些支出可以支持经济增长，从而为国家创造公共收入。债务的"雪球效应"可能会像一个恶性循环一样，公共赤字产生公共债务，增加需要支付的利息和公共赤字，依此类推。但是，这个雪球只有在一个条件下才会变大，即债务利率高于经济增长率。在面对这样的问题时，**国家**被迫通过实施**财政紧缩政策 24** 减少其年度公共赤字以避免滚雪球。但这么做在**经济衰退**时又对经济有害。希腊从 2010 年开始的情况表明，这种紧缩政策对经济有非常负面的影响：虽然希腊政府最后得以在金融市场上借款，但希腊的国内生产总值比 2008 年降低了 20%。

债务有好也有坏……

让我们继续思考。公共债务从哪里来？是由于公共权力无法通过其收入来为其向人民提供的服务（通常是免费或几乎免费的服务，如警察、司法、教育、健康等）提供资金支持。同样，国家

也在寻找确保可持续**增长**的条件，通过研究开发支出、**投资**以及建立和维护经济系统正常运行所需的基础设施……这种债务是由国家为公众提供服务而产生的。那么，这种债务一定就是不好的吗？

公共债务是由国家为公众提供服务所产生的。

这个问题需要分两种情况讨论。有时，一个国家在短期内无法履行其承诺（因此面临公共赤字），但其长期财政状况是健康的。例如，国家需要资金是因为之前进行的投资，而这些投资在不久的将来将成为增长和额外收入的来源。这甚至可能使国家受益：预计未来的税收收入将超过投资金额。在这种情况下，财务问题只是暂时的，债务是完全合理的：不仅会通过提高经济增长而惠及全体人民，而且国家最终将能够应对这些财务问题。

但有问题的是，短期内出现的赤字并不是未来预期收入的对应部分。例如，当国家只是为了偿还之前的债务而不得不重新借款。那么这种债务就是不可接受的，因为它没有提供未来的资金条件。

显然，第一种情况本身并没有问题；毕竟，大多数进行投资的企业都会面临这种情况，而且并不会对它们的持久运营造成影响。

在这两种情况之间，由新冠疫情引起的公共债务是相当典型的：如果各国政府没有大规模援助受到封锁措施影响的企业和受失业影响的人群，**经济衰退**将会更加严重，企业破产也会更加普遍。从那时起，这笔债务成为了一个系统的对等物，该系统使得一个高效的生产组织得以维持，并能在相关措施解除后立即重新启动。这难道不是最重要的吗？而更普遍来说，公共负债是由于进行基础研究、支持可持续

卡门·莱因哈特
→（1955— ）
古巴裔美籍经济学家，撰写了多部国际金融相关著作，在2020年成为世界银行首位女性首席经济学家。

肯尼斯·罗格夫
→（1953— ）
美国经济学家，撰写了多部国际金融相关著作，曾担任国际货币基金组织首席经济学家。

一个国家会破产吗？ 217

发展、投资优质医疗和教育系统等支出而产生的，这难道不是增进全体人民福祉的条件吗？

会破产，还是不会？

那么，国家到底会不会破产？首先，我们需要澄清该术语的法律意义。破产可能以停止支付的形式出现，然后可能进一步发展为司法清算。如果无法找到支付债务和已有支出的方法，一个国家可能会面临停止支付的情况。但与商业上的破产相反，国家不能被清算，因为它不仅仅是由法律创建的法人实体；它是主权的体现。如果无法偿还债务，它可以暂时由债权人监管，这在1980年代和1990年代发生在某些第三世界国家，也在2010年至2018年间发生在希腊。国家自然不能"关门大吉"，然后消失。相反，国家很可能完全或部分不偿还债务。这些债务违约了，然后……就没有然后了。它们的债权人不会得到偿还。毕竟，他们冒了风险，就必须承担责任。卡门·莱因哈特和肯尼斯·罗格夫在他们的著作《这次不一样》中回顾了8个世纪内发生的金融危机，甚至认为在

不偿还债务的国家就是自断后路。

历史上，政府经常采取这种解决方案，而这并没有对它们的信誉产生影响。

问题是，这样做的国家是在自取灭亡。国家给债权人的印象是不可信任的，于是需要担心未来难以获得足够资金偿还赤字，更重要的是，它将不得不承担更高的债务利率。在18世纪，本杰明·富兰克林就这样说过："债权人比债务人记性好。"

确实，利率中包含了**风险溢价**，这意味着借款越被认为有风险，债权人愿意提供的贷款越少，因此借款人必须提供较高的利率来吸引贷方。这某种程度上涉及国家的可信度。在2012年初希腊债务危机的高峰期，希腊政府发行的债券年利率为35%，然后就陷入了一个恶性循环，只能导致更加严重的危机。

希腊的例子表明，公共债务是一个主权问题。能够发行被债权人认为是低风险的债务，为政府提供了相当大的回旋余地。但当债务风险过高，或当债务利率远远超过经济增长时，偿付能力问题最终会使国家主权受到质疑。

一项无法承受的公共债务？

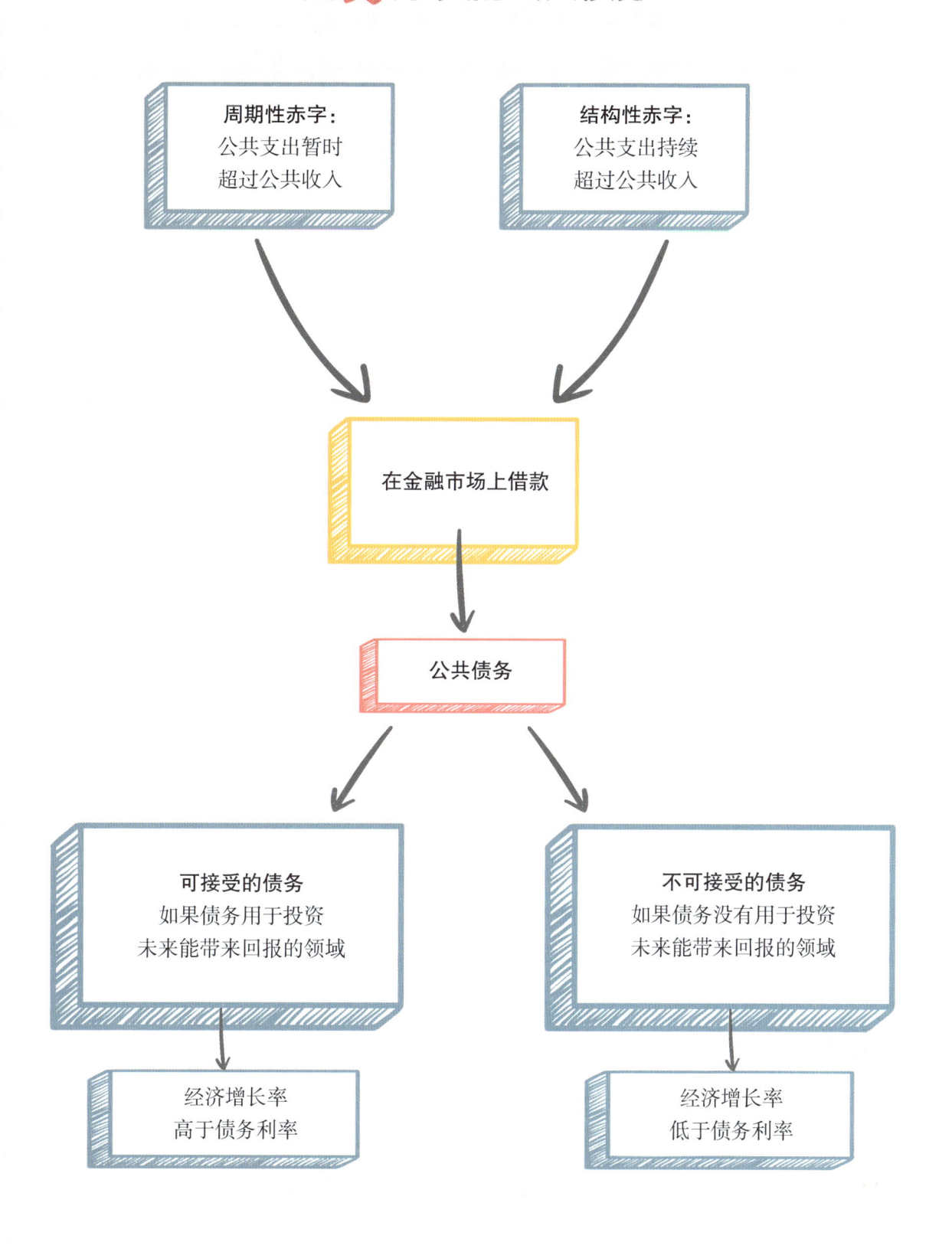

周期性赤字：
公共支出暂时超过公共收入

结构性赤字：
公共支出持续超过公共收入

↓

在金融市场上借款

↓

公共债务

↓ ↓

可接受的债务
如果债务用于投资未来能带来回报的领域

↓

经济增长率高于债务利率

不可接受的债务
如果债务没有用于投资未来能带来回报的领域

↓

经济增长率低于债务利率

经济学家的小世界之六

经济学能让人获得幸福吗？

研究经济是否让人变得自私？

行为经济学的相关研究表明，当面对虚拟的选择时，经济学学生倾向于更多地采用自私的行为。1776年，亚当·斯密提出了著名的"看不见的手"的比喻，指出如果每个人都只为自己的利益行事，那么他就会在不知不觉中为集体利益做出贡献。自此之后，经济学有时就因其能够为经济主体的自私行为提供理由而饱受诟病。这是否是一种"选择偏差"（即最自私的学生是否在学习经济学之前就被经济学所吸引？），还是一种漫灌效应：经济学的学习是否会使学生变得更加自私？

一个自私的理性人

可以确认的是，微观经济学试图解释我们个体行为的基础，建模计算的经济主体只追求自身利益。根据微观经济学家的观点，个体根据他们的偏好和收入，通过选择来"最大化"自己的幸福（经济学家使用"效用"这个术语）。个人被认为是享乐主义者和物质主义者：他们消费得越多，他们的效用就越大。金钱在某种程度上能带来幸福！同样，企业被假设为仅仅追求最大化利润。

富裕并幸福？

但真的是这样吗？1974年，美国经济学家理查德·伊斯特林试图验证这一点。在同一张图上，他绘制了一条曲线，显示了美国人平均幸福水平的变化（每个人按照0到10的满意度进行评分），以及另一条曲线，描绘了人均收入（人均国内生产总值）的变化。然而令人惊讶的是，与预期相反，虽然在之前的几十年里人均收入有了显著增加，但并没有导致人民幸福感的相应增长。似乎至少在美国，金钱不再带来幸福。如何解释呢？

消费更多，但是……

经济学家试图通过他们对消费者模型的假设之一来解释这个问题。效用即是幸福的等价物，会随着消费水平的提高而增加。但是随着消费水平的提高，对幸福的影响却变得不那么重要。在这里谈论的是"边际效应递减"的概念：比如，吃第一个苹果会带来很大的满足感，而吃更多的苹果会带来额外的满足感，但随着吃掉的苹果数量增加，这种满足感会逐渐减少。这可以说是一种饱和的形式，但从未完全饱和，因为在这些模型中，多吃并不会减少我们的幸福感，只是，额外的幸福感逐渐趋近于零。

在这种情况下，很容易理解之前提到的"**伊斯特林悖论**"：如果人均收入（即财富）的增加确实提高了低收入国家的福祉，那么在高收入国家（如美国）以及这些高收入国家中最富有的人群中，情况就不再是如此了。因此，由盖洛普研究所进行的全球调查数据显示，收入与幸福感之间的相关性在收入低于平均水平的国家中更为显著（这个数字约是人均收入 1.5 万美元左右），而在更富裕的国家中则没有。在美国，安格斯·迪顿（Angus Deaton，2015 年诺贝尔经济学奖得主）和丹尼尔·卡尼曼（2002 年诺贝尔经济学奖得主）通过实证研究证明，个人收入的增加只会在年收入达到 7.5 万美元的情况下转化为幸福感的增加；超过这一水平，对我们个人的幸福感几乎没有影响。18 世纪末，亚当·斯密不也说过，富人的胃并不比穷人的胃更大吗？

为什么钱不会（不总会）带来幸福？

如何更深入地解释这个悖论？多位社会学家、心理学家和人类学家提出了互补的分析。在不考虑穷尽所有享受时，首先会遇到适应效应：没能拥有想要的东西会让我们感到难过，但获得它只会带来非常短暂的快乐，很快就会被新的难过所取代，因为我们没有拥有某款刚出现或更高级的另一件物品。总之，在达到一定财富水平之后，我们会经历一次又一次的挫折，而只会偶尔有些满足的时刻。在类似的逻辑中，比较效应强调了我们倾向于通过与他人相比来确定自己的幸福感。明确地说，拥有并不能给我们带来快乐。拥有别人没有的东西才能带来满足感。2009 年，法国著名广告人雅克·塞格拉（Jacques Séguéla）曾经说过："如果在 50 岁时没有一只劳力士手表，人生就算是失败了。"在一个国内生产总值增加的国家里，越来越多的人口有机会获得越来越多的商品，这减少了超越他人、高高在上的感受。

在人们满足了基本物质需求之后，完全有可能仍有其他需求没有得到满足，比如自尊和个人成就的需求，有时会将其归结为著名的"中年危机"：我们希望给我们的生活赋予什么意义？有时，这种意义是通过参与一系列不直接面向市场的活动来实现的：志愿服务、学习演奏乐器、写作、花更多的时间与所爱的人在一起……所有这些活动都在与一种逻辑竞争，这种逻辑促使我们更加努力地工作，以期实现增长，这就是伊斯特林悖论的由来！

一个完全嵌入社会和文化现象的经济现象

瑞典和法国的人均国内生产总值水平相当接近，但是瑞典人总体上比法国人更幸福。为什么呢？收入水平显然不足以解释幸福水平的差异。在这种情绪状态下，涉及的不仅仅是经济问题；我们与他人的关系、我们的历史、我们的社会联系、主流社会规范和由此产生的世界观，无疑至少有同样重要的作用。

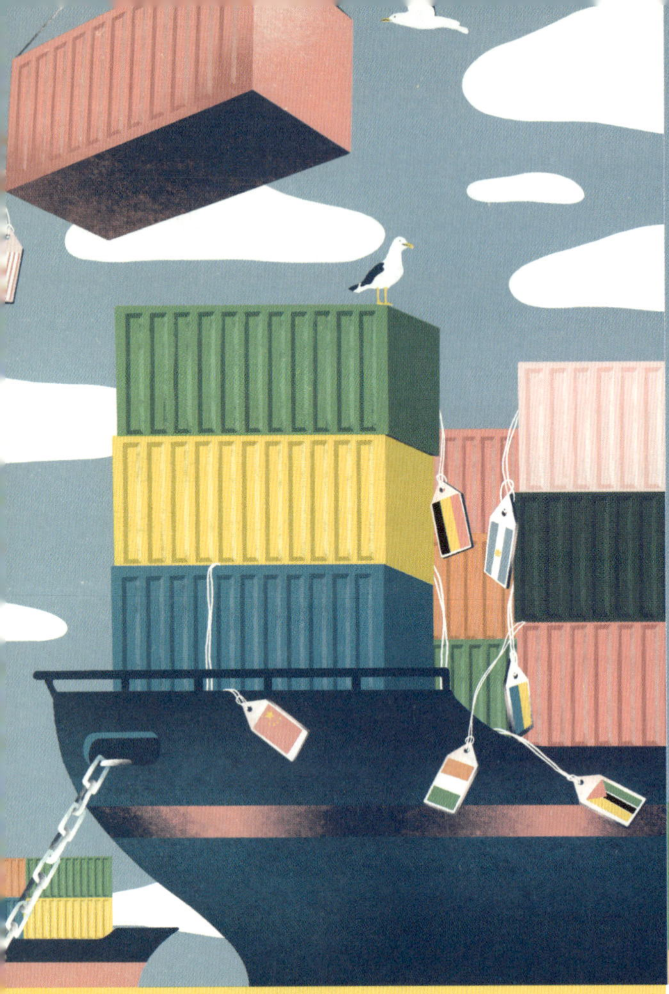
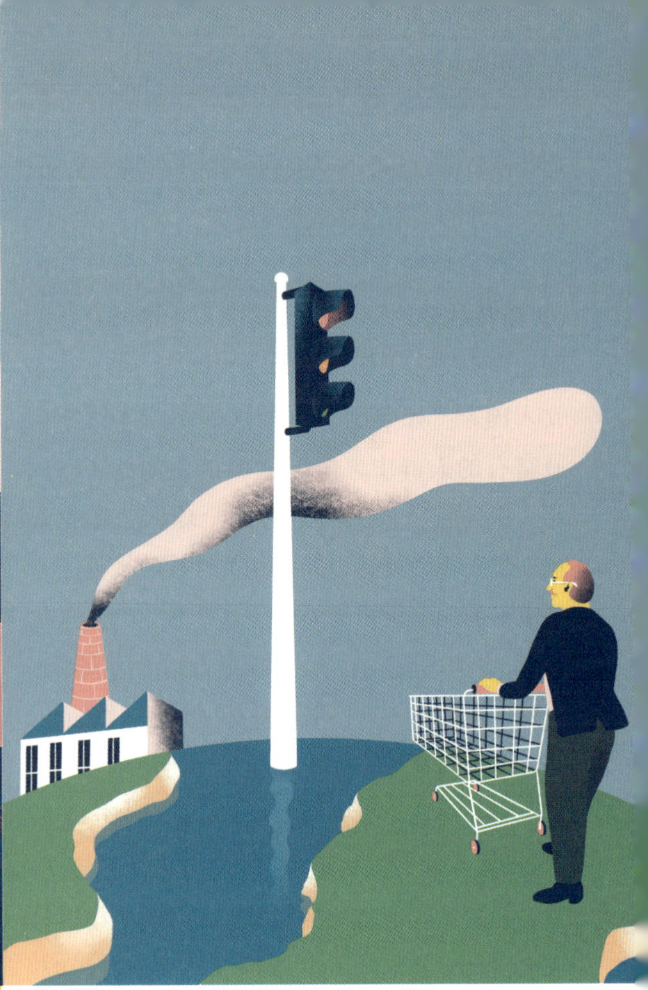
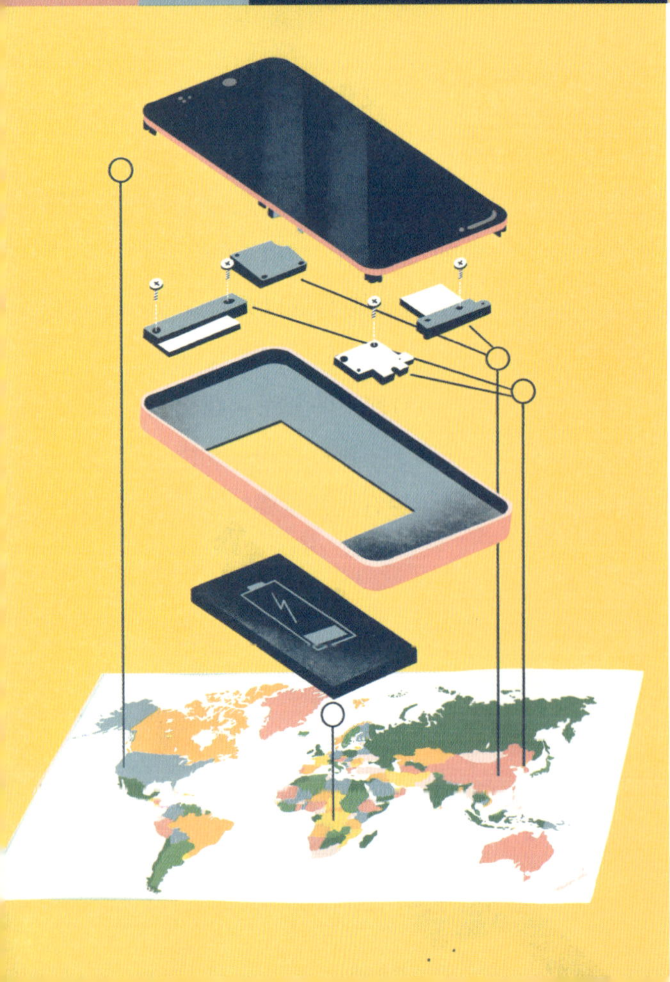
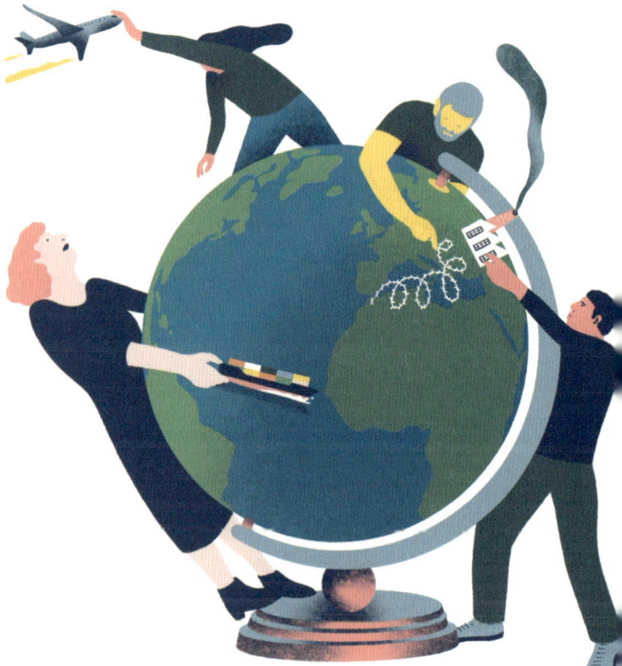

全球化

- **26** 全球化到哪一步了? 224
- **27** 为什么国家要交换? 232
- **28** 跨国公司有哪些战略? 240
- **29** 全球化可逆吗? 248

全球化到哪一步了？

从全球化到超级全球化

全球化不可避免

在新冠疫情初期，大多数国家都缺乏口罩，世界各国的经济相互依赖程度由此显现。俄乌冲突则再次凸显了这一现实：对于一系列基本生活必需品，比如小麦，更不必说能源（石油、天然气），欧洲国家都依赖国外的供应。

我们当然可以理解那些没有自然资源的国家需要进口这些资源。但最令人惊讶的是，世界上不同的国家之间彼此进行着物品和服务交换，而它们完全有能力自己生产这些物品和服务，如何解释这一点呢？

交换什么？

一切。不需要一一列出来，名单只会非常长。近年来，一些记者和作家试图通过只消费非进口产品的实验来证明全球化的现实。实验结果很有启发性：我们必须彻底改变我们的生活方式。

全球化会有一天惠及服务业吗？

然而，在国际物品和服务交换的结构中有一倾向，即不是所有的东西都可以交换，也不是所有东西以相同的比例进行交换。根据世界贸易组织（WTO）的数据，**全球化**主要是由实物商品贸易推动的：2021年，实物商品交易总额超过20万亿美元，而服务交换总额约为其三分之一。这是一个长期的趋势：各国之间交换的商品要远远多于服务。为什么呢？首先，由于其性质，我们生产的许多服务是不可出口的。比如理发、修理水龙头或汽车、上门授课等等，还可以举出很多。在服务被使用的同时，它们通常需要在用户所在的地方进行生产。相反，除非有政治因素，否则没有什么能阻止商品的出口。例如，一些国家在乌克兰遭受袭击

历史回顾

第一次全球化
（1870—1914年）

自第二次世界大战结束以来，**全球化**开始发展，而在19世纪末至第一次世界大战爆发之前，世界也曾经历过类似的全球化浪潮，但随着贸易保护主义的重新抬头，各国又回到了闭关的状态。

从1870年代初到1914年这段时期，货物贸易增长强劲，占世界GDP的比重从5%上升到9%。在第一次全球化过程中，发达国家的**金融市场**也日益一体化。金本位制带来的汇率稳定也加速了金融一体化的进程。

这两次**全球化**之间存在一些共同点：首先，作为促进国际贸易的因素，运输和通信成本在降低（蒸汽动力船，汽油机，从1960年代开始普及的集装箱等）；其次，这些贸易对相关国家**经济增长**产生了影响；最后，金融市场国际化导致金融危机成为一个必然结果。然而，这两次全球化在某些方面也存在差异，尤其是在它们的强度上，因此这个时代的全球化被称为超全球化：国际贸易在全球GDP中的比重现在更高，国际金融交易的规模也更大。同样，新兴国家在这种全球化中的整合程度也更高。

出口
→ 境内生产单位向非本土经济主体销售的商品金额。

进口
→ 境内经济主体向境外生产单位购买的商品金额。

开放率
→ 衡量一个国家与世界其他地区的商业交流的重要指标。它是通过将进口和出口的平均值与该国的国内生产总值相比得出的。

金融市场
→ 在这些市场上，金融资产通过货币进行交换，被称为金融资本。金融资产如股票和债券对于购买者来说是资产，它们与资产的发行者之间存在着对应的责任和承诺（如支付收益、股票控制权、债券到期偿还等）。

→→→

> "直到1980年代，经济才恢复了资本的流动性以及全球化初期的外国直接投资和贸易水平。"

苏珊娜·伯杰，《世界制造》，2006年

全球化到哪一步了？

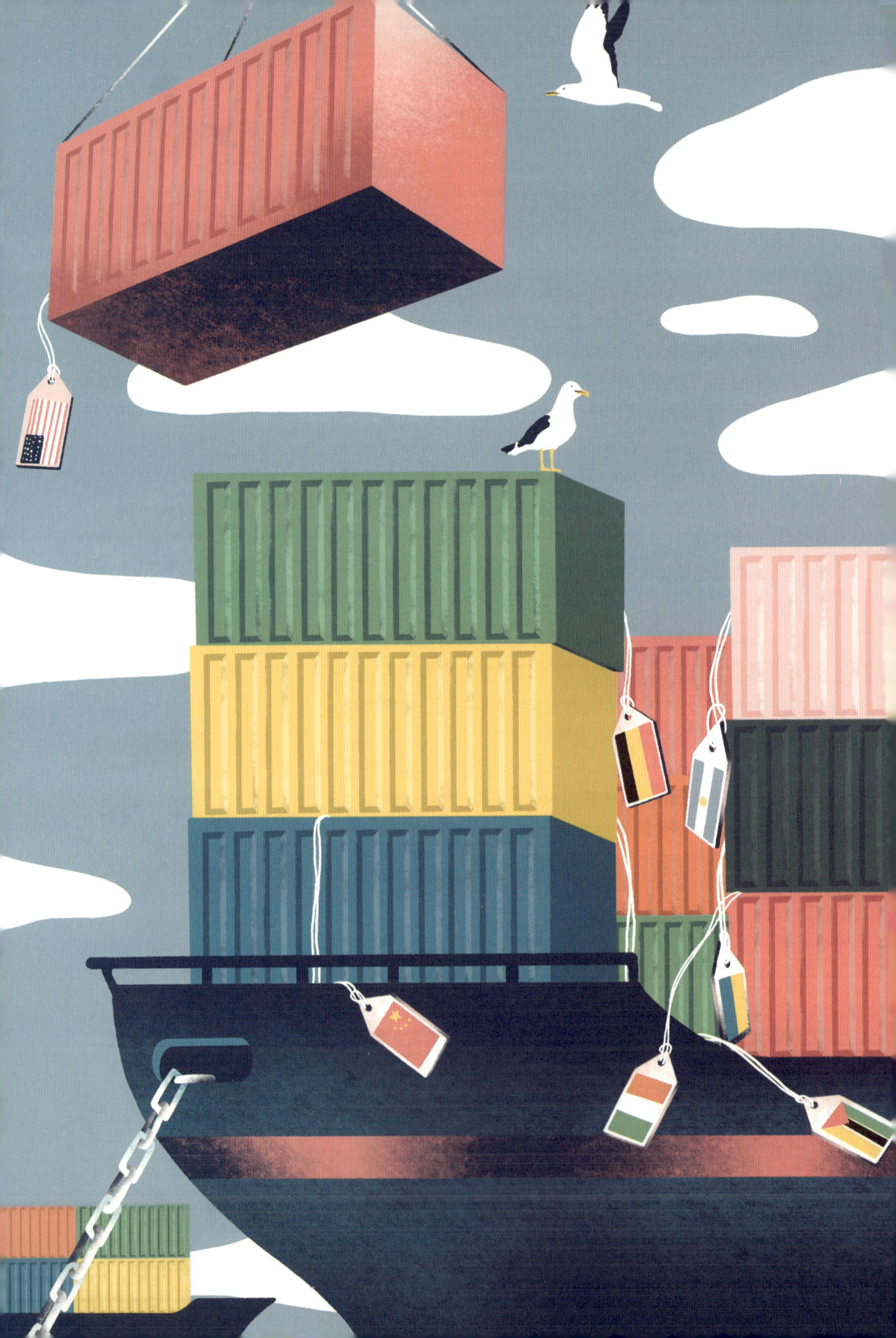

↣↣↣

"1956年4月26日，58个铝制集装箱被装载上一艘停泊在新泽西州纽瓦克的旧油轮。5天后，理想X号靠泊在休斯敦港，集装箱在那里被分配到58辆卡车上，被运往目的地。就这样，一场革命开始了。10年后，巨大的半挂车在高速公路上穿梭，火车日夜运送着一批批的集装箱，但集装箱的出现对世界的影响仍然难以估量。"

马克·莱文森（Marc Levinson），《集装箱如何改变世界》，Max Milo 出版社，2011 年后对俄罗斯天然气实施禁运。

然而，随着几十年来旅游业的发展，这一差距趋于缩小。这不仅是因为游客在一个国家的支出被视为该国的**出口**（所进行的销售是针对国内非居民的），而且还受到**技术进步**的影响。一些服务已经成为"可出口"的，尤其是由于互联网和国际数据传输行业的发展。首先是银行和保险服务：客服无须亲自前来就能提供此类服务。还有电话呼叫中心：我们联系

超级全球化后又是什么？

的售后服务可能位于另一个国家，相当于出口了一项服务。也许更令人惊讶的是，医疗服务，例如放射学分析，也趋向国际化。毕竟，为什么一位印度医生不能通过国际互联网发送给他的数据，对在另一个国家进行的放射检查进行相关分析呢？

全球化的程度有多深了？

确定一个国家的国际贸易在其经济中所占的比重，需要计算该国的**开放度**，即将其**进口**和**出口**金额的平均值除以其 GDP。这简单地显示了这些交换在该国经济活动中是否重要，结果因国家而异。在全球范围内，平均值为全球 GDP 的四分之一到五分之一之间，这个值是将全球进口金额与全球 GDP 相比得出的。对于大国而言，比率会较低（必然更自给自足），而对于小国而言则较高（更依赖他国）。

自从第二次世界大战结束以来，贸易的国际化趋势和经济开放程度的增加是不可否认的。自 1950 年以来，按 10 年计算，**国际贸易**增长始终超过全球 GDP 增长，这也是国际贸易开放率增长的反映。如果只看 1980 年至 2020 年这段时期，**国际贸易**增长了 6.6 倍，全球 GDP 增长了 3.7 倍。然而，2010 年上半年略有不同，二者的增长几乎是平行的，这一趋势直到 2020 年新冠疫情导致国际贸易暂时下降才被打破。尽管如此，我们仍然身处经济学家丹尼·罗德里克所称的"超级全球化"中。

国际组织的重要性

为什么会有如此广泛的国际交换？第二次世界大战结束后，大国们接受了孟德斯鸠有关"和平贸易"的理念，认为进行贸易的国家或人民不再有需求发动战争。于是在 1947 年成立了**关税与贸易总协定**，最初有 23 个国家互相承诺参与互惠谈判以减少关税壁垒。结果显而易见：在关税与贸易总协定成立时，全球商品的平均关税约为 40%，到 1993 年已降至不到 5%，而有 128 个国家已批准了谈判达成的协议。

关贸总协定后被**世界贸易组织**所取代，后者同样追求国际贸易自由化的目标，

但其形式是一个真正的国际机构，有权对不履行承诺的成员国实施制裁。世贸组织的目标还包括将其协定扩大到农业和服务业，努力在国际上尊重知识产权，并逐步

世界贸易组织的主要功能是尽可能促进贸易的顺利进行、增强贸易可预测性和维护贸易自由。

遏制非关税形式的保护主义，如进口配额或对进口产品实行的标准。迄今为止，世贸组织尚未实现其所有目标。

全球化……还是区域化？

欧洲在国际贸易中占据着最大的份额，因为其组成国家的进口和出口总额占全球的35%，与亚太地区并驾齐驱。其次是北美国家，它们的出口总额约占全球的12%，进口总额约占全球的17%。

贸易统计也显示，邻国之间的交流要比距离更远的国家更为密切，这是区域**自由贸易**协定的结果。例如，欧盟在欧洲国家之间几乎完全取消了贸易壁垒，北美国家间的美墨加协议（USMCA）——前身是北美自由贸易协定（NAFTA）、南美国家间的南方共同市场（MERCOSUR）、东南亚国家间的区域全面经济伙伴关系协定（RCEP）和跨太平洋伙伴关系协定（TPP）都取消了贸易壁垒……以欧洲国家为例，近70%的贸易是在欧洲国家间进行的！然而，这些数据并不完全可靠。比如当德国企业出口产品，但其中一部分价值链是在德国境外完成的时候，那么该产品归属于哪个国家？

生产系统和金融资本的开放

这就涉及生产过程的国际化问题。不仅仅是物品和服务在不同国家之间流通，资本也在其中起到作用，其中包括企业的跨国化。

罗伯特·卢卡斯
→（1937—2023）
美国经济学家，1995年获得诺贝尔经济学奖。他是"新古典经济学"的创始人，提出了理性预期假说，也是芝加哥学派的代表人物，推动了1980年代以来自由主义思想的复兴。

丹尼·罗德里克
→（1957— ）
土耳其经济学家，在美国工作，致力于分析制度在全球化和经济发展中的作用。

这些资金能够跨国流动的原因在于不同国家的经济实力不同。有些国家有**投资能力**，而其他国家有**融资需求**。有投资能力的国家，其内部储蓄多于**投资**所需，因此，它们会用部分储蓄在海外寻求投资机会。而在储蓄不足的国家，国际金融流动将为当地参与者提供新的发展机会。

经济增长的新动力？

因此，一个相互联通的国际**金融市场**系统得以发展，使得全球任何储蓄者几乎可以无约束地在世界各地发行的不同**金融证券**之间进行套利。如果这些市场是自由的，

投资到底去了哪儿？

信息可以自由流动，且储蓄者是理性的，即他们试图将储蓄投入到预期回报最高的地方，新古典经济理论便假设，国际资本流动的自由将有助于最不发达国家的发展。实际上，如果**资本回报**是递减的，那么在资本少、设备少的国家，1 美元的额外资本（如机械、计算机）将带来更大的生产增长。因此，这些国家应该更能吸引到为促进增长进行投资所需的储蓄。

然而，1990 年，新古典经济学家罗伯特·卢卡斯（Robert Lucas）发现了以他的名字命名的悖论，根据这一悖论，从实证来看，流向这些国家的储蓄并没有达到预期的规模。显然，存在一种"**本土偏好**"，导致储蓄者更倾向于选择自己国家提供的投资，因为这些投资在他们看来似乎更安全。再加上富裕国家的储蓄规模比贫穷国家更大，这种偏好与上述新古典经济理论背道而驰。

从全球化到超级全球化

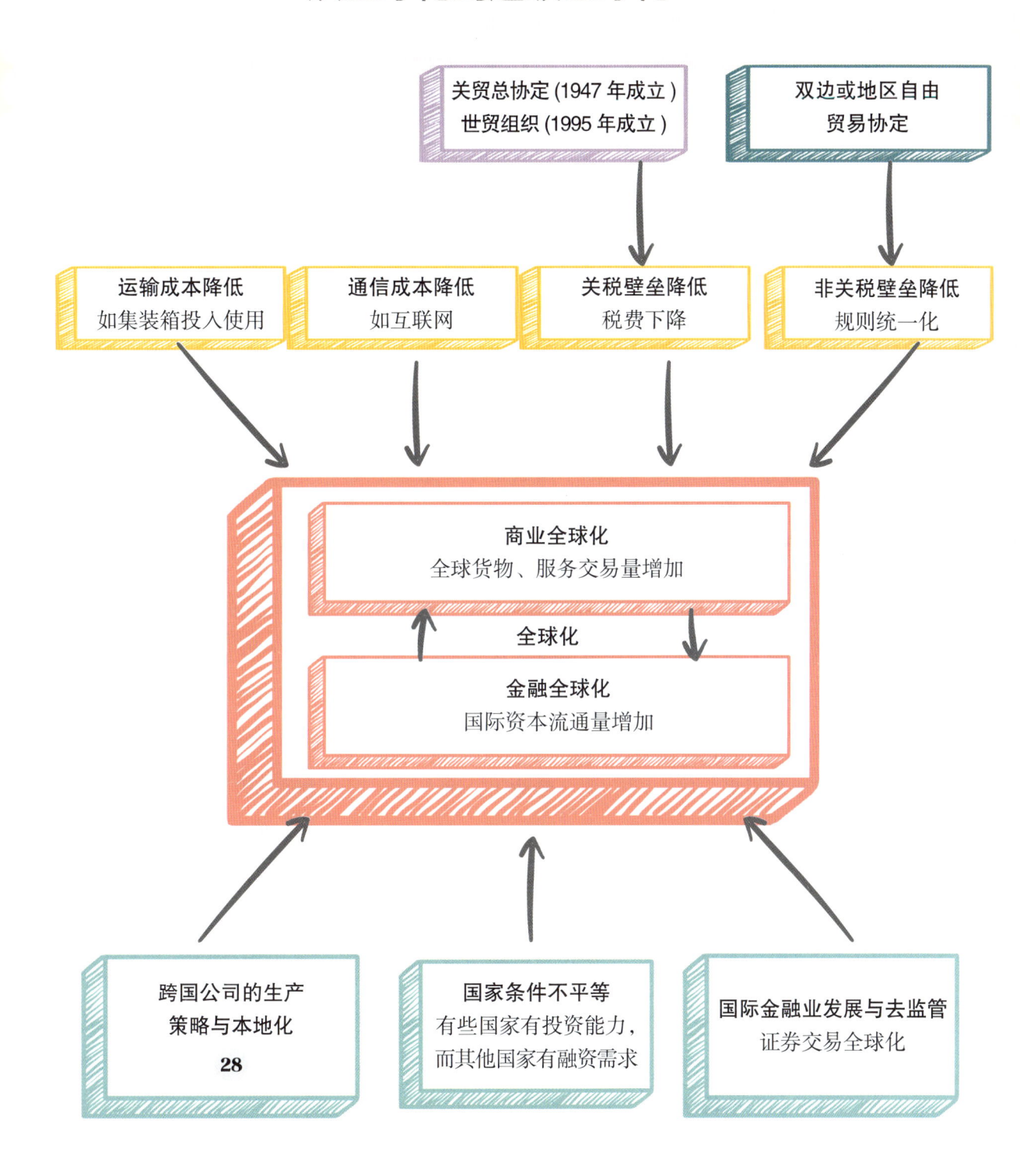

```
关贸总协定 (1947 年成立)        双边或地区自由
世贸组织 (1995 年成立)           贸易协定
```

运输成本降低	通信成本降低	关税壁垒降低	非关税壁垒降低
如集装箱投入使用	如互联网	税费下降	规则统一化

商业全球化
全球货物、服务交易量增加

全球化

金融全球化
国际资本流通量增加

跨国公司的生产策略与本地化	国家条件不平等	国际金融业发展与去监管
28	有些国家有投资能力，而其他国家有融资需求	证券交易全球化

全球化到哪一步了？

为什么国家要交换?

人人都受益,但并不总是如此,受益程度也不相同

国际贸易的赢家和输家是谁?

国际贸易统计可以将世界上的国家分为两类:一些国家处于贸易顺差,即它们向世界其他地区销售的商品多于购买的商品,出口超过进口,有时甚至多很多(如中国、韩国和德国在过去几十年中的情况);其他国家则处于贸易逆差,即它们从国外购买的商品多于销售给国外的商品。

并非所有国家都能有盈余,因为某些国家的盈余是其他国家的赤字的对应。但是,我们是否可以得出结论,盈余国家是国际贸易的赢家,而赤字国家是输家呢?表面现象是会骗人的,回答这个问题首先需要澄清另一个问题:为什么国内居民有时可以在本地实现这些生产,而国家却选择进行贸易呢?

专业化的优势

当工业革命在英国兴起时,这是英国经济学家们非常关注的问题之一。该国的农业受到法律保护,即《谷

> 关键在于发现自己的优势!

物法》,当谷物价格低于一定门槛时,禁止进口任何谷物。其目的是减少农业经营者的不确定性,结果却维持了农业领域中的高价。

早在1776年,亚当·斯密就主张自由交换,反对保护。在他看来,国家富裕的主要原因之一是每个人都专门从事自己具有某种成本优势的工作。因此,就像你我一样,如果国家生产的产品比其他国家更便宜,那么专业化生产也会符合国家的利益,但斯密并没有真正证明这一点。

历史回顾

贫穷国家贸易条件的恶化？

1949年，阿根廷经济学家劳尔·普雷比奇（Raúl Prebisch）指出，几十年来，原材料出口国的**贸易条件**不可避免地恶化，因为它们出口的原材料价格很少波动，而工业产品的价格上涨。这一想法并不被其他经济学家接受，一方面是因为普雷比奇的数据无法令人信服，另一方面是因为一些时期的数据显示，这些国家的贸易条件有所改善，比如1970年代或2000年代。

出口初级产品、很少或没有加工业的国家的特点，首先是高度专业化（例如，科特迪瓦50%的出口额来自可可及其衍生产品）。一个国家的专业化程度越高，其贸易条件的变数就越大，因为它们依赖于极少数的产品。因此，希望摆脱贫困的国家必须实现生产多样化，从过于狭隘的专业化转向对整个经济有更大带动作用的领域，如工业。

比较优势

→ 一个国家在生产方面具有比其他国家更低的相对成本时，就具有比其他国家更大的比较优势。

规模经济

→ 当生产规模更大时，单位产品的平均成本降低。

贸易条件

→ 一个国家的商品出口价格与商品进口价格之间的比率。换句话说，是向国外销售的价格和购买的价格之间的比率。

"那些不理解比较优势的人不能自称为经济学家。"

保罗·克鲁格曼，《全球化无罪》，1996年

为什么国家要交换？

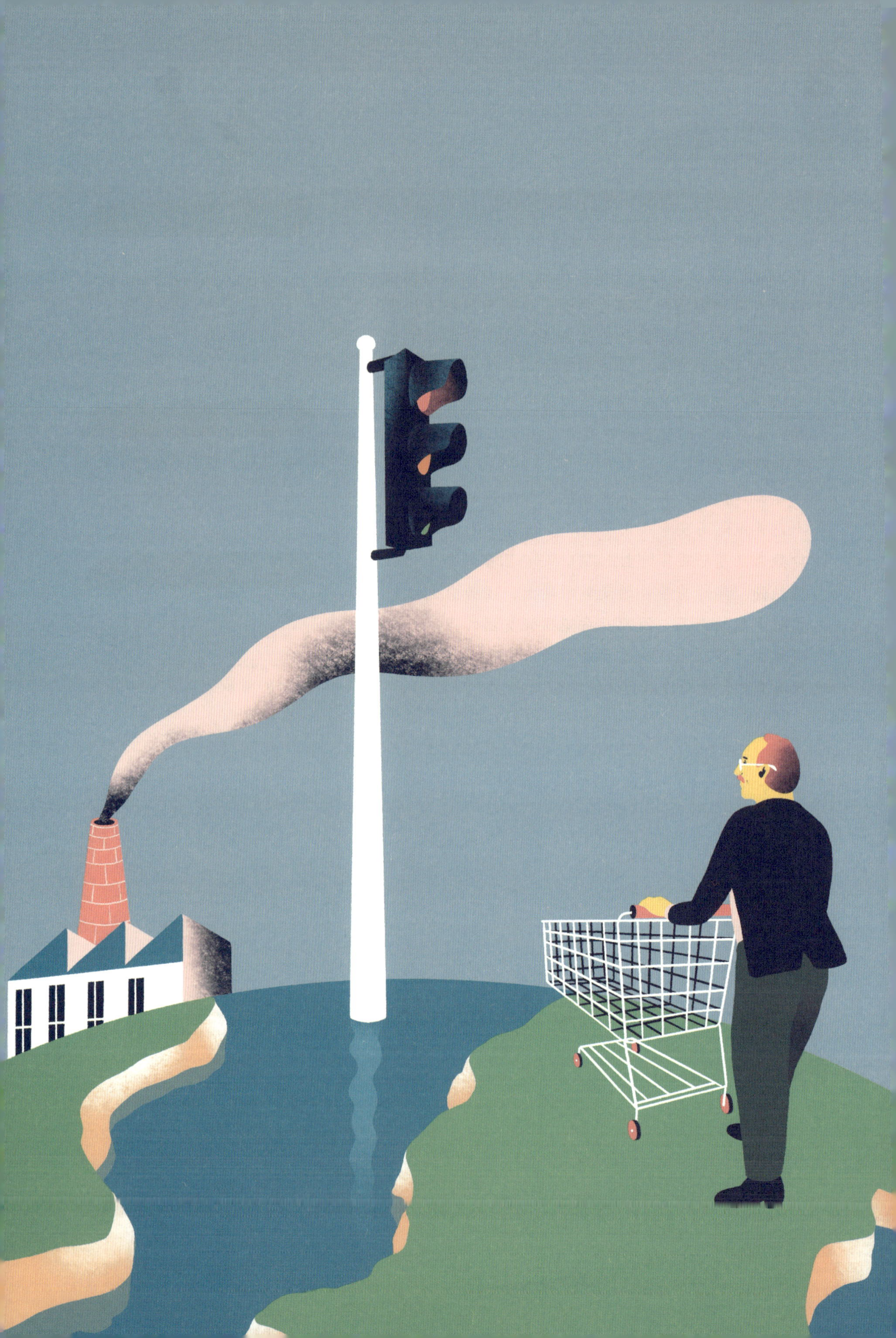

>>>

"贸易将全球所有文明国家通过共同的利益纽带联系在一起,通过友好的关系形成一个统一而庞大的社会。"

大卫·李嘉图,《政治经济学及赋税原理》,1817年

李嘉图的论证介于科学和修辞学之间

1817年，大卫·李嘉图（David Ricardo）进行了一次真正的论证，这代表着当今经济学家的工作方法诞生。

假设两个国家，英国和葡萄牙，它们之间只交换两种商品：布和葡萄酒。这是对所研究现象的非常简化的表达，以模型的形式让人们能够根据简化的假设进行推理，随后可以解除这些假设，再从简单理论转向更复杂的理论，这是李嘉图之后的一代经济学家一直在做的。

通过模型分析国际贸易。

现在想象一下，英国生产这两种商品的成本要比葡萄牙高，不仅一单位的葡萄酒是这样（这是可以预料的！），连一单位的布也是如此（考虑到英国在织布工艺方面的领先地位，这可能有些令人惊讶）。关于这个假设，李嘉图并没有使用真正科学的方法：在他那个时代，并没有像今天这样深入的统计数据，他完全是根据他例子中的虚构数据进行推理。这就是经济学家将科学方法（模型）的要素与修辞学的要素相结合的地方，修辞学是一门令人信服的艺术，其手段不仅仅是逻辑。实际上，自由贸易最激进的反对者会说，如果英国的产品更贵，就可能在国际贸易中表现得不如其他国家有竞争力，因此会卖不出去。

建立专业化的基础：相对于绝对优势而言的比较优势

在李嘉图的例子中，在英格兰生产一件布需要100个工时，而在葡萄牙只需要90个工时。在英格兰生产一瓶葡萄酒需要120个工时，而在葡萄牙只需要80个工时。

那些有常识的人会告诉你，这两个国家没有可供交换的东西，因为葡萄牙在成本方面拥有绝对优势，应该自己完成所有事情。但每个国家可动用的工作小时数是有限的。因此，选择生产额外的布料单位意味着生产更少的葡萄酒，反之亦然，这就是现代经济学家所称的**机会成本**。在这种情况下，李嘉图证明了英国在布料生产方面更有利可图，而葡萄牙在葡萄酒生产方面有利可图。实际上，每增加一个布料单位，英国就放弃生产0.83个葡萄酒单位（=100/120），这个机会成本比葡萄牙（90/80=1.125）要低得多。如果英国以高于0.83个葡萄酒单位的价格将额外的布料卖给葡萄牙，虽然它只生产布料，却通过国际贸易获得了更多的布料和葡萄酒。对于葡萄牙来说，情况也是一样，毕竟它更倾向于只生产葡萄酒。

因此，如果每个国家专门从事一种生产，即具有**比较优势**而不是绝对优势的生产，就能从贸易中获益，获得更多的商品。也就是说，即使绝对成本更高，相对成本也可以是（这种生产的成本与另一种生产的成本相除）最低的。

国家的收益取决于它们所卖和所买物品的价格

但你可能已经注意到，这种贸易收益取决于一个关键因素：出口产品的价格与进口产品的价格之比。对于英国来说，这是比之葡萄酒的布料的价格，只有当这个价格介于 0.83（英国不获得收益，葡萄牙获得最大收益）和 1.125（相反情况）之间时，国际贸易对两国都是互利的。后来的经济学家一直试图证明，国际产品的价格必然位于这两个值之间，从而实现互利的国际贸易。

贸易条件并不稳定。

在当代术语中，这种关系被称为**贸易条件**：对于每个国家来说，是其出口物品的平均价格（所销售的东西）与其进口物品的平均价格（所购买的东西）之比。然而，1945 年之后，经济学家和历史学家就工业产品出口国和初级产品出口国的贸易条件的演变进行了讨论，以解释为什么前者大量致富，而后者则大多陷入贫困（参见回顾部分）。罪魁祸首很明显：是国际贸易使这些国家深陷贫困。然而，历史统计数据并不能得出一个明确的趋势。它们只是表明，一个国家越是专业化，其贸易条件就越不稳定，小国家或出口原材料的国家通常如此。

新的国际贸易理论

专业化的利与弊问题比李嘉图的简化模型所展示的要复杂得多。正是因为如此，接下来的经济学家们对这个问题进行了深入研究，重新审视了他的一些假设，有时候证实了他的结果，有时候

亚当·斯密
→（1723—1790）
苏格兰哲学家，著有经济学奠基之作之一的《国富论》（1776 年），他在书中解释了国家的财富是由完全受自身利益驱动的行为者之间的分工来实现的。

大卫·李嘉图
→（1772—1823）
金融家，对当时的经济问题非常热衷。阅读亚当·斯密的《国富论》使他决定发表自己的作品，他的《政治经济学及赋税原理》（1817 年）在经济思想中具有重要影响。

保罗·克鲁格曼
→（1953— ）
美国经济学家，深入改革了国际贸易理论，并发展出地理经济学的方法。2008 年，因其对经济学的贡献而获得诺贝尔奖。

则否定了他的结果。他们如今依靠越来越精确的经济统计数据进行研究，这使得检验理论成为可能。

最大的突破来自1980年代的新一代经济学家，其中包括保罗·克鲁格曼（Paul Krugman）。1945年以来，国际贸易的统计数字与根据李嘉图理论推导出的模型所预测的并不一致：大多数国际贸易发生在财富水平相同的相似和邻近国家之间（不像英国和葡萄牙），而且各国贸易的产品相似但不同（例如，法国和德国互相买卖汽车）。这可以通过引入比李嘉图的例子更为现实的两个假设来解释：产品不是相同的，而是有差异的（葡萄牙葡萄酒不同于英国葡萄酒！）；每个生产者在生产更多时，其单位成本下降，也就是说受益于规模经济。

国际贸易及其影响的更好解释

因此，两个邻国和特点相近的国家可以在同一产品上进行专业化，但在不同的品种或质量上进行差异化生产（德国专注于高端汽车，而法国则专攻稍低端一些的汽车），这使它们能够获得动态收益，这种收益往往随着时间的推移而增强：通过专业化，每个国家都可以增强其效率并降低其专业领域上的生产成本。这两个因素能够

工业化的收益随时间显现。

更好地解释（比李嘉图模型更好地解释）今天的国际贸易，部分是基于邻国之间的贸易，以及国家专业化的动态。

而且，比起贸易条件的演变，这也能解释为什么某些国家在高速增长中致富，而其他国家仍然陷在贫困之中。事实上，根据这一新的国际贸易理论，并非所有的专业化分工都是平等的，因为有些专业化会从更大的市场中获益，从而实现更大的**规模经济**，并对整个经济体产生更大的带动效应。因此，通过专业化，李嘉图时代的英国和葡萄牙各自获得了稳定收益，凭借国际贸易获得了更多的产品。但作为当时最优秀的增长理论家之一，李嘉图非常清楚，工业化的动态效应要比与农业相关的效应强得多。随着保罗·克鲁格曼及其合作者的研究不断进展，经济学家们对李嘉图和其他同时代的英国人为何主张工业化的英国应进口其发展所需的原材料有了更好的理解。

为什么要搞专业化？

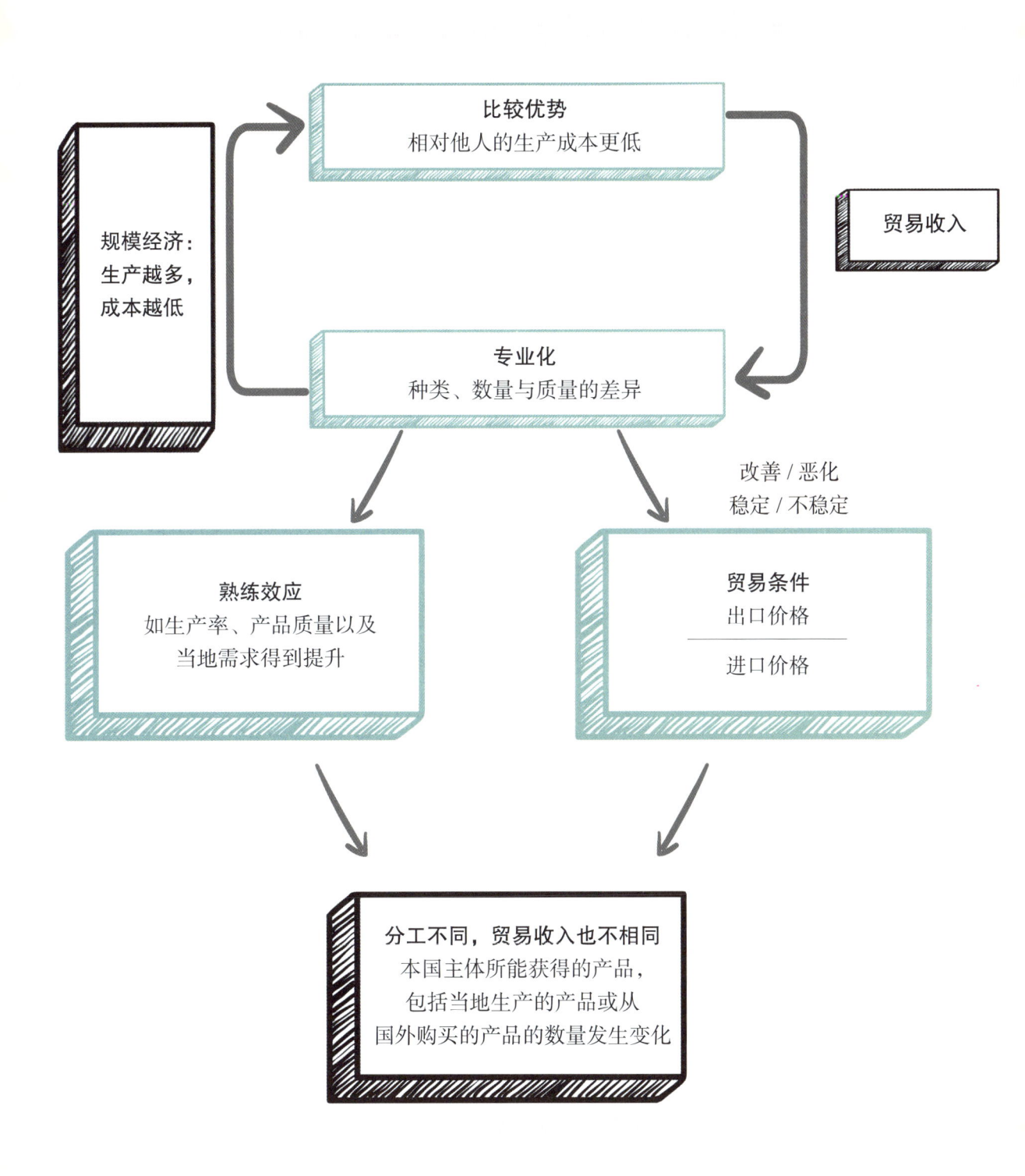

```
规模经济：
生产越多，
成本越低
```

```
比较优势
相对他人的生产成本更低
```

```
贸易收入
```

```
专业化
种类、数量与质量的差异
```

改善 / 恶化
稳定 / 不稳定

```
熟练效应
如生产率、产品质量以及
当地需求得到提升
```

```
贸易条件
出口价格
─────
进口价格
```

```
分工不同，贸易收入也不相同
本国主体所能获得的产品，
包括当地生产的产品或从
国外购买的产品的数量发生变化
```

为什么国家要交换？

28

跨国公司有哪些战略?

劳动力成本，众多因素之一

全球化生产：以虾为例

如果有一个地方可以说被全球化彻底改变了，那就是我们的餐桌，有时是有好处的，有时则有坏处。因此，拿一个在欧洲的超市，比如德国某超市为例，盒装出售的去壳虾很可能来自东亚或南亚的养殖场，比如中国或越南，在那里虾会被手工去壳，然后冷冻并装在集装箱中运到最靠近消费市场的企业进行烹饪和包装。

这个例子很好地说明了许多产品生产的全球化，其中包括**价值链**在不同领土上的分散和国际化，以便不同的企业在不同的地方完成生产的各个阶段。但是，**跨国公司**（即在多个国家开展业务的公司）采取这些战略的决定因素是什么？

世界范围的价值链

**初次分离：
生产地与出售地分离**

查尔斯-阿尔伯特·米夏莱（Charles-Albert Michalet）在1990年代提出了一种有用的跨国公司的分类，通过四种策略来说明它们所做的事情。前两种策略很好地说明了理查德·鲍德温（Richard Baldwin）所称的全球化所允许的第一种分离：通过国际贸易，生产和购买产品的地点分离。这种分离出现在从1870年到1914年的第一次全球化期间，直到今天仍在继续。由于货物运输成本的降低，跨国公司在全球范围内发展了原材料和组件的全球**供应战略**。而且，它们在成品上实施**市场战略**，以尽可能地接近买家并增加灵活性，或者销售需要在使用地产生的服务（例如：交通运输、大型零售、餐饮、高等教育等）。因此，在1980年代，日本汽车制造商将整个工厂迁往北美和欧洲市场，从而破坏了美国和

历史回顾

第一批跨国公司及其战略

创建于1602年的荷兰东印度公司被认为是最早的跨国公司之一，紧随其后的是同类型的英国和法国公司。这些私人跨国公司垄断了殖民领土的出口，拥有自己的武装力量，通过暴力和强迫劳动来确保供应。殖民地于19世纪重新掌控权力，于20世纪下半叶获得独立后，这些跨国公司的作用逐渐减弱。

然而，真正意义上的大型跨国公司是在1870年至1914年的第一个全球化时期诞生的，其中许多公司至今仍然活跃，如可口可乐公司（1886年）、雀巢公司（1866年）、飞利浦公司（1891年）、通用电气公司（1892年）、胜家缝纫机公司（1851年）和菲亚特公司（1899年）。这些跨国公司实施了东印度公司那样的供应战略，以及在其他国家建立生产单位的市场战略，以便尽可能接近购买者并规避贸易保护壁垒。因此，这些最早的跨国公司出现了与国际贸易相关的第一个分离：生产地与消费地的分离。这只是一个从那时起一直延续到今天的故事的开端，其中涉及更复杂的国际战略。

价值链

→ 产品制造过程中增加价值的一系列操作。

跨国公司

→ 至少拥有一个海外子公司的公司。

境外直接投资

→ 一家在某个国家境内注册的公司为了获得对一家非本土公司的持久利益而进行的投资。这需要通过持有超过10%的股份来实现。

国际外包

→ 一家跨国公司从非本土公司购买中间产品，以"委外生产"而不是自行生产这些组件。

→→→

"全球市场的趋势已经融入到资本的核心概念中。"

卡尔·马克思，
《政治经济学原理》，1858年

跨国公司有哪些战略？

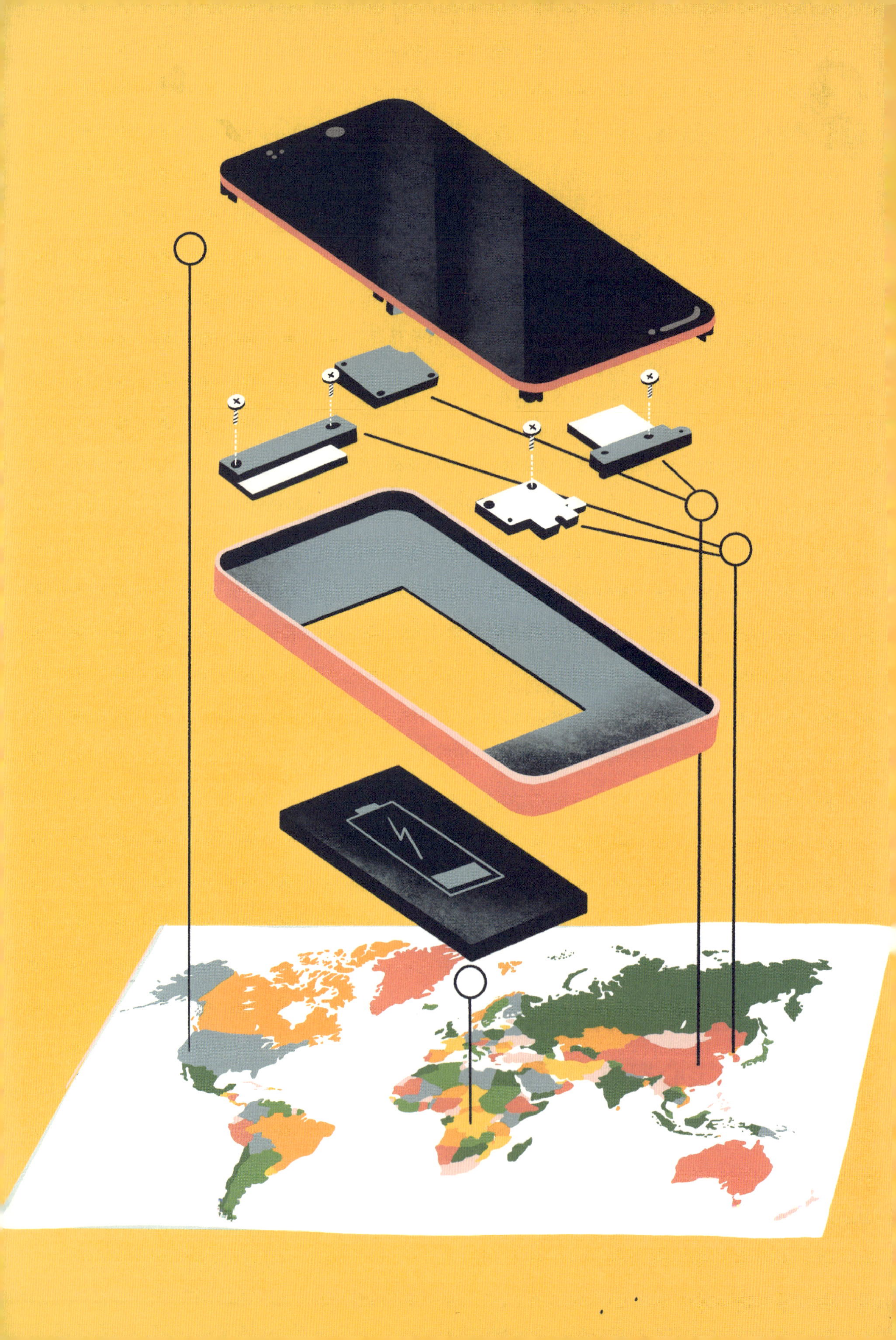

"现在的生产更像是一款乐高积木，而不是一架飞机模型。"

苏珊娜·伯杰，《世界制造》，2016 年欧洲汽车制造商的稳定地位。特斯拉遵循了这一逻辑，在中国和德国分别建立了工厂。

在分阶段的碎片化生产中的第二次分离

从1980年开始，信息传播和处理技术的发展导致了第二次分离——这也是理查德·鲍德温的说法——的出现：一方面是经济活动的计划与组织协调的分离，另一方面是生产不同阶段的分离。耐克公司是一个很好的例子：自1980年以来，该公司专注于其核心业务，即运动服装、鞋类和配件的设计，并在全球范围内组织协调生产；但耐克公司本身没有工厂，只是在许多国家协调分包商来完成产品的生产。而这些协调任务需要快速可靠的数据交换和数据处理以做出正确的

耐克：没有工厂的跨国企业！

决策。

这种第二次分离因此在1980年代为跨国公司产生了两种形式的国际战略：**生产合理化战略**（如何以最低成本、最短时间、最好的质量进行生产？在哪里进行每个步骤？）和**技术金融战略**（根据税收规则，该如何定位产品的知识产权，如专利和许可证？）。

《世界制造》

历史政治学家苏珊娜·伯杰在2009年出版了一本具有重要意义的著作《世界制造》，她对跨国公司进行了广泛调查，并由此在书中对这些战略的组合进行了深刻的分析。调查得出了几个教训。首先，随着价值链的分散和国际化，"某地制造"失去了意义。因此，苹果的iPhone标注着"苹果设计，中国组装"，但是iPhone的最终售价只有不到1%流向了组装商（富士康公司，在中国和印度设有工厂），而大部分流向苹果公司用于设计和分销（苹果商店、网络等），还有一部分流向不同国家的电子组件供应商。

然后，问题不仅在于确定每个生产阶段的地点，还在于在两个选项之间进行选择。首先是"制造"，即通过公司的子公司进行活动，通过**境外直接投资**来实现，或者"让别人做"，也就是从另外一家公司即承包商那里购买服务。其次是国际外包，在数字化技术的帮助下得到了很大发展，因为数字化技术使信息交流变得更加便捷。

最后，生产的分散化正在加强，因为虽然成品存在差异化（iPhone与三星或小米的智能手机不同），但组件越来越标准化，几乎相同。直到1980年代，生产就像一个飞机模型游戏，有非常特殊的零件，不能重复使用来制作汽车模型等。现在，生产就像乐高游戏，有通用零件，就像那些有名的塑料块一样，可以制作出任何你想

象得出的东西。

什么因素决定了生产活动的定位？

苏珊娜·伯杰的结论与许多实证研究的结论相一致：生产活动所处地理位置的决定因素多种多样，而劳动力成本，通常被视为主要标准，实际上则是次要标准。首先，跨国公司寻求稳定性，无论是通过设立子公司、外商直接投资，还是与分包商签订合同。事实上，供应链是脆弱的，这在2020年的新冠和2022年的俄乌冲突中得到了很好的印证：最小的供应问题都会导致无法生产成品。因此，需要有能够提供政治稳定（比如没有内战）和经济稳定（如低通胀和/或稳定的汇率）的制度。

其次，劳动力成本很重要，特别是当活动涉及低技

劳动力成本并非主要标准。

能劳动，如组装工作。它必须与劳动力的贡献相结合，即其生产率（例如以每小时工作产量来衡量）。然而，劳动力成本最高的国家也是劳动力生产率最高的国家：这两个数据之间存在很强的相关性。这一点的例证是，像Salomon（滑雪板生产商）和Geneviève Lethu（餐具生产商）这样的企业之所以选择将生产迁往法国，一是因为它们对其他地方生产的产品质量感到失望，二是因为法国的工厂离消费者更近。

最终，消费者距离因素也是一个重要的标准：为了降低对能源价格波动敏感的运输成本，并提高灵活性。汽车制造商基本会在靠近汽车市场的地方设立工厂，低端汽车的制造除外。对于跨国公司来说，在劳动力成本较低的国家进行生产可以降低生产成本，而在离买家最近的地方进行生产可以提高生产的灵活性。选择会因产品定位是高端还是低端，以及

理查德·鲍德温
→（1958— ）
美国经济学家，研究国际贸易和跨国公司的生产策略。

苏珊娜·伯杰
→（1939— ）
美国历史政治学家，研究全球化历史。

查尔斯－阿尔伯特·米夏莱
→（1938—2007）
法国经济学家，研究跨国公司和海外投资战略。

产品是否经常根据买家需求而变化有很大不同。

走向第三种分离：工作地点和服务实施地点之间的分离？

归根结底，在每个市场上，企业都会做出不同的战略选择，而事实证明，这些选择所带来的利益是不均衡的，企业总是会受到创新的摆布，而创新又会对企业所获得的地位提出质疑。例如，Zara 在 2000 年代和 2010 年代通过快时尚赢得了市场份额：快时尚市场瞬息万变，因此有必要在西班牙为欧洲市场保留生产基地。但 Zara 后来被中国的希音（Shein）等超快时尚生产商所超越，后者满足于协调非常小的生产商相互竞争，通过空运而不是海运来运送少量快速变化的产品，以节省时间。

快时尚后，是超快时尚。

2020 年的新冠危机也凸显了数据流通的日益加速，这使得服务活动中的工作地点与交付地点分离成为可能。理查德·鲍德温所强调的第三种分离，很好地体现在远程工作和所有借助数字技术远程提供的服务上，这使得解决工人流动性问题成为可能。例如，电子游戏的制作总是需要很多服务提供商来完成游戏的某一环节，但这些环节可以由世界各地的服务提供商远程外理，而每个地区的报酬条件却很不平等。这同样适用于那些被称为"点击工作者"的人：管理社交网络、向人工智能提供数据、跟踪在线交易等。随着通信技术的不断发展，服务业似乎在未来有可能发生迁移，尽管在全球化的早期阶段它们几乎没有受到影响。与此同时，健康和地缘政治的冲击（如俄乌冲突）正在促使工业领域的跨国公司修改战略，以减少价值链的转移或分散，从而降低供应链中一个环节一旦断裂就会产生的脆弱性（如从 2020 年起，由于中国尚处在疫情封控中，欧洲汽车工业的零部件供应中断）。这些因素应被视为去全球化的迹象还是全球化的新阶段？

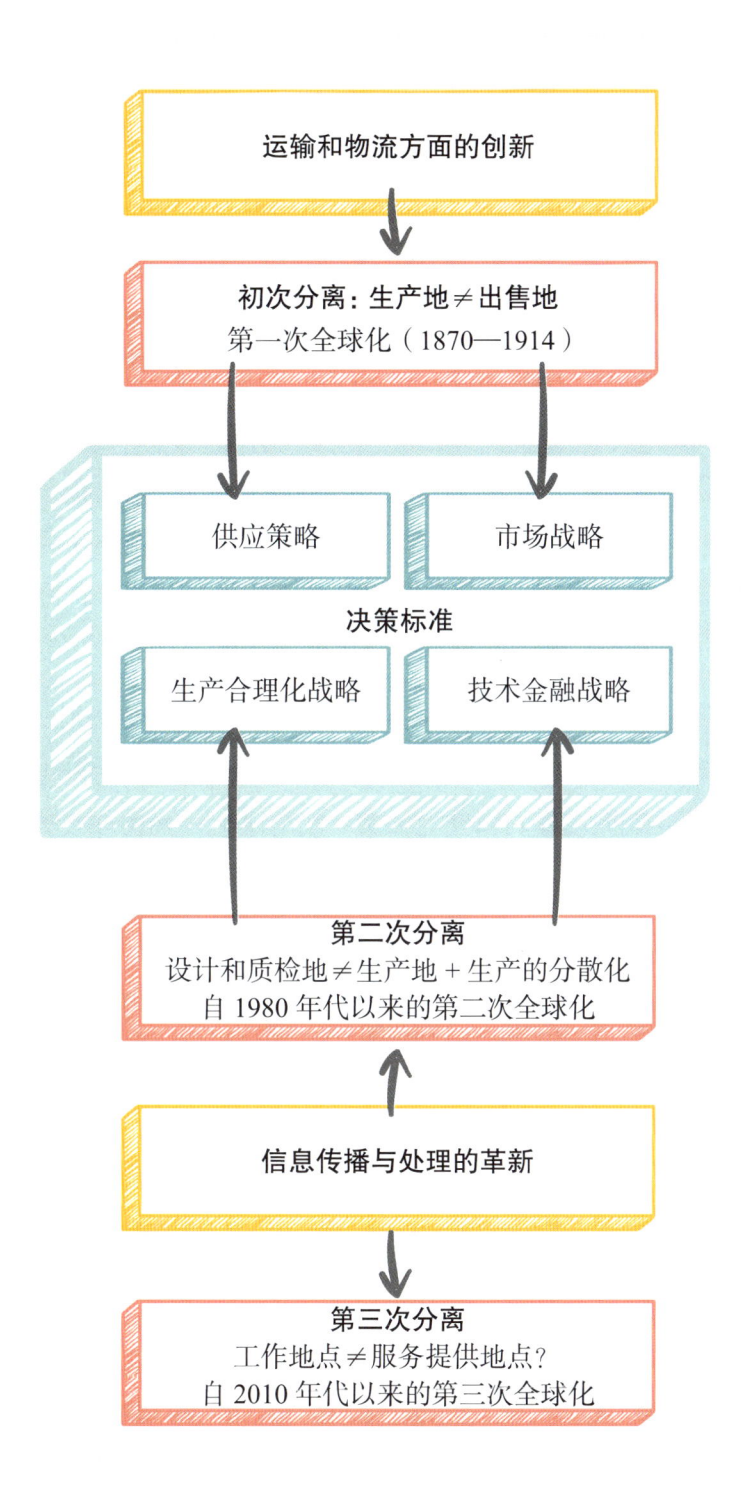

三次分离：更加全球化了？

```
运输和物流方面的创新
        ↓
初次分离：生产地 ≠ 出售地
第一次全球化（1870—1914）
        ↓

┌─────────────────────────────────┐
│  供应策略           市场战略       │
│                                 │
│          决策标准                 │
│                                 │
│  生产合理化战略     技术金融战略    │
└─────────────────────────────────┘
        ↑
第二次分离
设计和质检地 ≠ 生产地 + 生产的分散化
自 1980 年代以来的第二次全球化
        ↑
信息传播与处理的革新
        ↕
第三次分离
工作地点 ≠ 服务提供地点？
自 2010 年代以来的第三次全球化
```

跨国公司有哪些战略？　247

29

全球化可逆吗?

超级全球化的终结?

一个不可避免的统一趋势?

在其全球畅销书《人类简史》中,历史学家尤瓦尔·赫拉利(Yuval Noah Harari)展示了自 30 万年前第一批智人出现以来,人类如何创造出一种世界统一的动力。在我们生活的世界里,不同的地域和人口在经济(贸易和金融)、文化、政治甚至环境(从气候变化到病毒的传播)方面都相互关联。

> 贸易起起伏伏!有增长,也有衰退。

然而,这个过程在长期时间内经历了加速和倒退的阶段。我们对全球化太过熟悉,甚至认为它是不可抗拒的、不可逆转的,就像是注定在未来发生的命运,不再取决于人类的行动。但是,像 1914 年之后第一次全球化突然终结这样的事件让我们明白了,没有任何未来是不可逆转的,当代世界的所有趋势都可能发生逆转。

所以,全球化会在未来几年内倒退吗?当前的趋势是什么?

国际贸易放缓

从国际贸易方面即物品和服务的进出口来看,全球化势头正在放缓。自 1945 年以来,国际贸易一直比全球 GDP 增长更快。这种趋势在 2008 年中断:当 2009 年国际贸易下降(次贷危机)并在 2010 年反弹之后,国际贸易现在的增长速度与全球 GDP 相同。这意味着全球经济开放似乎达到了一个高水平的顶峰,并且不再增加。

部分原因在于中间产品国际贸易的减少,这些产品是公司之间相互交换以制成成品的。这种减少表明,作为跨国公司战略特点的生产过程**碎片化**,其趋势不再加深,**跨国公司 28** 更倾向于再

历史回顾

第一次全球化的终结，1914—1945年

根据苏珊娜·伯杰的著作《我们的第一次全球化》（2003年）所述，1870年代至1914年间发生的全球化被称为"第一次全球化"，该书研究了为什么全球化进程在1914年至1945年间停滞，以及我们可以从中学到什么教训。

首先，是地缘政治紧张局势击败了第一次全球化。与孟德斯鸠或李嘉图提出的"和平贸易"观念背道而驰，国际贸易的增长与大国之间的对抗升级相伴而行。双边自由贸易协定，如1860年英法商约，从19世纪末起就被保护主义实践所取代［1892年法国的梅林关税法（tarif Méline）］，而新兴大国（美国、德国、日本）则以保护主义为基础推动其工业化。保护主义在1930年代演变成了真正的贸易战，当时受大萧条打击的国家将其视为保护国内经济活动和就业的解决方案。最后，随着金本位制的终结，国际货币体系的不稳定促使各国贬值本国货币以提高竞争力：降低出口价格，提高进口价格。

地缘政治紧张、保护主义和货币不稳定，这些都是当下环境中存在的三个要素。

世界贸易组织
→ 多边贸易协定的执行和谈判机构。

区域贸易协议
→ 区域内旨在促进国家之间自由贸易的协议。

双边自由贸易协定
→ 两国之间旨在促进自由贸易的协议。

>>> **"第一次全球化强有力地提醒了我们，全球化并非不可逆转。"**

苏珊娜·伯杰，
《我们的第一次全球化：被忘记的教训》，2003年

全球化可逆吗？

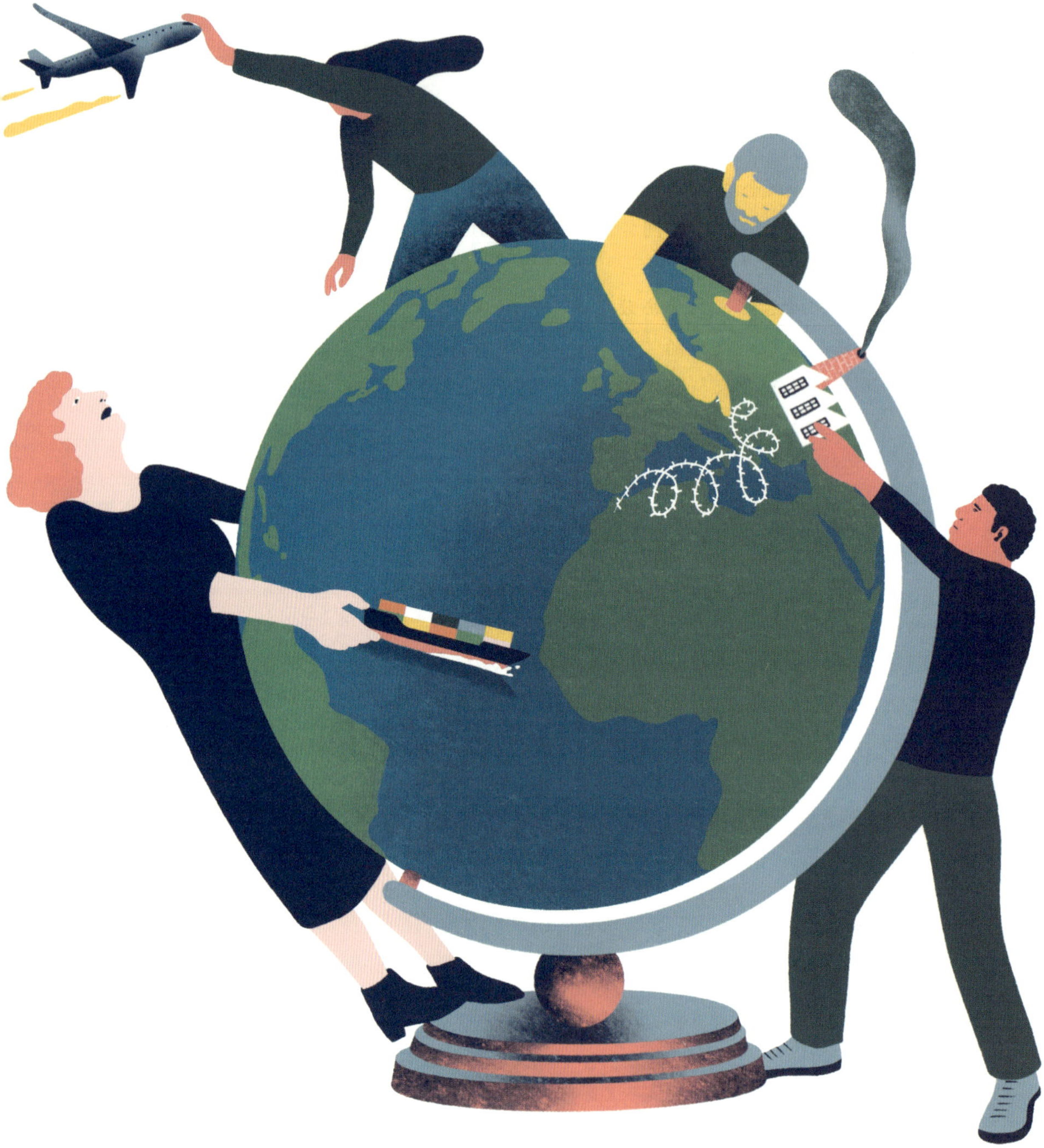

→→→
"就像市场需要国家一样,国际市场也需要国家。"

丹尼·罗德里克,
《全球市场需要民族国家》,《世界报》,2020年1月31日次将生产集中在较少的场所。

生产再度趋向集中化，那产业转移呢？

在工业领域，人们也在研究一些产业回流的案例。更贴近成品市场对于提高企业的响应速度与灵活性、降低运输和物流成本，以及尽可能减少供应链受阻的风险（例如 2020 年新冠疫情缓和后，2021 年全球经济重启时就出现过此类问题）至关重要。这些生产转移案例受到机器人技术和人工智能的技术进步的推动，这些技术进步使得在富裕国家中劳动成本较高的情况下，可以预见到生产力的增长。

金融开放的萎缩

国际金融交易经历了自 1980 年以来 30 年的高速增长后，现在也出现了下降的趋势。金融开放度是衡量资金流动与国内生产总值之间关系的一个指标：包括资金流入（通过外部资金为一个国家的经济提供资金支持）和资金流出（通过一个经济体中的居民资金为世界其他地区的经济活动提供资金支持）。这一开放率通过计算全球资金流入和流出与全球 GDP 的平均比例来计算，自 1980 年以来一直保持稳定增长，仅在亚洲金融危机（1997 年）和互联网泡沫破裂（2001 年）时期稍有中断。这一增长主要由银行贷款和衍生产品推动，金融衍生产品是一种复杂的证券，是造成 2008 年次贷危机的部分原因。

自从这次危机以来，这两个外部融资的组成部分都大幅减少，金融开放率也同样下降，从 2020 年卫生危机前占全球 GDP 的约 23% 降至约 6%。

中国的转变

中国在全球化进程中扮演着核心角色：世界第一大出口国，世界第二大经济体（按 GDP 计算），有望超过美国。自 1990 年代中期以来，中国的经常收支出现了非常大的盈余：总体上，出口的物品和服务远远超过了进口。2007 年，次贷危机爆发之前，达到了巅峰：经常账户盈余占 GDP 的 10%，这是一个非常高的水平，意味着中国的生产远远高于消费和投资，或者换句话说，储蓄远远超过了投资。危机之后，盈余迅速减少，稳定在 GDP 的 2% 左右。

事实上，在经过 30 年的 GDP 强劲增长之后（自 1980 年以来年均增长率为 10%），所产生的收入增加导致了中国居民、家庭、企业和政府部门的支出不断增加，他们购买的进口产品越来越多。与此同时，中国企业的生产也越来越多地面向中国国内市场，这在中国政府于 2015 年明确提出的"中国制造 2025"计划中得以体现。

自由贸易协定：黄金时代的终结

全球化也因其一个引擎出现问题而陷入困境，这个引擎就是多边自由贸易协定。关税与贸易总协定仍然适用，但 WTO 无法使 164 个成员国达成新的自由贸易协定，以超越 1994 年马拉喀什协定。由于 WTO 成员国的数量和多样性，几乎不可能达成一致意见。

国际贸易愈发局限于特定区域。

希望进一步推进自由贸易的国家正在通过**地区贸易协定**（如欧盟内部的协定，以及将于 2018 年和 2020 年在亚太地区实施的两大自由贸易协定 TPP 和 RCEP）或双边协定（如 CETA 或 JEFTA——欧盟分别与加拿大和日本的协定）来推进自由贸易。这些地区和双边协议正在形成一个复杂的条约网络，最重要的是使世界贸易日益区域化，主要在欧洲国家、亚洲国家和北美国家之间进行。

地缘政治再度紧张

目前的超级全球化表现为地缘政治紧张局势重新抬头，这对国际贸易产生了不利影响。自从唐纳德·特朗普上任以来，美中之间的竞争已经演变成了公开的贸易争端，至今仍未平息。美中两国相互指责对彼此的国家安全造成损害，这导致了一场真正的贸易战，两国之间的关税大幅上升，并且禁止某些企业进行贸易（例如：华为在美国几乎被禁止活动）。自 2022 年以来，俄罗斯与乌克兰之间的冲突加剧了紧张局势，俄罗斯被实施了非常严厉的制裁，因此将其对外贸易重新定向到盟友或中立国家（如中国、印度、土耳其、伊朗等）。

在这种发展状况下，2022 年

苏珊娜·伯杰
→（1939— ）
美国历史政治学家，研究全球化历史。

丹尼·罗德里克
→（1957— ）
土耳其经济学家，在美国工作，致力于分析制度在全球化和经济发展中的作用。

4月，乔·拜登政府的财政部长珍妮特·耶伦（Janet Yellen）呼吁实现"朋友之间的全球化"：地缘政治紧张局势加剧了国际贸易的区域化进程。

国家观念的再确认

但是，这种全球化减速和超级全球化的倒退也有积极的方面。1997年，丹尼·罗德里克在一篇引人注目的论文中提出了一个问题："全球化走得太远了吗？"他指出，质疑各国在维持社会凝聚力和限制不平等上的国家政策是非常危险的。几年后，罗德里克将此由两难问题升级为一个三难问题：他认为，同时拥有超级全球化、民主和国家自主政策是不可能的。因此，选择前两个选项的国家会瓦解其社会模式，而俄罗斯或土耳其等国家只选择超级全球化和国家主权。罗德里克的主张是，要进行更为温和的全球化，通过在民主框架下重申国家政策，应对社会和环境问题。

这样一来，各国利用国际贸易区域化的不断加深，重新确认了它们在社会权益（例如：2021年美国和英国的最低工资大幅上调；西班牙对短期工合同使用条件的加强）和环境方面的权力（例如：法国在欧盟内推动的"边境碳税"计划，对那些没有采取足够坚决措施应对气候变暖的国家的进口商品征税）。因此，超级全球化似乎正在退却，全球化进程似乎正在让位给国家监管。

全球化进程会放缓吗？

迈向去全球化？

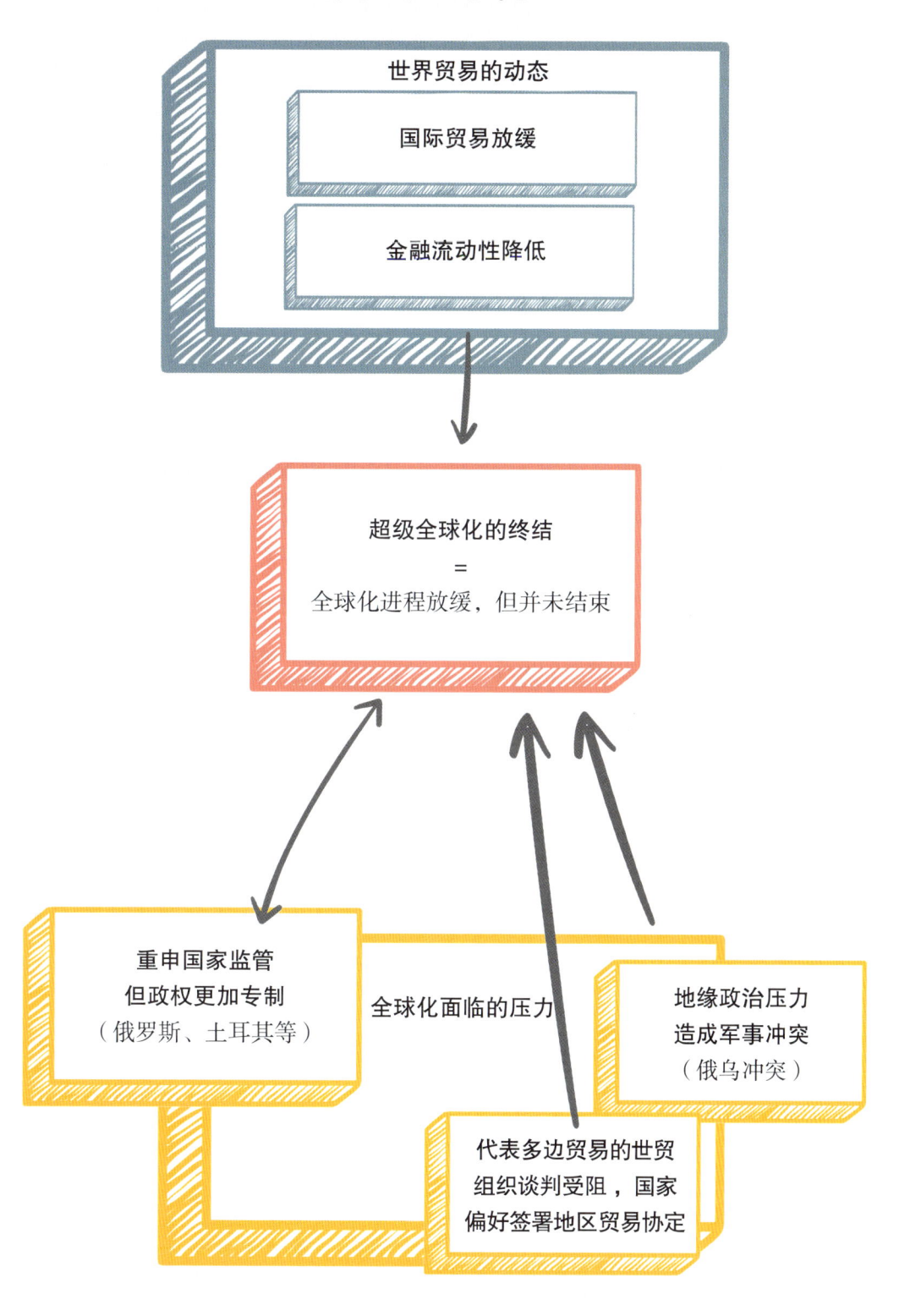

世界贸易的动态
- 国际贸易放缓
- 金融流动性降低

↓

超级全球化的终结
=
全球化进程放缓，但并未结束

全球化面临的压力
- 重申国家监管但政权更加专制（俄罗斯、土耳其等）
- 代表多边贸易的世贸组织谈判受阻，国家偏好签署地区贸易协定
- 地缘政治压力造成军事冲突（俄乌冲突）

经济学家的小世界之七
经济学家是谁？

共同原则

经济学家对各种不同的主题感兴趣（货币、就业、国际贸易、生产、消费），甚至对看似与该学科领域无关的问题也感兴趣，如家庭、犯罪、教育、利他主义……（参见"经济学家的小世界"之四）。然而，他们能够相互交流和理解，因为他们使用共同的语言，即19世纪末以来发展起来的基于模型、假设（参见"经济学家的小世界"之一、二）与实测实验的科学方法论。

在他们的多样的工作背后，有一些共通的原则，没有这些原则，经济学就无法成为一门科学。这些原则涉及工作方法，以及建立理论或实证结果的方式。理论是可批判和可证伪的，但可以被科研群体临时接受或至少被视为值得关注。那么，这个被称为"经济学家"的科研群体中有哪些成员？在一篇讽刺性的文章中，凯恩斯主义经济学家阿克塞尔·莱翁胡夫德（Axel Leijonhufvud）称他们为"econs"，他们与"sociogs"（社会学家）和"polsci"（政治学家）有时有冲突，有时和平相处，是社会科学的伙伴。

诺贝尔奖告诉我们的经济学家典型特征

除了这些共通的原则之外，观察经济学家就像发现了一个充满着截然不同社群的小世界。如何在这些不同的组成部分之间进行筛选呢？

世界上存在着各种各样的经济杂志，来自世界各地的成千上万名经济学家为其做出了贡献，包括大学经济学家、纯研究人员、企业经济学家（像谷歌这样的大型数字公司中的许多经济学家）、银行经济学家、中央银行经济学家等等。

经济学这一行业的"圣杯"是"瑞典银行纪念阿尔弗雷德·诺贝尔经济科学奖"，通常称为"诺贝尔经济学奖"。仔细研究这一崇高荣誉的获奖者，我们可以了解到经济学研究的时下热门趋势。这个奖项于1969年首次颁发，自那时以来已经颁给了90多位经济学家。

许多男性，但有越来越多的女性

首先引人注目的是，获奖者的性别非常不平衡：在 50 多年里，只有两位女性获得了这一荣誉！埃莉诺·奥斯特罗姆于 2009 年获奖，埃丝特·迪弗洛于 2019 年获奖——她也是诺贝尔经济学奖的最年轻得主，得奖时年仅 46 岁。而且，她们的获奖都是与至少一位男性分享的。自从经济学诞生以来，一直由男性主导，就像其他学科一样，尽管有一些女性在经济思想方面产生了重要影响，比如琼·罗宾逊，她不仅在 1930 年代就为凯恩斯《就业、利息和货币通论》的构思做出了贡献，还发展出丰富的学术成果。

随着女性获得高等教育的机会增加和家庭压力的减轻，她们在经济研究领域的地位越来越重要。RePEc（Research Papers in Economics）进行的一项研究显示，女性目前在全球经济学家中占 26%。虽然是少数，但比例正在增长。除了埃丝特·迪弗洛之外，最受欢迎的女性经济学家还包括曾任美联储主席和乔·拜登政府财政部长的珍妮特·耶伦、世界上最有影响力的国际宏观经济学家之一卡门·莱因哈特，以及现代经济理论的代表人物斯蒂芬妮·凯尔顿。

来自哪些国家，哪些方法？

在国籍方面，近 60% 的获奖者是美国人，占比最多。紧随其后的是英国，获得 8 个诺贝尔经济学奖，然后是法国（4 个）、挪威（3 个）。所研究的主题和采用的方法反映了经济分析的发展和美国大学内某些方法的主导地位，因为这些方法至今仍然是诺贝尔经济学奖的主要来源。因此，该奖的最初几十年主要奖励的是纯理论研究，除了像西蒙·库兹涅茨（1971 年）这样的实证方法的先驱者。最近几十年获奖方向转向实证，这些研究与纯理论研究同等重要甚至更受重视，就像安格斯·迪顿关于消费和贫困的研究（2015 年）一样。它们还展示了对新方法的开放，有时与其他学科交叉，

→→→
> "我们可以根据他们的研究领域将诺贝尔经济学奖获得者分为五个主要类别：一般均衡理论、宏观经济学、微观经济学、跨学科研究与经济分析的新方法。"

多米尼克·鲁（Dominique Roux），《诺贝尔经济学奖》，2007 年

例如心理学（丹尼尔·卡尼曼，2002 年）。

经济思想（小）简史

虽然有共同的工作原则，但经济学家并不全都相同。有些人更专注于解释个体行为（**微观经济学**），而其他人更倾向于分析全球经济现象，如**经济增长**、**国际贸易**、**失业**（这时我们称之为**宏观经济学**）。同样，他们在**模型**的基础假设上也并不一致，这使得他们在不同的理论框架下工作。

这些理论框架随着时间的推移发展演变。简单来说，经济思想围绕以下思潮进行了结构化：

- **古典经济学派**，主要由经济学家亚当·斯密（他 1776 年的著作《国富论》间接导致了这一派别的出现）、大卫·李嘉图、让-巴蒂斯特·萨伊和托马斯·马尔萨斯组成。他们奠定了对市场经济运行进行深入思考的基础，每个人都有自己的工具和概念。亚当·斯密以他的**看不见的手**理论 **2** 而闻名，大卫·李嘉图则以**比较优势**理论 **27** 而闻名。让-巴蒂斯特·萨伊提出了"**萨伊定律**"，即如果让市场自我调节，就不会出现持久的过剩生产危机，因为供应会自行创造需求。

- **新古典经济学派**，古典经济学派在 1870 年代转变为新古典经济学派，是由三位经济学家推动的：斯坦利·杰文斯（Stanley Jevons）、卡尔·门格尔（Carl Menger）和里昂·瓦拉斯（Léon Walras）。虽然新古典经济学家采纳了古典经济学家关于市场经济益处的主要结论，但他们在方法上进行了创新，引入了建模和数学形式化的推理。在凯恩斯主义思潮发展期间，新古典经济学派经历了一段时间的衰落，但从 1970 年代末开始，这种思潮重新在经济学界占主导地位，以至于凯恩斯主义者不得不用新古典经济学的方法和分析工具重新阐述他们的批评观点［罗伯特·索洛、约瑟夫·斯蒂格利茨（Joseph Stiglitz）、保罗·克鲁格曼因此被称为"新凯恩斯主义者"］。

- **凯恩斯主义学派**伴随约翰·梅纳德·凯恩斯在 20 世纪上半叶的研究成果而诞生，对 1929 年大萧条后实行的自由政策进行了干预。凯恩斯系统提出了**福利国家**在经济系统中的干预，包括负责收入再分配 **23** 和在经济危机时期稳定经济 **24**。他的建议于 1930 年代在美国得到实施，1945 年以后在许多国家得到实施，取得了巨大的成功，直到 1970 年代的滞涨对其理论提出了挑战。在 2007—2008 年次贷危机之后，这一潮流迎来了复兴，包括前面提到的新凯恩斯主义者，以及忠于凯恩斯宏观经济学方法的后凯恩斯主义者（如金融不稳定性分析家海曼·明斯基）。

- **马克思主义学派**批判了资本主义的根本基础，认为它是建立在对劳动者的剥削之上的制度，并注定在由于收入不均而引发的反复危机中灭亡。这一思潮仍然存在，但是独立存在，拥有自己的期刊，或者与后凯恩斯主义理念（例如琼·罗宾逊）有交会。

● **制度经济学家**强调制度（支配经济主体选择的规则）作为理解经济体系运作的基本要素的重要性。同样，一些人采用接近新古典主义的方法，解释制度的出现是由于行为的理性（如道格拉斯·诺斯、罗纳德·科斯等被称为"新制度经济学家"），另一些人则秉承卡尔·波兰尼的传统，在经济学、历史学和其他社会科学的交叉点上进行分析（例如米歇尔·阿列塔）。

由此可见，"econs"（经济学家）的分类是非常多样的，其中充满了激烈的辩论，这些辩论在两个世纪间推动了经济分析的发展。

经济学家是谁？

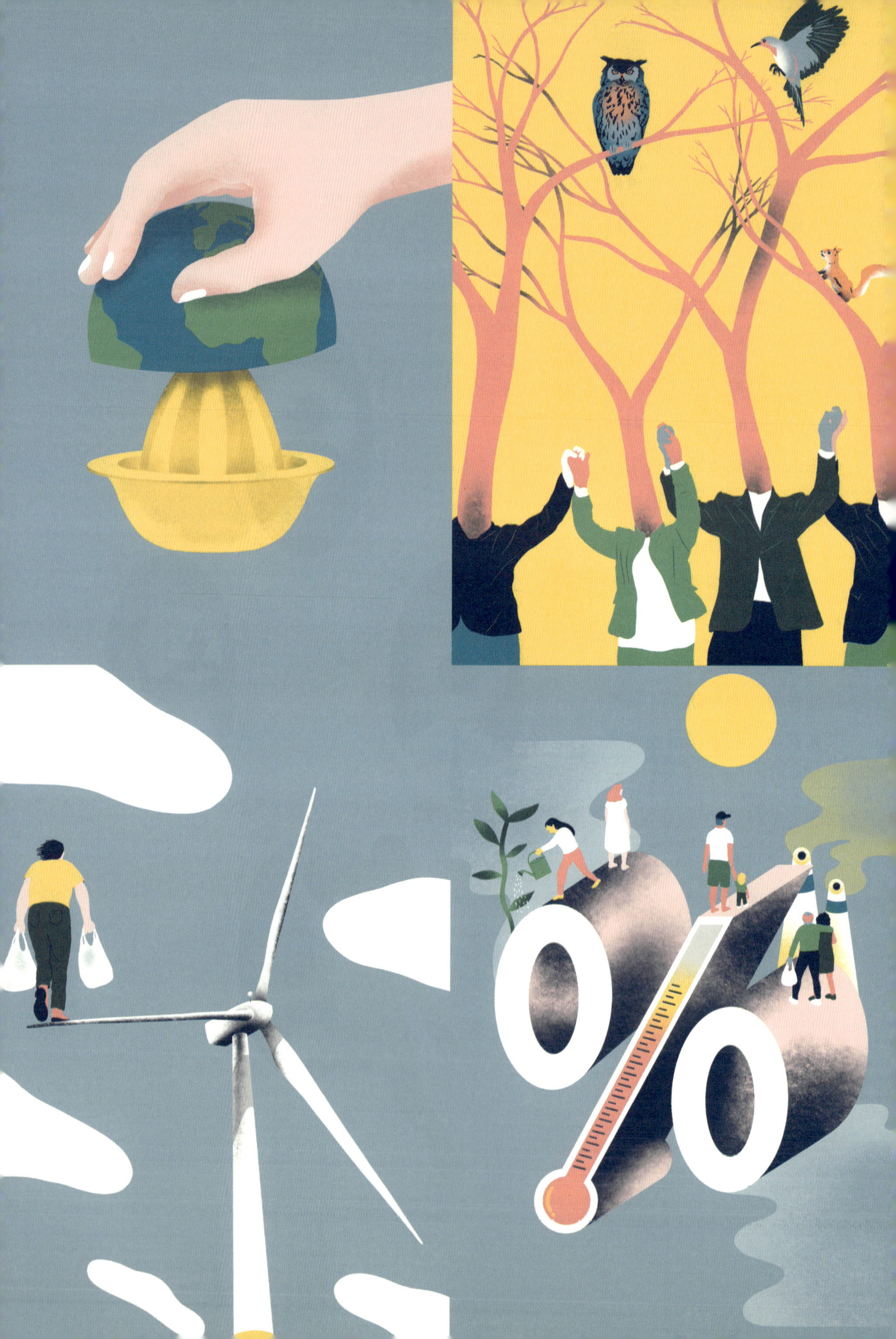

经济与自然

- **30** 经济发展是否消耗了太多资源? 262
- **31** 经济发展会导致气候变暖吗? 270
- **32** 该采取什么措施保护环境? 278
- **33** 要放弃增长吗? 286

经济发展是否消耗了太多资源?

地球上的垃圾桶都装满了

会枯竭的资源

人类只有一个地球。但是,它的资源是否有限?或者说它们是多么有限?以什么标准来看有限?

石油、天然气、煤炭、金属等资源储量频频告急,这些资源是在地壳深处经过数百万年形成的,并且自19世纪工业革命以来,我们在大规模使用它们。这些都是**不可再生资源**,因为其储量是有限的,不会在人类寿命(一个世纪)甚至数千代人类寿命的时间范围内发生变化。因此,当这些资源被开采和使用时,如果它们不可再生(如黄金、银、钻石),储量就会减少并耗尽。需要多长时间?按照现有开采速度,

> 探明资源储量的变化取决于开采技术的发展与开采是否划算。

目前已探明的储量中铅大约还可以开采20年,铜约40年,铝约70年。

那石油呢?1980年时,只剩大约30年,而今天的数据变成了50年。然而,过去40年来,石油产量增加了很多,甚至与消费量的增长速度相同!但是,已经证实的储量增长得更快,不是因为发现了新的大型油田,而是因为开采技术能够从现有油田中提取更多的石油,因为石油价格的上涨使得某些油田的开采变得有利可图,并且石油公司或石油出口国乐于公布自己拥有更大的储量。

可再生资源也一样

此外,还有所有**可再生资源**,其储量在没有采集的情况下不是固定值,因为它们可以通过自然过程再生。例如鱼类、森林木材、水、小麦等。

经济问题对这些资源来

历史回顾

1972年就已经有一份关于限制增长的报告

第二次世界大战后，发达国家经济高速增长，正在赶超美国，而全球人口增长加速，因为较贫穷的国家经历了人口转变过程（死亡率下降，而生育率居高不下）。

在这种背景下，1972年，一群罗马俱乐部的研究人员发布了一份名为《增长的极限》的报告，该报告分析了经济增长和人口增长的动态，并喊出了"停止增长"的口号。报告提出了经济增长和人口增长的模型，其结论是，在未来一个世纪里，经济增长将因自然资源的枯竭而耗尽。这一预测至今仍广受争议，主要反对声音是模型忽视了资源枯竭对价格的影响，以及经济对这些价格变化的适应能力。

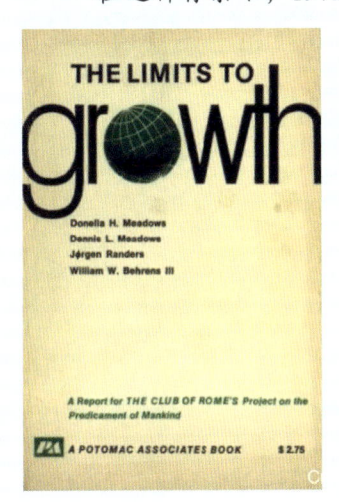

不可再生资源

→ 从技术或经济角度来说可供开采的资源，其数量在没有开采的情况下是固定的，但资源被开采后，数量将不可避免地减少。

可再生资源

→ 从技术或经济角度来说可供开采的资源，因为其可再生，储量在没有开采的情况下是可变的。因此，这种资源的储量变化取决于再生速度衡量之下的采集的速度。

公共资源

→ 有竞争性（一个主体使用的物品不能被另一个主体使用）但不具备排他性（无法将使用权限制在某些人身上，例如通过付费限制他人使用）的商品。

经济发展是否消耗了太多资源？

"没有资源紧缺的问题,只有'垃圾桶'装满了的问题。"

皮埃尔-诺埃尔·吉拉德 与 蒂莫西·奥利维(Timothée Olivier),
《原材料经济学》,2015 年

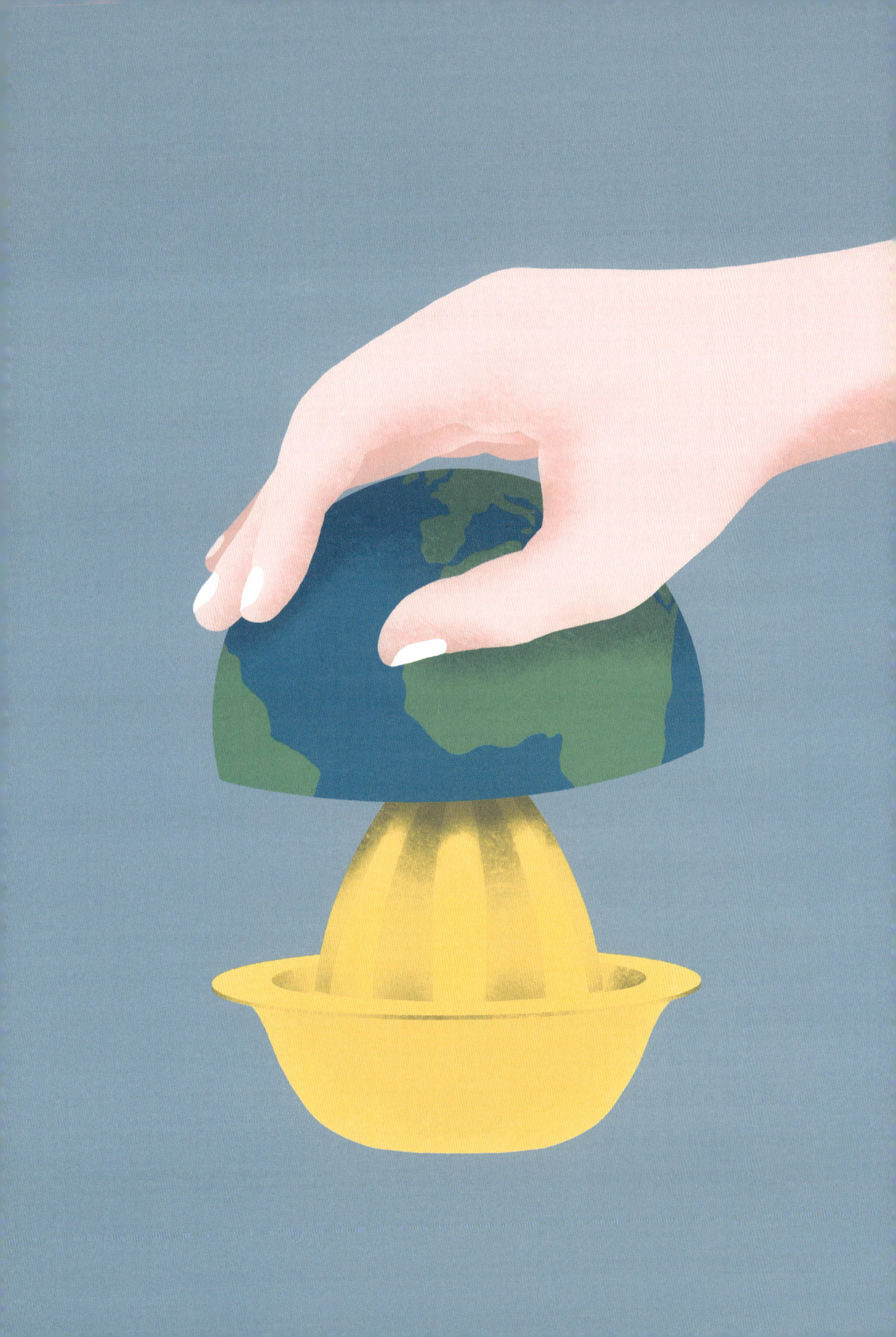

说是不同的，因为它们的储量可以再生。然而，当开采速度远远超过再生速度时，它们的储量会减少。再生量可能会持续低于开采量，这会引发一连串的反应，导致资源枯竭。这个连锁反应已经在许多动物物种中出现，会对生物多样性造成非常严重的后果。联合国粮食及农业组织（FAO）在跟踪这些物种数量，发出了物种灭绝甚至整个生态系统可能崩溃的警告。

公共资源的悲剧

生物学家加勒特·哈丁在其1968年发表的一篇著名文章中，将自然资源过度开发的过程称为"**公地悲剧**"。他以共有的牧场为例进行阐释。每个牧民在牧场上增加一头牛都会获得个人利益，但也会给牧民群体带来成本，因为每头牛在牧场上的草量会减少。不过由于每个牧民都可以自由使用牧场和饲料，他们会偏向于增加放牧的牛的数量。但因为所有人都这么做，共有资源就会被过度开发并最终消失。

资源因无限制使用而枯竭。

这个理论框架可以用来解释为什么许多自由获取的资源被过度开发，从海洋中的鱼类到船只用吸尘器般的方式吸取海底的沙子。经济学家称这些资源为**公共资源**：这些东西既是竞争性的（如果一个人使用了该物品，另一个人就不能再使用），又是非排他性的（可以自由获取）。

市场化会是解决方案吗？

即使对于共有资源，市场机制也可能起到调节作用。首先，加勒特·哈丁提出了在这些资源上创建产权的可能性，经济学家罗纳德·科斯几年前也提出过这个解决方案。如果这片草地是一个养殖户的财产，他就不再愿意过度开发它，以至于让养牛所需的草消失。

此外，资源的枯竭导致价格上涨。因此，由于海岸附近的鱼变得更加稀缺，拖网渔船必须前往更远的海洋捕捞，这增加了成本，并反映在鱼的价格上。同样，当需求增加迫使开采更昂贵的油田时，石油价格也会受到影响。

自然资源价格上涨可能会导致对这些资源的需求减少，从而减少开采数量，同时也使养殖鱼类或使用农作物原料提取的乙醇燃料的销售变得有利可图。价格上涨还会鼓励创新以开发替代品。

然而，价格上涨也促使人们寻求创新以降低生产成本，在提到的渔民和石油生产商中：一方会使用更大且机械化的船只，另一方面则改进了油田开采技术。在石油方面，自1970年代以来就已经有对资源过度开采的警告，这导致了1980年代石油价格上涨（引发石油危机），但随着生产增加，尤其是一些非石油输出国组织国家的生产增加，价格随后下降，然后从21世纪初再次上涨，之后石油价格一直在大幅波动。如前所述，面对预期更高的价格，可开发储量会因为技术进步和价格有利可图而增加。

石油危机与逆石油危机

对公共或私人机构的规则

为了保护自然资源，自由放任似乎并不有效，因此需要建立**制度**来约束直接或间接参与这种过度开发的各方之间的互动：即制定规则。

首先，国家有责任制定这些规则：生产配额，甚至在某些资源达到非常低的阈值时禁止开采。对于跨越国家边界的共享资源，例如海洋或极地地区的资源，国家可能倾向于采取"搭便车"策略，将规则制定交给其他国家而自己自由行事。在这种情况下，国际合作变得尤为重要，因为缺乏协调可能导致资源的过度开采和可持续性的受损。国际组织例如联合国下属机构的建立可以帮助协调各国的行动，确保共享资源得到合理和可持续的管理。因此，加勒特·哈丁指出了两种解决公地悲剧的方法：市场和国家。但是，埃莉诺·奥斯特罗姆在她对共享资源管理的研究中指出了许多实例，证明在没有公共干预和资源变为私有财产的情况下，共享资源的管理并没有导致过度开发。为什么？因为生产者互相了解，相互沟通，并自行采取共同的规则来避免过度开发。因此，在哈丁提出的放牧开发的具体案例中，她展示了牧民社区如何通过遵守规则来保护共享资源。

皮埃尔－诺埃尔·吉拉德
→（1949— ）
法国经济学家，研究全球化、金融、不平等和环境对经济的影响。

加勒特·哈丁
→（1915—2003）
美国生物学家，对经济和环境之间的关系进行研究，提出了"公地悲剧"：自然资源的枯竭。

斯坦利·杰文斯
（1835—1882）
→英国经济学家、新古典经济学派创始人之一，对消费者和生产者的行为理性多有分析。他也是能源经济学的先驱：预测技术进步将导致煤炭资源枯竭。

埃莉诺·奥斯特罗姆
→（1933—2012）
美国政治学家，2009年因其在共有资源管理方面的研究获得诺贝尔经济学奖，成为第一位获此殊荣的女性。

经济发展是否消耗了太多资源？ 267

资源的过度开发：增长的终结？

资本主义的逻辑似乎在全球范围内以追求利润为由导致了对自然资源的越来越大的剥削。当资源是有限的时候，资源枯竭只不过是早晚问题。而当资源是可再生的时候，过度采集也会导致某些资源的枯竭。

需要为此担心吗？一些人指出，当人类开采完最后一滴石油、捕捞完最后一条鱼、生产完最后一根铜棒后，经济增长可能会停止。但这种枯竭的过程不会一下子到来，而是渐进发生的。与此同时，正如我们所看到的，价格会调整，创新不仅会用于创造替代品，而且还会进一步开发资源。1865年，经济学家斯坦利·杰文斯认为

资源枯竭是一个渐进的过程，给人们留下了转型的时间。

煤炭的稀缺性限制了经济增长，但石油的开采使限制得以打破。如今，能源转型通过使用或多或少的可再生技术和资源来取代石油，为车辆提供动力。

过度开采的环境影响

皮埃尔-诺埃尔·吉拉德有个比喻，经济与自然的相互作用就是从（资源）井中取水，然后倾倒到垃圾箱中。经济和环境问题并不在于资源的井，而在于开采这些资源所带来的后果，也就是"垃圾箱"已经满了。一方面，这些所谓的"自然资源"的生产，如陆地开发（例如矿藏开采）和海洋开发（例如油污外泄），会严重污染当地环境，对人们的健康有害；另一方面，资源的使用也会导致当地污染（首先是空气和水质的恶化），以及全球性的影响，如生物多样性降低和气候变化。

最后，我们说经济发展过度开发了资源，不是因为增长可能会枯竭，而是因为这种开发导致了重大且明显的环境问题，即使这些问题对未来几代人的影响会更严重。这才是环境危机的问题所在！

小心，危险！

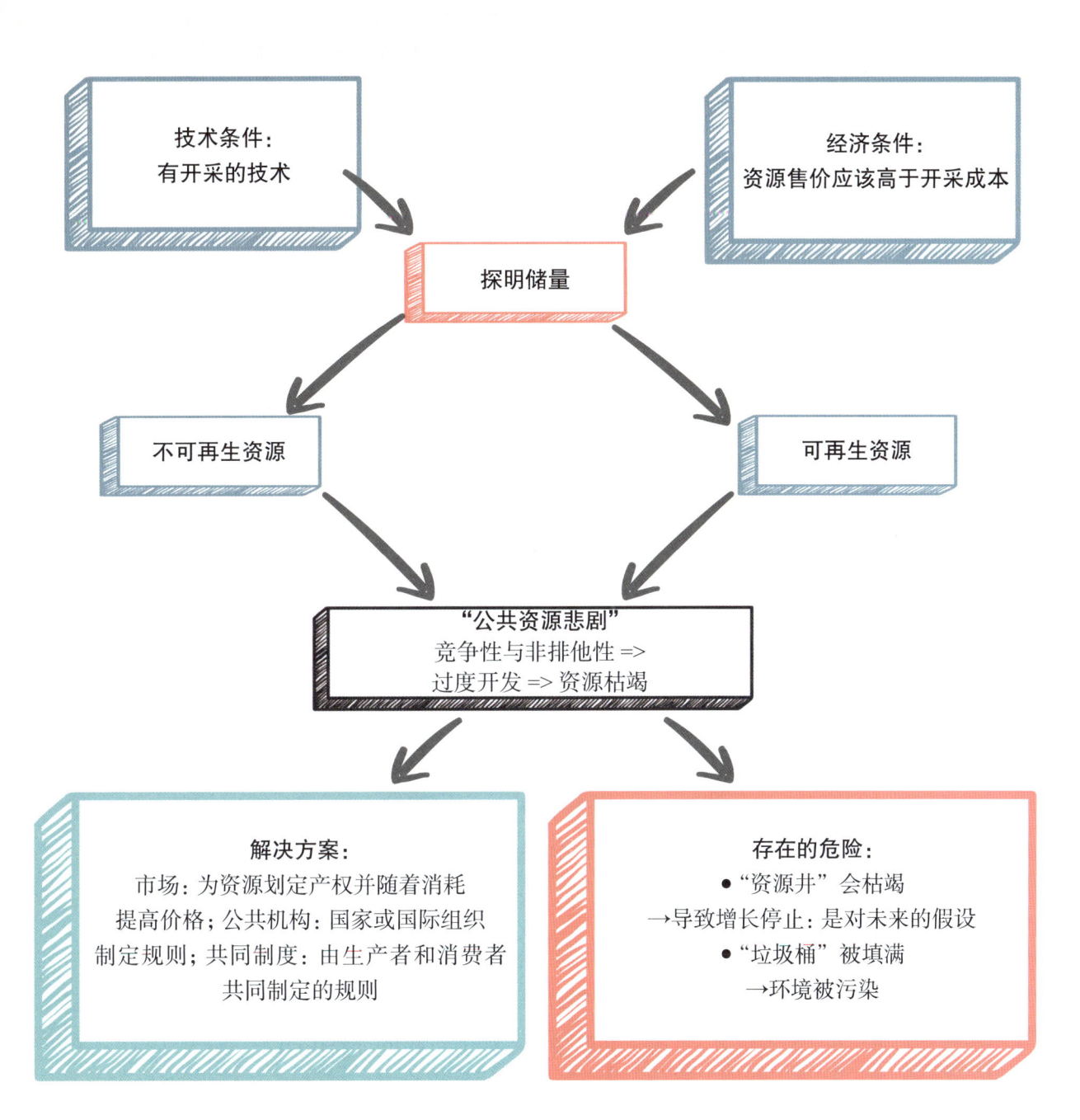

```
技术条件：               经济条件：
有开采的技术             资源售价应该高于开采成本
        ↘           ↙
          探明储量
        ↙           ↘
  不可再生资源          可再生资源
        ↘           ↙
    "公共资源悲剧"
   竞争性与非排他性 =>
   过度开发 => 资源枯竭
        ↙           ↘
```

解决方案：
市场：为资源划定产权并随着消耗提高价格；公共机构：国家或国际组织制定规则；共同制度：由生产者和消费者共同制定的规则

存在的危险：
- "资源井"会枯竭
  → 导致增长停止：是对未来的假设
- "垃圾桶"被填满
  → 环境被污染

31

经济发展会导致气候变暖吗？

一个迫在眉睫的问题

碳排放导致气候变暖

大约150年来，我们目睹了地球平均气温史无前例地迅速上升，这与二氧化碳等温室气体的排放有关，这些气体在大气中积聚，加强了温室效应，截留了部分太阳光，从而使气候变暖。所有这些因素现在都已众所周知，并达成了科学共识。1896年，瑞典化学家斯万特·阿累尼乌斯（Svante Arrhenius，1903年诺贝尔化学奖获得者）首次提出了将大气中的二氧化碳浓度与全球变暖联系起来的理论。这已经是100多年前的事了！

从那时起，研究和实证工作增加了我们对人类活动与气候之间相互作用的了解，自1988年以来，政府间气候变化专门委员会（IPCC）的报告陆续发表，再次确立了这一共识。这些研究表明，

> 科学共识认为，人类活动导致气候异常。

自1850年以来，大气中的碳浓度开始增加，随着全球生产总值的增长，排放量也呈指数增长。这种现象有一个名字：工业革命，它对能源的需求量巨大，特别是对矿产能源的需求（参见下文的历史回顾）。

**经济活动，
是气候变化压力的核心**

因此，自1850年以来，IPCC的数据表明全球已经排放了大约24000亿吨二氧化碳，其中超过40%的排放量发生在1990年以后的过去30年。因此，全球平均气温已经比前工业化时期上升了1.1摄氏度。

在人类活动中，经济活动位于温室气体排放的核心，这就是为什么经济学家参与到IPCC的工作中。

历史回顾

工业革命是如何使经济与化石燃料挂钩的？

工业革命始于17世纪中叶的英国，随后在法国和荷兰等其他欧洲国家兴起。它依靠工业的扩张来推动经济增长：一系列生产活动依靠大量资本积累（如纺织机或蒸汽机等机器）和对原材料进行密集转化以生产商品。

首先受到影响的行业是纺织和冶金，但工业化进程现在已经涉及大部分生产领域，远远超出了严格意义上的工业领域。事实上，农业也是非常依赖原材料的（用于肥料、用于农业机械和运输所需的能源），服务业也是一样（由于信息技术的发展，对能源的需求越来越大）。工业的崛起得益于大规模利用矿物能源：煤炭，然后是石油和天然气。这些矿物能源的燃烧在很大程度上导致了二氧化碳的排放，从而导致了气候变暖。在20世纪出现了其他更可再生的能源（水力、太阳能、风能）或者没有直接碳排放的能源（核能），即使现在工业化已经惠及所有国家，全球能源结构仍然有四分之三依赖于这些初级能源（煤炭、石油和天然气），无论是生产国还是消费国。

气候

→ 是指在一段较长时间内，特定地区的平均气象条件，包括温度、湿度、降水等。

成本效益分析

→ 对于投资成本的估算，要考虑到其未来的收益，这些收益在时间上进行了分段，并且考虑了贴现因素（收益距离现在越远，对当前收益的影响越小）。

预防原则

→ 在无法确定严重和不可逆风险是否发生的情况下，需要采取措施来避免风险。

能源强度

→ 在某一经济体中，一年内的能源消耗量与生产量（以GDP计）之间的比率。当能源强度下降时，能源效率就会上升。

→→→

"我们的房子烧起来了，而我们袖手旁观。"

雅克·希拉克，地球峰会，约翰内斯堡，2002年

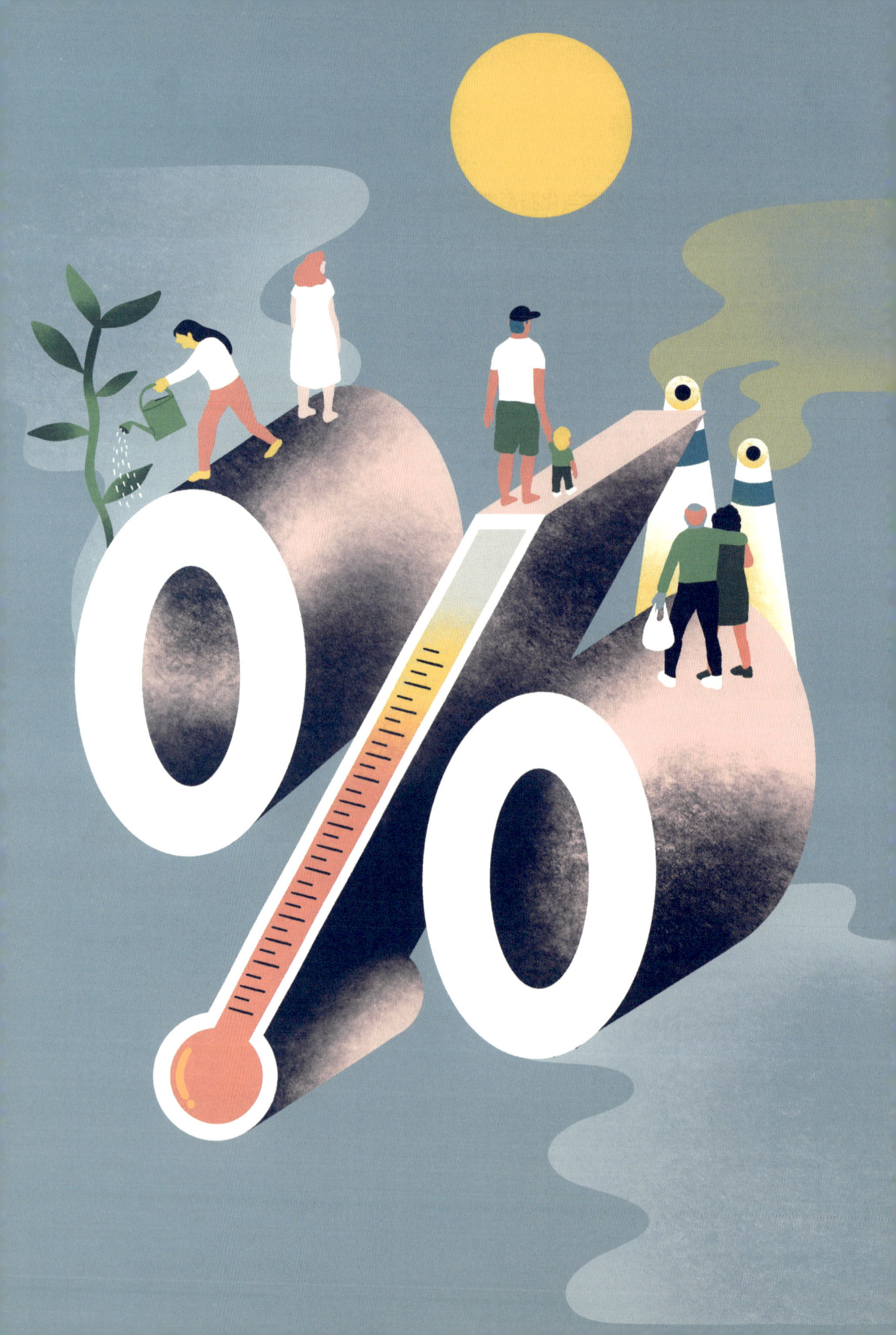

→→→

"气候科学告诉我们，全球环境发生灾难性崩溃的可能性不容忽视，即使这种概率小到无法衡量。"

马丁·魏茨曼，2009 年

事实上，以国内生产总值衡量的增加值并不仅仅是货币的数量。它建立在碳排放的物质活动基础上，其中包括能源消耗，同时还会破坏大自然吸收排放出的碳的能力。事实上，自然通过海洋吸收碳，但平均气温的升高降低了海洋的吸收能力。此外，植被尤其是森林，通

历史上来看，二氧化碳的排放量和国内生产总值同时上升。

过光合作用吸收碳并转化为氧气。但是，经济活动倾向于将土地用于人类活动，并减少植被覆盖面积。

这些机制非常复杂，可能会产生连锁反应。例如：气候变暖可能导致靠近北极的冻土融化，这些被称为永久冻土的土地储存了大量的碳，可能会释放到大气中并加速气候变暖。

用于计算碳排放的卡亚公式

为了凸显这种潜在的灾难性演变所涉及的不同因素，经济学家茅阳一（Yoichi Kaya）在1990年提出了一种基于恒等式的分解方法。该恒等式为：全球二氧化碳排放量（设为C）等于全球二氧化碳排放量。这似乎是一个显而易见的事实，即C=C。尽管显而易见，但从确信的事实出发构建推理总是有用的！尽管2010年代的排放增长相对于2000年代有所放缓，但全球排放仍在继续增加。为什么呢？我们先将全世界消耗的能源设为E，得到了第一个比率C/E，即全球每单位能源排放的**碳强度**。不幸的消息是：目前使用的能源继续以大致相同的碳排放量排放。向更低碳能源的能源转型进展太慢了。

现在考虑能源E所产生的附加值，即全球GDP，设为Y。这里有个好消息：在2010年代，生产1美元全球GDP所需的能源数量，即生产的**能源强度**（E/Y），在过去10年平均每年下降2%。这是好事，但还得算上全球人口N。用全球GDP除以全球人口得到的人均GDP（Y/N），表示世界上每个人的平均收入，也称为"**生活水平**"……对于全球人口来说是个好消息，但对于气候来说是个坏消息：在2010年代，人均GDP平均每年增长超过2%。然而，同期全球人口的增长率平均每年超过1%。

如果你数学很好，那可能已经猜到E的增长是能源的碳强度、能源强度、人均收入和全球人口增长率的总和。接下来向想看这个等式的人演示（不想看的请跳到下一段！）：$C = C/E \times E/Y \times Y/N \times N$。因此，根据给定的近似数据，二氧化碳排放受全球经济增长和人口增长推动，平均每年增长1%（0-2+2+1=1），这些增长并没有被碳强度或能源强度的改善所抵消。

遏制气候变暖是否符合成本效益逻辑？

气候变暖已然发生，根据IPCC的预测，如果当前的排放增长趋势继续下去，到2100年全球气温上升超过4℃的可能性非常大。通过卡亚公式可知，纠正这一趋势需要以投资来减少能源的碳强度（例如，向可再生能源或无碳能源的能源转型，可能成本更高），并减少生产的能源强度（通过改进生产过程）。这些即时成本随后将有助于避免可能与气候变暖相关的损害。对于一些研究这些问题的经济学家来说，尤其是2018年诺贝尔经济学奖得主威廉·诺德豪斯（William Nordhaus），他认为应对气候变化的措施可归结为一种分析，该分析需要将这些即时成本与随后几年内所能避免的损害（按国内生产总值的百分比进行估计）进行比较。通过将受气候变化影响的行业的损害相加，这些研究得出，能够规避的损害量非常低：从GDP的1%（诺德豪斯的估计值，气温相应上升3℃）到GDP的5%，乃至达到6%（气温相应上升8℃）。

一些经济学家认为，气候变暖控制在2℃是更合适的！

而且，这些避免的损害是在未来的遥远时间内发生的，即到2100年。然而，对于经济学家来说，明天的欧元对当下的幸福价值比今天的欧元价值更低，至少有两个原因：我们对现在的偏好（正如俗语所说："一个现在的东西比两个将来的更好！"）以及因为经济增长，我们将来会更富有（因此，未来的1欧元代表的相对收益较低）。

这些分析导致像诺德豪斯这样的经济学家建议通过努力实现有限的气候变暖，但远远超过IPCC所推荐的上升2℃或1.5℃，自2015年巴

茅阳一
→（1934— ）
日本经济学家，在能源与经济增长与气候关系方面多有著作。

威廉·诺德豪斯
→（1941— ）
美国经济学家，2018年因其在气候与经济关系中应用成本效益原则的开创性工作获诺贝尔经济学奖。

马丁·魏茨曼
→（1942—2019）
美国经济学家，在环境风险经济分析方面做出了开创性的工作，尤其提出了"悲观定理"，鼓励迅速大规模采取行动应对气候变暖。

黎协定签署以来，这两种升温标准成为官方目标。

或者根据预防原则行动？

这些分析受到其他领域研究人员如气候学家、生物学家和哲学家的质疑。因为这些分析反映出一种以人类为中心，甚至仅以经济为中心的道德观点。损害仅以GDP损失来评估，就好像如果自然环境恶化不带来经济价值的损失就不重要一样。此外，正如前面提到的，未来几十年将生活在这个世界上的后代的幸福感在成本效益计算中被低估了。

然而，部分经济学家也对成本效益分析提出了质疑。其中就有马丁·魏茨曼（Martin Weitzman），他与诺德豪斯一样，是气候与经济相互作用分析的先驱之一。

魏茨曼试图根据IPCC的设想方案来估计损害和其发生的可能性，并得出他所称的"悲观定理"：造成的损失越大，发生的概率就越小；但是对于非常重大甚至灾难性的损害，其概率既不确定又不可忽视，足够重要以至于成本效益分析建议尽一切努力避免。

悲观定理：灾难发生的可能性很小，但不是没有！

结论与**预防原则**的支持者的观点一致。预防原则被记载在1992年在里约热内卢签署的《联合国气候变化框架公约》中，用来指导各国政府采取减缓气候变暖的政策。魏茨曼还呼吁经济学家保持谦卑，因为没有人真正知道平均温度增加2℃以上的地球会是什么样子。这将是一个全球性的巨大变化，包含着诸多不确定性和发生灾难性连锁反应的可能，因此，气候政策的目标不应仅仅基于现有的知识、通过简单的盈利计算而确定。

经济与气候

时间

1850

2100

经济活动对气候的影响

- 经济活动
- ↓
- 温室气体排放（二氧化碳）
- ↓
- 温室效应增强
- ↓
- 气候变暖，会上升多少度？
- ↓
- 对自然的影响（海平面上升、冰川融化、海水酸化、生物多样性降低等）
- ↓
- 对人类社会未来有危害

经济问题

- 气候变化干预政策可以降低排放
- 成本效益分析
  → 用未来 GDP 比例计算损失
  → 与采取干预措施的成本比较：明天的钱比今天更不值钱
- 也可以根据预防原则立即行动？
- 减少未来的损失

经济发展会导致气候变暖吗？

该采取什么措施保护环境?

摆脱"搭便车"的行为

井和垃圾箱

经济活动与自然有两种交互方式,这里采用了皮埃尔-诺埃尔·吉拉德等人提出的比喻,这在前面的章节中已经有所提及:经济活动从地球所提供的"井"中取走资源,同时将废弃物和污染排放到"垃圾堆"中,并不断积累。这两个方面之间存在联系,因为主要是对资源即原材料的使用和转化导致了排放。然而,目前的紧迫性不在于"资源井"的枯竭,而是"垃圾堆"已经充满,无论是堆积的垃圾还是污染物排放。例如,要在2100年将气候变暖控制在1.5℃以下,就需要将60%的石油和天然气以及90%的煤炭留在地下。

想要让全球变暖,有的是资源!

要是想让地球变暖,我们的资源绰绰有余,地球正在遭受的痛苦并非是资源不足,而是对这些资源的开采效应,而大气层正像一个"垃圾堆",我们的二氧化碳排放快要溢出了。

在不同尺度下的环境风险

"垃圾桶"可能是全球层面的,就像大气层一样,会对环境产生全球性风险。因此,联合国政府间气候变化专门委员会(IPCC)的科学家们建议限制二氧化碳排放,以使全球平均温度涨幅不超过2℃,并尽可能将其限制在1.5℃——考虑到这种加速气候变暖效应的影响存在很大的不确定性。然而,已经在大气中累积的二氧化碳排放使得温度自1850年以来已经上升了1.1℃。

IPCC因此计算出一个**碳预算**:即导致超过全球气候

历史回顾

修补臭氧层空洞

公共当局对环境风险的管理往往不力，在全球性风险方面更是如此。然而，最近有一个反例告诉我们，没有什么事是笃定的。

在20世纪七八十年代，人们对大气中的臭氧层空洞发出了多次警告。臭氧层是一层气体，可以过滤掉对人类健康有害的太阳辐射成分（尤其会导致皮肤癌）。科学家们达成共识，认为人类因素在臭氧层的减少过程中至关重要，这导致地球两极出现了真正的"洞"。事实上，一些用于喷雾罐和制冷的气体积聚在大气中并破坏了臭氧层。

尽管臭氧层空洞的影响并没有波及所有国家，但各国对警告的反应是迅速的。经过6年的谈判，24个国家于1987年签署了《蒙特利尔议定书》，如今，几乎所有联合国成员国都签署了该议定书。该议定书规定禁止使用造成臭氧层空洞问题的氯氟烃气体，并进行国际监控。

外部性

→ 指一个经济主体的行为使另一个经济主体受损或受益的情况，这种影响并不涉及货币交换。

风险

→ 未来可能发生的会造成损害的事件。风险可以是地区性的，也可以是全球性的。当这种事件（独特的、前所未有的事件）无法进行概率计算时，会使用"不确定的风险"一词。

"搭便车"

→ 什么都不做，并从对他人来说代价很高，但对所有人都有益处的努力中获益的行为。

➤➤➤

> "对于应对气候变化的政策真相是，没有哪个国家愿意为了应对这一挑战而牺牲其经济。"

托尼·布莱尔，
时任英国首相（1997—2007年），2005年11月1日

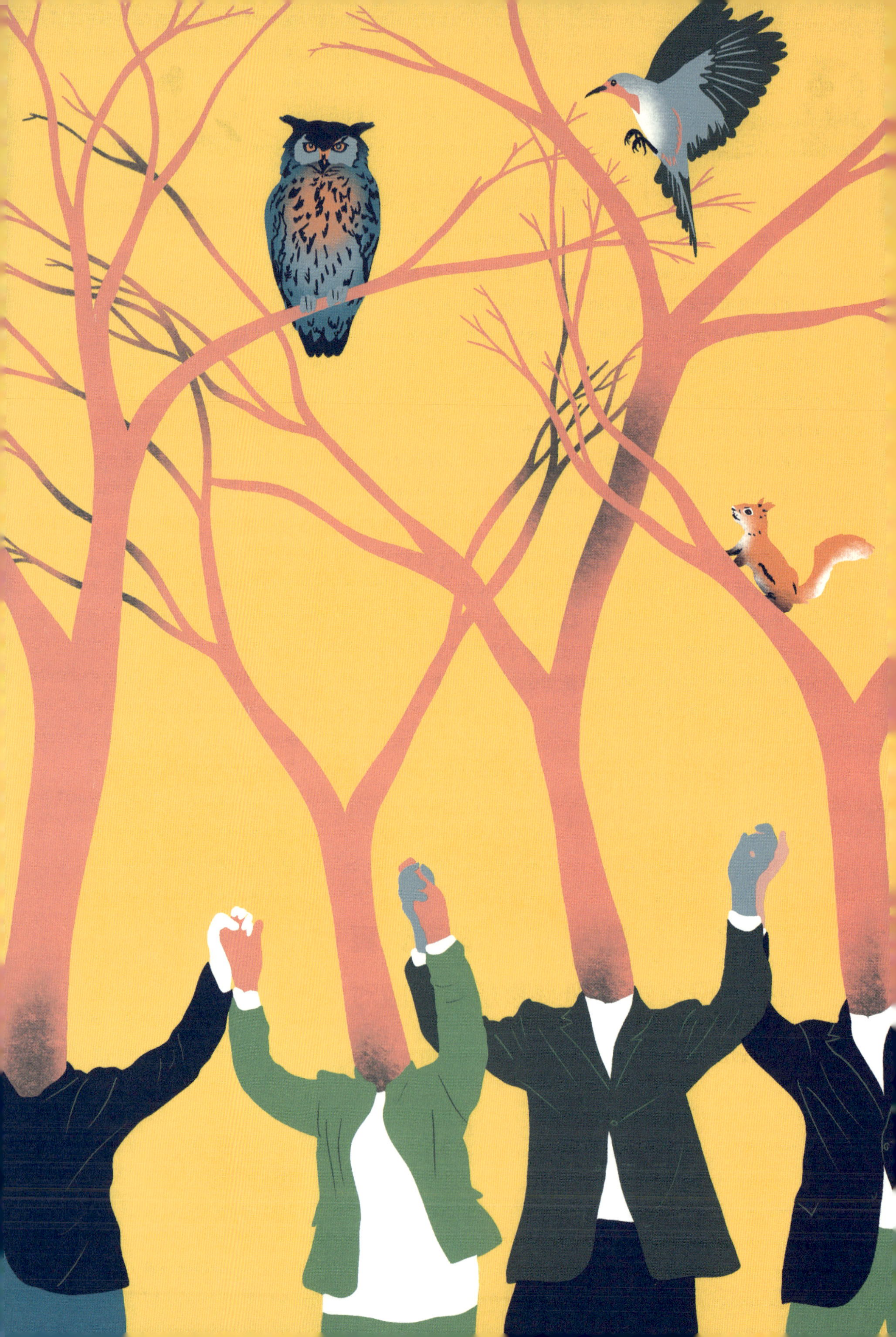

↱↱↱

"大多数人共有的东西往往被忽视。人们对自己拥有的东西非常珍惜，而往往忽视共有的物品。"

亚里士多德，《政治学》，
公元前 300—公元前 323 年

变暖减缓目标的二氧化碳的最大排放量。例如，为了有 2/3 的几率将气候变暖控制在 2℃以内，二氧化碳排放量应控制在 11000 亿吨（1.5℃为 4000 亿吨）上下，按目前的排放速度大约需要 25 年（1.5℃则为 8 年）。因此建议在 2050 年前实现碳中和，即将全球二氧化碳排放量限制在地球（主要通过海洋或森林吸收）的吸收能力范围内。另一个重要的全球风险是生物多样性的减退，即生物界的生物多样性退化。生物多样性和生态系统服务政府间科学政策平台（IPBES）类似于 IPCC，任务是对生物多样性建立科学共识，其显示了物种灭绝和生态系统破坏的加速趋势。

然而，环境风险也是地方性的风险，直接影响到产生污染的地区。这适用于某些生产活动产生的排放物污染土壤、水域或空气的情况。

税收与补贴

污染被经济学家视为负外部性，这是阿瑟·塞西尔·庇古在 1920 年提出的一个概念：造成污染的生产者对其他经济主体产生的负面影响没有通过货币补偿来弥补，也就是说这些经济主体没有获得任何价格上的补偿。这是市场失灵 12 的一种情况，需要政府介入，不仅要对污染活动征税，还需要对非污染活动进行补贴，以

"谁污染，谁付费"原则

鼓励后者替代前者。因此，在许多国家，已经设立了对高污染车辆课以重税并补贴购买低排放二氧化碳和细颗粒物车辆的奖惩税制。

排放权市场

在相同理念即"谁污染，谁付费"的原则下，罗纳德·科斯在 1960 年提出了另一种方案，启发了环境相关政策。税收和补贴的重要缺点是，因为它们是刚性工具，政府并不确定能否准确地针对最具污染性的活动，尤其是决策会受到利益集团的压力而变化。此外，税收或补贴对消费者支付污染产品的价格（上涨）或其生产者收到的价格（下降）产生影响，但对他们的行为存在不确定性：需求量是否会有足够的下降？生产量是否会减少？

科斯的建议是直接对数量进行操作，而不是对价格进行操作。例如，通过设定总的污染排放量，向生产者分配或出售排放配额，这些排放配额可以是"排放权"，可以在市场上自由地买卖。因此，该机制确保了目标的实现（排放量），同时也具有灵活性：那些减排成本最低的生产者将拥有更多的配额，他们可以将这些配额出售给那些承担减排成本最高的生产者。

尽管如此，该机制也存

在一些缺陷。欧盟在 2005 年根据《京都议定书》（1997 年）的签署和实施而设立了排放配额交易系统（EUETS），在

建立市场是为了对外部性定价。

最初几年里，碳排放每吨的价格非常低，因为企业得到的排放配额非常高，而市场监管不足。无论在哪里，市场的效率都需要存在制度，通过规则来监管和引导市场：即根据贡献分配配额，设定减排路径，并采取机制以支持碳交易。

经济学家们也试图估计生物多样性对人类的价值——通过它所提供的服务而不收取使用者的任何费用（例如：一条河的水以及它所能提供的消费、生产和欣赏等方面的用处）。这些研究，特别是帕萨·达斯古普塔（Partha Dasgupta）的研究，都符合这个总体思路：有价

值的东西往往没有市场价格。因此，我们需要建立机构来给它一个价格（税收或市场），或者采取更直接的干预措施。

法律法规措施

前两种提到的措施是激励性的：它们通过改变经济行为者的决策标准（价格或成本）来促使他们调整行为。然而，面对严重、不可逆转的环境损害或需要迅速调整的情况，政府可以简单地运用其监管权力，强制实施禁止某些产品或限制其使用的标准。

例如，石棉是一种天然矿物，呈纤维状。自 19 世纪以来，因其具有隔热和隔音的特性，石棉被广泛开采。然而，早在 20 世纪初，科学家们就对接触这种矿石的工人易患癌症发出了警告，而该产品在 1970 年代被国际癌症研究机构（IARC）列为致癌物。但是，最初各国只实施了对纤维暴露的简单限制

阿瑟·塞西尔·庇古
→（1877—1959）
英国经济学家，凯恩斯的同门与同事，以其对失业和福利经济学的研究而闻名。他创造了外部性的概念，这在创新经济学和环境经济学的分析中至关重要。

罗纳德·科斯
→（1910—2013）
美国经济学家，发现了组织和市场在资源配置中的重要作用。他于 1991 年被授予诺贝尔经济学奖。

曼库尔·奥尔森
→（1932—1998）
美国经济学家、公共选择分析师，尤其关注他所称之为"集体行动悖论"的问题：一个拥有共同利益的群体越大，个体越容易被诱导去"搭便车"。

帕萨·达斯古普塔
→（1942— ）
印度裔英国经济学家，著有研究经济增长及其与人口和自然（尤其是生物多样性）之间关系的作品。

标准，直到1990年代（欧盟于1997年）才完全禁用石棉。在这方面，公共干预可能会存在不足。

国家也会"搭便车"。

全球风险，但由各国承担

环境风险因此具有这样的困难，不能影响造成污染的生产者的成本，也不能影响购买这些产品的买家承担的价格，因此需要采取激励或监管措施。但是，正如前面所提到的，有些环境风险还存在其他困难：有时，它们会发展为全球性的风险，而管理这些风险的公共政策则是在国家层面上决定和实施的，只有国家才具有足够的约束能力。

正如本章引言中托尼·布莱尔在2005年所指出的那样："没有国家愿意为了应对气候变化的挑战而牺牲自己的经济"，这个挑战意味着经济要发生前所未有的转变，包括减少排放。对于最发达的国家来说，需要将二氧化碳排放量减少到原来的四分之一或五分之一。

为了减少能源的**碳强度**（每单位能源排放更少的二氧化碳），降低生产的**能源强度**（每增加1欧元的附加值需要使用更少的能源），或者仅仅是鼓励人们更加节俭，都需要很高的投资成本。然而，尽管从中获得的利益是全球性的（减缓气候变暖），这些成本却需要由各个国家承担，且获利更多的还有可能是其他国家而非排放量最大的国家。如此，根据IPCC的预测，气候变化会对热带国家、平均较贫穷且排放较少的国家，或者是面临海平面上升威胁的贫穷小岛屿造成最严重的后果。

如何避免"搭便车"行为？

这个问题在1965年由经济学家曼库尔·奥尔森（Mancur Olson）在他称作的"集体行动悖论"中得到了确认。当个体拥有共同利益时，个体数量越多，他们就越有动机去当"搭便车"的人：等待别人采取行动并承担行动的成本，然后免费受益于其效果。

这就是各国在面对环境风险，特别是全球风险时所面临的危险。协调问题可以通过国际协议解决，比如2015年签署的旨在减缓气候变暖的巴黎协定，这是第一个几乎包括所有国家的普遍协议，但实际采取的行动很少。经济分析必须与其他社会科学相结合，如政治学、社会学，因为对抗这些风险不能仅仅依靠公民或政府的个人利益，而是需要全球意识的觉醒。

该怎么办?

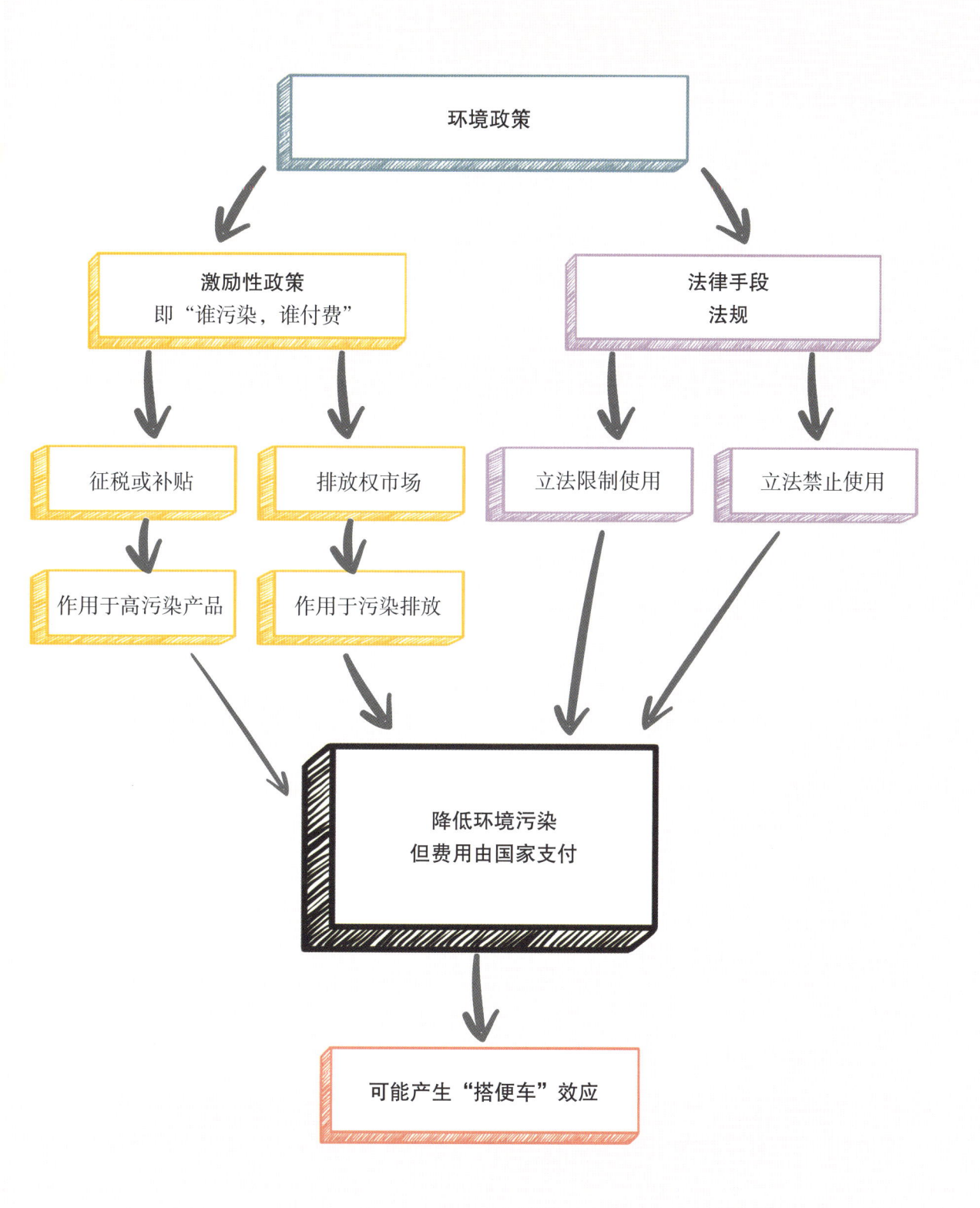

```
                         ┌─────────────┐
                         │  环境政策    │
                         └──────┬──────┘
              ┌─────────────────┴─────────────────┐
              ▼                                   ▼
    ┌──────────────────┐              ┌──────────────────┐
    │    激励性政策     │              │    法律手段       │
    │ 即"谁污染，谁付费"│              │      法规        │
    └────┬────────┬────┘              └────┬────────┬────┘
         ▼        ▼                        ▼        ▼
    ┌────────┐ ┌──────────┐          ┌──────────┐ ┌──────────┐
    │征税或补贴│ │排放权市场 │          │立法限制使用│ │立法禁止使用│
    └───┬────┘ └────┬─────┘          └────┬─────┘ └────┬─────┘
        ▼           ▼                     │            │
  ┌──────────┐ ┌──────────┐               │            │
  │作用于高污染│ │作用于污染 │               │            │
  │  产品    │ │  排放    │               │            │
  └────┬─────┘ └────┬─────┘               │            │
       └────────────┴──────────┬──────────┴────────────┘
                               ▼
                   ┌───────────────────────┐
                   │    降低环境污染        │
                   │  但费用由国家支付      │
                   └───────────┬───────────┘
                               ▼
                   ┌───────────────────────┐
                   │  可能产生"搭便车"效应  │
                   └───────────────────────┘
```

要放弃增长吗?

还是去单纯相信科技进步?

增长是环境污染的根源

根据安格斯·麦迪逊的说法,18世纪的英国人几乎比公元初的罗马人更富有。人类历史上经历了扩张和收缩的阶段,伴随着巨大的灾难(14世纪的黑死病大流行)以及随后的进步时期,但在19世纪初和工业革命开始之前,经济并没有出现过长期**增长**的趋势。

当前的世界继承了这些重大变革。在经历了工业革命的国家,生产开始蓬勃发展,现在需要以国内生产总值来衡量。由于生产能够分配出更多的收入,人均收入也开始增长。因此,人们的饮食得到改善,婴儿死亡率也显著下降(尤其是在出生阶段),人口迅速增长。然而,与马尔萨斯在1798年撰写的《人口原理》中的悲观预测相反,在经历了工业革命的国家中,生产几乎总是比人口增长更快,这提高了**生活水平**:可以用国内生产总值除以人口,也就是人均生产总值来计算。

在经历了工业革命的国家,生产力得到飞跃般的提高。

这个过程与**技术进步**密切相关,因此与创新有关,如织布机、蒸汽机以及自那时以来出现的无数其他创新。这些创新使**生产率**提高:可以用同样数量的工人生产更多产品,使产量增长速度超过人口增长速度。但与此同时,经济对自然的控制力增加,工业革命初期的经济学家已经对森林砍伐带来的危险及其对当地气候的影响表示了担忧。

自然资本:
连接增长与环境的概念

为了分析增长现象,罗伯特·索洛等经济学家开发

历史回顾

技术进步与 19 世纪的煤炭消耗

自工业革命从 18 世纪中叶兴起后，生产就依靠一种新能源，也就是地下开采的煤：一种能替代木炭的矿物资源。担心森林砍伐的经济学家们放下心来，但好景不长。

焦炭是煤炭燃烧后得到的一种残渣，具有非常高的热值，主要用于冶金行业，也生产蒸汽机所需的金属材料。蒸汽机广泛用于纺织和交通运输（船舶、铁路），随着技术进步，它们的效率不断提高：使用更少的煤炭就足以产生更大的动力（能量强度增加）。斯坦利·杰文斯对煤炭的稀缺性可能导致增长枯竭感到担忧，并在 1865 年证明了回弹效应的存在：蒸汽机效率越高，使用成本越低，因此应用得就越多，则煤炭消耗量比以往任何时候都要增加。同样，随着煤炭的应用，木材的消耗并没有减少，因为煤炭可以用于铁路建设，而木材是制作铁轨必不可少的材料。

这一过程从一个时代到另一个时代不断重复：新的能源并不取代旧的能源，只是成为了人类可以利用的能源之一。

可持续发展

→ 一种满足当前需求而不损害后代满足自身需求能力的发展方式。

去增长

→ 一种发展理念，认为国内生产总值不是指导公共政策的相关指标，而应该优先考虑其他目标，例如保护自然环境、减少不平等等。

→→→

> "相信在有限的世界里无限增长可以无限继续下去的人要么是疯子，要么是经济学家。"

肯尼思·博尔丁（Kenneth Boulding），曼库尔·奥尔森引用在 *Daedalus* 杂志 1973 年秋季号《无增长的社会》中

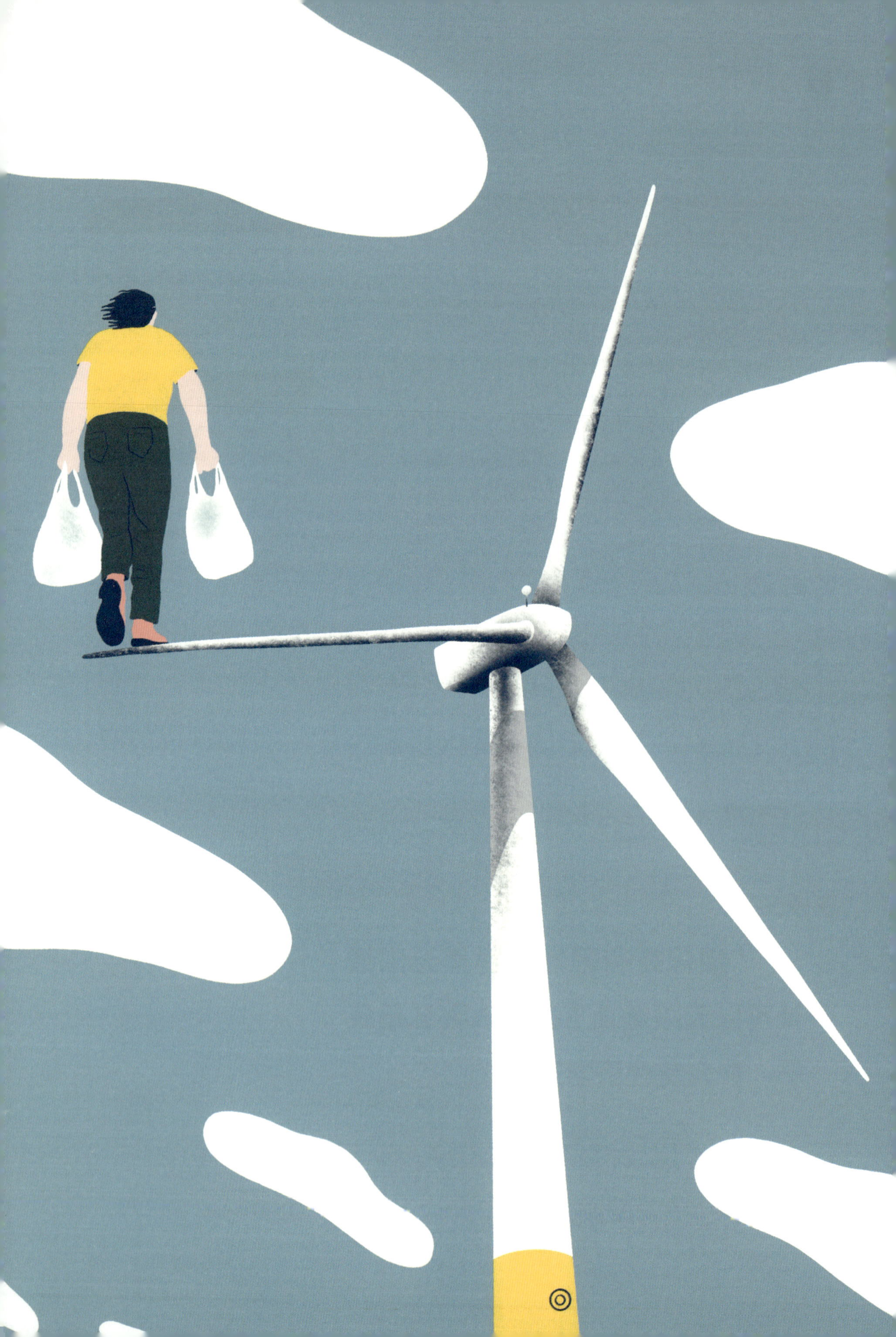

"如果不生产'更大更好'的垃圾,我们就无法生产出'更大更好'的冰箱、汽车或喷气式飞机。"

尼古拉斯·乔治斯库-罗根,
《去增长:熵、生态学与经济学》,1979 年了一个简单的模型：生产动员生产要素，即**劳动**与**资本**，后者是持续用于生产的物品与服务的总和。通过扩大资本的定义，可以认为生产动员的除了技术资本（机器、建筑物、计算机等）之外，还有自然资本。严格意义上，自然资本指的是通过有技术性的且经济的开采，可从自然界中获取的资源存量，用

生产的指数增长威胁到未来几代人的福祉。

于周期性地产生在生产中要用到的原材料（能源、材料）。更广义上，**自然资本**指的是经济活动所需的整个自然环境，包括气候、海平面、生物多样性等。

生产增长以两种方式破坏自然资本：超过其再生能力的开采（例如：密集捕鱼导致海洋鱼类数量减少）和排放废物或污染物破坏环境。用前几章中出现的比喻来说，这是在"资源井"中提取资源，然后将其扔进"垃圾桶"中。然而，从历史趋势来看，这两个方面是显而易见的：生产和人均生产的指数增长给我们带来了许多福祉，提高了生活水平，但与此同时也伴随着对自然的不断占用，威胁着未来世代的福祉。

从可持续发展到低可持续性：当技术进步被当作解决办法

如何确保当前一代的福祉而不会损害未来一代的？这是继罗伯特·索洛之后，自1970年代起力图将环境纳入到增长模型中的经济学家们所思考的问题，如威廉·诺德豪斯（2018年诺贝尔经济学奖得主）。

这也是1987年发表的布伦特兰报告中提出**可持续发展**定义的原因："满足当前需求，同时不损害未来几代人满足其需求的能力。"可以注意到，这个定义以及"发展"和"可持续"两个词的组合看似矛盾：既肯定了一件事（"满足当前需求"），又与之相矛盾（"不损害未来几代人满足其需求的能力"）。如何解决这个矛盾呢？

采取这种方法的经济学家的解决办法是：首先，考虑到明天的收入和需求在等式中的重要性低于当代人的收入和需求；而最重要的是，要考虑到由于技术进步，自然资本和技术资本是可以相互替代的。如果不同类型的资本是可以相互替代的，那么其中一种资本的减少就不是问题，只要技术进步，另一种资本的增加能够抵消这种减少。

因此，尽管技术进步是增长的源泉，也造成了最初的问题，但它也成为了一种解决办法。它既可以修复自然资本（处理水、吸收二氧化碳、采用重新引入濒危物种等技术），也可以替代自然资本（养殖鱼代替野生鱼、可再生能源或核能代替化石能源等），还可以通过提高效率来减少使用（建筑物隔热、

减少车辆消耗等）。在这个框架中，**弱可持续性**似乎是可能的，"弱"是因为限制因素很少：所需的只是利用税收、

> 我们需要鼓励经济参与者改变他们的行为。

补贴或排放权交易市场 **32** 等激励机制，鼓励经济参与者改变行为方式。

当心回弹效应

斯坦利·杰文斯于1865年首次指出了煤炭消费的**回弹效应**（参见上文历史回顾），这一机制也可扩展到其他自然资源，以石油为例：当技术进步使车辆在每百公里耗油降低时，这种交通方式就会被使用得更多，因此石油的总消耗量反而增加。当然，这取决于一个关键因素：汽油价格，汽油价格又取决于石油价格，石油价格又会根据全球市场形势而变化，因此各国制定了各种汽油税制度来鼓励减少汽油消费。

此外，当一种能源变得更加昂贵时，另一种能源会替代它来满足新的与增长相关的需求，但仍会与之前使用的能源一起满足某些需求。这同样适用于煤炭消费，它并没有减少木材消费，同理，石油消费并没有阻止煤炭消费继续增长。

因此，历史统计数据显示，二氧化碳排放量在全球范围内继续增加，这与经济增长过程密切相关。由**卡亚公式 31** 可证，技术进步使得每年生产的**能源强度**略有降低（过去 10 年单位 GDP 能源消耗量每年下降 2%），但能源的**碳强度**（单位能源排放的二氧化碳量）保持不变，而全球 GDP 以更快的速度增长则部分归功于这些比率的优化。

走向强可持续而其中经济增长不再是首要目标

在不等待更加"绿色"

罗伯特·索洛
→（1924—2023）
美国经济学家，对经济增长进行了大量研究，于 1987 年获得诺贝尔经济学奖。

威廉·诺德豪斯
→（1941—　）
美国经济学家，2018 年因其在气候与经济关系中应用成本效益原则的开创性工作获诺贝尔经济学奖。

尼古拉斯·乔治斯库-罗根
→（1906—1994）
罗马尼亚裔美籍经济学家，主张经济去增长，发展了一种将自然界的物理和生物学法则融入经济分析的方法。

勒内·帕塞
→（1926—　）
法国经济学家，提出了一种系统性的方法来思考经济和生命之间的关系。

的技术进步，或者不真正相信这种技术可能存在的情况下，在以追求利润为首要目标的经济体系中，一些经济学家主张**强可持续性**的概念。这意味着不牺牲未来世代的福祉以满足当前世代的需求，并认为即使"自然资本"这个术语明确且具有操作性，技术和自然两种形式的资本并不可相互替代。

生物多样性的退化导致了物种或整个生态系统的消失，这些物种或生态系统为人类提供了服务（例如可供利用的资源、可居住的环境、美学价值、文化价值等），而这些服务将无法为未来的世代所享受。澳大利亚海域里的大堡礁即是如此，它正受到海洋变暖和海水酸化的威胁。

考虑经济和自然之间的相互作用需要以一种不同的方法进行研究，它不仅仅考虑自然为人类提供的服务，而是以虚拟价格的形式评估。

自1970年代以来，像尼古拉斯·乔治斯库–罗根（Nicholas Georgescu-Roegen）或勒内·帕塞（René Passet）等经济学家一直在探索一种被称为"生态经济学"的方法，将经济与生命（帕塞的同名著作《经济与生命》于1979年出版）融入同一系统分析中。当增

同时做到提升效率与节俭。

长与人类福祉之间的联系受到质疑，例如在最富裕国家中，增长似乎在放缓，他们主张一种**去增长**的发展思想，这并不意味着不惜一切降低国内生产总值，而是认为国内生产总值不是指导公共政策的合适指标。在这种情况下，除了激励措施之外，还需要建立规范，使人们的生产方式、消费方式和生活方式等方面更加**节俭**。

什么是节俭？

节俭的概念也在IPCC的最新报告中被提及，并占有一个完整的章节。同样，国际能源署现在也将其纳入到实现2050年"净零排放"（ZEN）的预期中。在2023年出版的一本书中，这个概念比去增长更加时髦。"节俭"不是"紧缩"或者牺牲人类福祉，而是要寻找方式，使人类福祉不再依赖于"做加法"，而是追求更具质量和更尊重自然的消费和生产方式。

提高效率是必要的，即要减少能源密集型生产和减少碳排放。但仅仅提高效率是不够的，节约也是必不可少的：对于最富裕国家来说，必须将它们的二氧化碳排放量减少到原先的四分之一或五分之一，"绿色"能源首先指通过调整我们的生活和生产方式而不被消耗的能源。

哪种可持续性？

当下的增长
扩大生产，创造利润，造福当下

→

将来的衰退
例如气候变暖、生物多样性退化、地区污染

→

未来的损失
有害于未来世代的福祉，但他们受益于增长而变得更加富有

回答 1

假设：
得益于技术进步，技术资本和自然资本可以相互替代。例如：二氧化碳捕获科技

↓

弱可持续性
=
受影响的自然资本可以通过对技术投资带来的进步所补偿

↓

可持续发展
基于经济与科技发展满足当前需求，同时不损害未来几代人满足其需求的能力

回答 2

假设：
技术资本与自然资本不可以相互替代。例如：气候变暖不可逆转

↓

强可持续性
=
受影响的自然资本不可以通过对技术投资带来的进步所补偿

↓

去增长
- 放弃 GDP 增长目标
- 专注于其他目标，如实现节俭、降低社会不公正或保护环境等

要放弃增长吗？

经济学家的小世界之八

自然：被遗忘的重要对象？

这可能会让你大吃一惊！自然曾经一直是经济分析的核心对象。这一概念随后被大多数经济学家抛弃了，尽管工业革命似乎在不断推动增长的上限。然而，随着我们意识到经济活动对自然的影响以及自然在经济活动中的重要性，它又像回旋镖一样强势回归。

经济和生态

经济（économie）和生态（écologie）这两个词在它们的原始意义上非常相似且相关。它们有着相近的词源，源自希腊语中的 oikos（家）与 nomos（规则）或 logos（原则）的关联。前者在古希腊时代就出现在一些讨论如何利用家庭、农场、国家等资源的著作中（例如由古希腊历史学家色诺芬于公元前 360 年左右所著的《经济论》）。直到后来，经济学家们才开始以科学的方法来研究经济问题，这一过程由 18 世纪的法国经济学家弗朗索瓦·魁奈（François Quesnay）所创立的"自然经济学"学派奠定了基础。因此，自经济思想的起源之初，自然就一直是经济著作中的重要内容。

"生态学"一词的创造者——德国生物学家恩斯特·哈克尔（Ernst Haeckel）将其定义为："关于自然经济的知识体系——研究动物与有机和无机环境的所有关系……达尔文用'生存竞争'一词来指称。"因此，生态学是一种应用于每个物种和整个自然的经济学。

当经济学家是生态学家

在 18 世纪，法国国王路易十五的医生弗朗索瓦·魁奈在他的《经济表》（1758 年）中发展了有关财富创造和流通的分析要素。他认为只有农业能够创造财富，也就是所谓的"净产品"，即超过生产所需财富的产品，这得益于自然界（土地、太阳、水等）和人力的共同作用。自然界又回到了经济分析的核心，自启蒙运动开始，经济学家们就跟进这些问题，问题既可能是自然资源的耗尽（土壤肥力、森林砍伐），也可以是对气候的影响（多项关于森林砍伐对干旱的影响的条约）。

这种将自然纳入经济分析的观点在古典经济学派中得到了延续，该学派的代表人有亚当·斯密（《国富论》，1776 年）、托马斯·马尔萨斯（《人口原理》，1798 年）和大卫·李嘉图（《政治经济学及赋税原理》，1817 年）。对于这些经济学家来说，价值的基础在于生产物品所需的劳动量。在人口增长迅速的背景下，人们开始担心：对自然资源的生产性开发能否满足人类的需求？而对最肥沃土地的自然稀缺性的考量助长了悲观主义：当劳动力变得更加丰富时，产出增长的速度会低于人口增长速度，因此自然资源的稀缺性注定人类将经历经济和人口的增长、衰退波动，达到一种不可避免的长期停滞趋势。

繁荣和价值人工化的时代

这种悲观情绪很快被工业革命所带来的飞跃所抵消：生产增长速度超过了人口增长速度，而人口增长速度却非常快！当工业经济体发现远方领土的开发好处，并在 19 世纪建立起殖民帝国和发展国际贸易时，稀缺性的限制似乎并不那么重要。

在经济分析中，尽管有些人仍然担心自然资源的稀缺性（斯坦利·杰文斯，《煤炭问题》，1865 年），但主流观点逐渐变为资源本身并不缺乏，稀缺性主要体现在生产手段特别是资本上。让－巴蒂斯特·萨伊是这种观点的先驱之一，他认为自然是一系列并非由人类创造的财富，但由于利用了资本，人类才获得了这些财富。生产价值的基础也发生了变化：对于经济学家来说，生产不是创造物质，而是创造效用，即满足潜在购买者的需求。

逐渐对环境加以考量

新古典经济学家信赖这种以效用为基础的价值观，其中对生产的分析失去了其物质基础。尽管所有的生产都直接或间接地与自然相互作用，经济学家们却忽视了自然。

但是自然"从大门离开，却从窗户回来"。快速增长导致对大自然的破坏，改变了人类的生活环境，这被统称为"环境"。1920 年，阿瑟·塞西尔·庇古就指出，环境是人类福祉的

→→→
"生产不是物质的创造，而是效用的创造。"

让－巴蒂斯特·萨伊，《政治经济学概论》，1803 年

一个组成部分。因此，生产和消费会产生**外部性**，当空气污染、水污染或景观退化等导致福祉下降时，这些外部性可能是负面的。

以"环境"为名，自然因素回归经济学研究，但只有在它对人类的福祉产生影响时才会受到重视，只有当人类愿意给予它价值，才愿意为保护这种价值而放弃某些东西。威廉·诺德豪斯在这个框架下分析了采取措施限制二氧化碳排放和减缓全球变暖的成本和效益。帕萨·达斯古普塔于2021年撰写的关于生物多样性经济学综合报告，也是在这个框架下进行的。

将自然融入经济分析

面对经济发展给自然界所带来的变化，经济学家的研究工作越来越多地涉及自然。当经济增长引发可能危及生态系统的混乱时，单纯考虑环境已不足够，这种混乱不仅威胁到人类的生态系统，还影响着整个生物界，例如全球变暖和生物多样性退化。

经济学家有着很多研究方向。一方面，一些人试图深入考虑自然资产的价值，努力估计动植物物种、风景、河流、森林等的内在价值，并为那些在市场上无须交易，因此没有直接可计量价格的事物定价。另一方面，像马丁·魏茨曼这样的人提醒我们，在比较环境政策的成本和效益时，我们的理性存在局限性，而气候学家则警告我们，破坏自然环境以至于使地球对一部分人类来说不再宜居的可能性是存在且不为零的。

最后，一些人试图发展一种更全面的方法，"生物经济学"（例如以尼古拉斯·乔治斯库－罗根或勒内·帕塞为代表）将有机或无机物质相关的因果关系纳入经济分析中。这也是帕萨·达斯古普塔在更正统的框架下所采取的方法，他在2021年领导起草了一份重要报告，旨在将自然重新纳入经济分析，将人类经济活动置于其自然环境，即生物圈的框架中。

无论采取何种方法，经济发展对自然的破坏都促使我们重新将经济分析视为一门研究达成目标和目的所需的手段的科学，但这些目标不能仅限于当前和未来世代人类的最大福祉。这些目标必须考虑到人类对自然的理解，了解自然的极限，甚至要考虑到生命和非生命的共同利益。

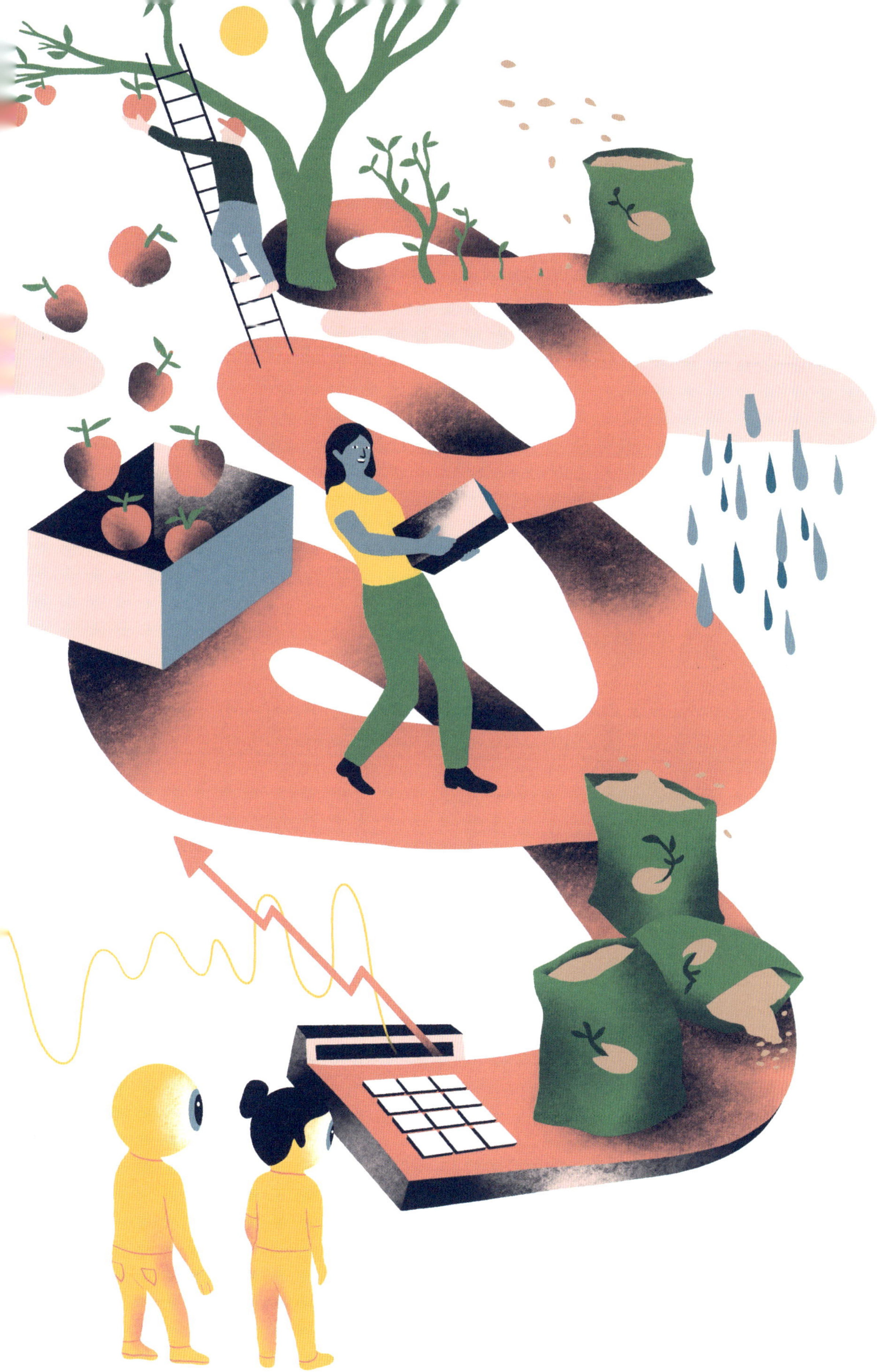

名词索引

加粗的条目在正文页边附有解释

Actions 股票 153, 169
Accord commercial régional 区域贸易协议 249
Administration publique 公共行政 15
Allocation de ressources 资源配置 204
Analyse coût-bénéfice 成本效益分析 271
Antisélection 逆向选择 102
Armée industrielle de réserve 产业后备军 53
Asymétrie d'information 信息不对称 99
Atomicité 分散性 81, 83, 88
Autofinancement 自筹资金 155, 156, 159
Autorégulation 自我调节 210
Avantage comparatif 比较优势 233

Banque 银行 161
Banque centrale 中央银行 133
Besoin de financement 融资需求 153, 155, 156, 159, 160, 164, 167, 176, 183, 230, 231
Biais domestique 本土偏好 230
Bien 物品 10, 95-102
Biens collectifs 公共物品 99, 193
Biens communs 公共资源 101, 102, 193, 266, 269
Biens de club 俱乐部物品 193
Bien excluable 排他性物品 193
Biens privatifs 私人物品 193
Bien rival 竞争性物品 193
Budget carbone 碳预算 278
But lucratif 营利性 21
But non lucratif 非营利性 26

Calcul coût-avantage 成本效益计算 70
Capacité de financement 投资能力 153, 155, 159, 160, 167, 183, 230, 231
Capital humain 人力资本 57
Capital naturel 自然资本 286, 290, 292, 293
Capital social 股份资本 157
Capitalisation boursière 市值 169
Capitalisme 资本主义 21, 26, 53, 177, 258, 268
Causalité 因果关系 38
Chaîne de valeur 价值链 241
Chiffre d'affaires 销售额 24
Chocs d'offre 供给冲击 90
Chocs de demande 需求冲击 90
Chocs exogènes 外生冲击 184
Chômage 失业人口 49
Chômage frictionnel 摩擦性失业 52, 55
Climat 气候 271
Combinaison productive 生产组合 71

Commerce international ou mondial 国际贸易 228, 229, 232-238
Commodités 商品 81
Compensation bancaire 银行结算 122
Comportements anti-concurrentiels 反竞争行为 93
Concurrence 竞争 129, 171
Concurrence imparfaite 不完全竞争 77
Concurrence monopolistique 垄断竞争 82, 83
Concurrence parfaite 完全竞争 77
Confiance 信任 80, 111, 118, 133
Consommations intermédiaires 中间消耗 6, 10
Contestabilité du marché 市场可争夺性 96
Contrôle prudentiel 审慎监管 138
Corrélation 相关性 37
Cotisations sociales 社保费用 208
Courant keynésien 凯恩斯主义学派 258
Courant marxiste 马克思主义学派 258
Cours légal 法定货币 144
Coût d'opportunité 机会成本 156
Coût de transaction 交易成本 17
Coût total de production/Coûts de production 总生产成本/生产成本 24
Crises financières 金融危机 169, 176
Croissance économique 经济增长 29
Croissance potentielle 潜在增长 205
Cryptoactif 加密资产 141

Décroissance 去增长 287
Solde public 公共余额 205
Déficit public 公共赤字 213
Déflation 通货紧缩 125, 133
Délocalisation 迁移 48, 246
Demande 需求 89
Demande effective 有效需求 53
Destruction créatrice 创造性破坏 96
Dette 债务 111
Dette publique 公共债务 213
Développement durable 可持续发展 287
Discrimination 歧视 57
Distribution primaire des revenus 收入初次分配 197
Distribution secondaire des revenus 收入二次分配 197
Dividende 股息 169
Dollarisation 美元化 141
Duopole 双头垄断 81
Durée hebdomadaire légale du travail 法定每周工作时长 65

Échange marchand 商品交换 76
École classique 古典经济学派 258
École néoclassique 新古典经济学派 258
Économie comportementale 行为经济学 71, 220
Économie de marché 市场经济 98
Économie sociale et solidaire 社会团结经济 26
Économie d'échelle 规模经济 93, 233
Effet de richesse 财富效应 181
Effet rebond 回弹效应 287
Efficience informationnelle 信息有效 173
Employabilité 就业力 52
Entreprise 企业 15
Entreprise individuelle 个体企业 18
État 国家 188
État-providence 福利国家 258
Excluabilité 排他性 192
Expériences naturelles 自然实验法 54
Expériences randomisées 随机实验法 54
Exportations 出口 225
Externalité 外部性 99, 279
Externalités de réseau 网络外部性 97

Facteurs de production 生产要素 196
Faillite 破产 24, 212, 218
Finance 金融 153
Finance intermédiée 金融中介 156
Finance de marché ou finance directe 市场融资/直接融资 153
Firme multinationale 跨国公司 241
Flexibilisation de l'emploi 灵活用工 65
Fluidité 流动性 88
Fonds d'investissement 投资基金 165
Fonds de capital risque 风险投资基金 165
Fonds de pension 养老基金 165
Fragmentation des chaînes de valeur 价值链分散 240

Gestionnaire de fonds 基金经理 166
Gouvernance 管理 21

Homo œconomicus 理性人 70, 171, 220
Homogénéité 同质化 82
Hyperinflation 恶性通货膨胀 141
Hypothèse 假设 104, 185, 256

Importations 进口 225
Impôts 税收 188, 196, 201
Incitations 激励 29

名词索引　299

Inflation 通货膨胀 125, 133
Innovation 创新 19, 32, 43, 266, 286
Institutionnalistes 制度经济学家 259
Institutions 制度 29, 77
Intérêts 利息 122-123
Intermédiation de bilan 资本中介 161
Intermédiation de marché 市场中介 161
Intensité énergétique de la production 能源强度 271
Intensité carbone de l'énergie 碳强度 274, 275, 284, 291
Investissement 投资 176, 217
Investissement direct à l'étranger 境外直接投资 241
Investisseurs institutionnels 机构投资者 25

Justice sociale 社会公正 197

Libre-échange 自由贸易 229
Liquidité 现金 118
Loi d'Engel 恩格尔定律 46, 195
Loi de Baumol 鲍莫尔定律 46
Loi des débouchés 萨伊定律 258

Macroéconomie 宏观经济学 258
Main invisible 看不见的手 258
Marché 市场 77
Marchés de capitaux/Marchés financiers 金融市场 225
Masse monétaire 流通中现金 119
Ménage 家庭 15
Méritocratie 精英主义 200
Microéconomie 微观经济学 220, 258
Minima sociaux 最低生活保障 106, 201
Modèle 模型 220, 236, 256, 258
Mondialisation 全球化 224
Monnaie 货币 111
Monnaie centrale 央行货币 119
Monnaie fiduciaire 信用货币 119
Monnaie scripturale 代表货币 119
Monopole 垄断 81, 83, 89, 93, 96-97, 129
Monopole naturel 自然垄断 93

Neutralité carbone 碳中和 282

Obligation 债券 153
Offre 供给 89
Oligopole 寡头垄断 81, 83, 95
Optimum de Pareto 帕累托最优 89
Organisation productive 生产组织 15

Parties prenantes 利益相关者 21
Passager clandestin "搭便车" 279
Pénurie 短缺 88
PIB（Produit intérieur brut）国内生产总值（GDP）28
PIB potentiel 潜在产出 205
Plus-value (au sens marxiste) 剩余价值（马克思主义意义上）49
Plus-value (au sens financier) 增值（金融意义上）169
Politique budgétaire 财政政策 208
Politique de la concurrence 竞争政策 97
Politique de stabilisation 稳定性政策 205
Politique monétaire 货币政策 137
Population active 可就业人口 57
Pouvoir d'achat 购买力 125
Pouvoir de marché 市场力量 81
Pouvoir libératoire 清偿能力 115
Prélèvements obligatoires 强制性征税 197
Prime de risque 风险溢价 218
Principe de précaution 预防原则 271
Prix 价格 11
Prix d'équilibre 均衡价格 89
Production 生产 6
Production marchande ou non marchande 营利性生产活动与非营利性生产活动 7
Productivité 生产率 43, 57
Produits dérivés 金融衍生产品 157
Profit 利润 21
Progrès technique 技术进步 43
Prophétie autoréalisatrice 自我实现预言 173
Protectionnisme 保护主义 229, 249

Qualification 资质 32, 34, 46, 52, 55, 60, 63

Rareté 稀缺性 7
Rationalité 理性 70, 148
Récession 经济衰退 204, 216
Réciprocité 互惠原理 80
Redistribution 再分配 29
Rendement du capital 资本回报 230
Responsabilité sociale et environnementale (RSE) 社会和环境责任 20, 25
Ressource épuisable 不可再生资源 263
Ressource renouvelable 可再生资源 263
Revenus 收入 28
Revenu universel 全民基本收入 65
Risque 风险 279
Rivalité 竞争性 192

Salaire 工资 52
Salaire minimum 最低工资 54, 62,106, 201, 208
Sécurité sociale 社会保障 208
Services 服务 103
Services non marchands 非营利性服务 192
Shareholder theory 股东至上理论 181
Singularités 孤品 81
Sociétés financières 金融公司 160
Sous-traitance internationale 国际外包 241
Soutenabilité faible 弱可持续性 291
Soutenabilité forte 强可持续性 292
Stabilisation 稳定 138, 204
Stakeholder theory 利益相关者理论 169, 181
Stock-options 股票期权 26

Stratégie d'approvisionnement 供应战略 240
Stratégie de marché 市场战略 240
Stratégie de rationalisation de la production 生产合理化战略 244
Stratégies techno-financières 技术金融战略 244

Taux d'ouverture 开放率 225
Taux de chômage 失业率 49
Taux directeurs 政策利率 137
Termes de l'échange 贸易条件 233
Déversement 溢出 45
Titres financiers 金融证券 156
Toutes choses égales par ailleurs 在其他条件相同的情况下 38
Tragédie des communs 公地悲剧 102
Traité bilatéral de libre-échange 双边自由贸易协定 249
Transformation financière 金融资产转换 164
Transparence de l'information 信息透明 88
Travail 劳动 6
Travail domestique 家务劳动 12
Troc 物物交换 110, 114

Valeur ajoutée 增加值 7

本书提及的经济学家

米歇尔·阿列塔（1938— ） 115, 116, 143, 144, 145, 259
法国经济学家，创立了调节学派，该学派分析了制度如何在每个经济体中形成独特的调节系统。他在金融与货币领域多有著作。

乔治·阿克尔洛夫（1940— ） 101, 102
美国经济学家，专注研究市场的信息不对称，2001年获得诺贝尔经济学奖。

亚里士多德（公元前384年—公元前322年） 114, 115, 281
古希腊哲学家，其著作涵盖了当时所有的知识领域，包括经济学。

安东尼·阿特金森（1944—2017） 196, 201
英国经济学家、不平等研究的先锋，在公共政策分析方面多有著作。

理查德·鲍德温（1958— ） 240, 244, 245, 246
美国经济学家，研究国际贸易和跨国公司的生产策略。

威廉·鲍莫尔（1922—2017） 45, 46, 95, 96, 128
美国经济学家，做出了许多重要贡献，特别是在研究服务生产中的"成本病"以及创新与竞争方面。

阿道夫·伯利（1895—1971） 21, 23
美国律师、教授、外交官，他与加尔迪内·米恩斯合著了《现代公司与私有财产》（1932年），这本开创性的著作成为了企业治理领域的参考之作。书中，两人着重分析了不断增长的管理者权力。

加里·贝克尔（1930—2014） 59, 148, 149
美国经济学家，1992年获得诺贝尔经济学奖，以应用新古典建模方法研究家庭经济学、教育经济学和歧视问题而闻名。

苏珊娜·伯杰（1939— ） 225, 243, 244, 245, 249, 253
美国历史政治学家，研究全球化历史。

约瑟夫·伯特兰德（1822—1900） 95, 96
数学家、科学史学家，提出了一种双头垄断的价格竞争模型。

亨利·布尔吉纳（1933— ） 160, 165
法国经济学家，主要分析国际金融及其全球化进程中的演变。

爱德华·钱伯林（1899—1967） 81, 82
美国经济学家，他的研究主要涉及不完全竞争，尤其是垄断竞争问题。

罗纳德·科斯（1910—2013） 17, 259, 266, 282, 283
美国经济学家，发现了组织和市场在资源配置中的重要作用。他于1991年被授予诺贝尔经济学奖。

安东尼–奥古斯丁·库尔诺（1801—1877） 95, 96
法国数学家、经济学家，利用数学形式化市场经济模型的先驱。

安格斯·迪顿（1945— ） 221, 257
英裔美籍经济学家，在消费和贫困与福祉相关的领域对个人行为做出了精细经济测量的研究成果，这为他赢得了2015年诺贝尔经济学奖。

埃丝特·迪弗洛（1972— ） 31, 34, 149, 257
法国经济学家，她因在发展经济学和贫困领域使用随机实验方法进行研究而获得2019年诺贝尔经济学奖。

理查德·伊斯特林（1926—2024） 31, 34, 220, 221
美国经济学家，是最早对主观快乐进行理论研究的当代经济学家，提出了以他的名字命名的"伊斯特林悖论"：财富并不总能带来幸福感的增加。

恩斯特·恩格尔（1821—1896） 45, 46, 195
德国统计学家、经济学家，以对家庭消费预算的研究而闻名。他研究发现了一种定律，后世以他的名字命名：随着收入增加，食品支出在总消费中所占的比例减少。

尤金·法玛（1939— ） 173, 180
美国经济学家、金融市场专家，提出了有效市场假说。2013年经济学诺贝尔奖得主。

欧文·费雪（1867—1947） 128, 129, 131, 137
美国经济学家，正式提出了货币数量与价格之间的关系，并根据通货紧缩对债务的影响解释了1930年代的经济危机。

爱德华·弗里德曼（1951— ） 20, 23
哲学家、管理学教授，提出了旨在理解企业为何以及如何将各方利益相关者、而不仅仅是股东的预期纳入考量的理论。

大卫·弗里德曼（1945— ） 189
著名经济学家米尔顿·弗里德曼的儿子，自由主义思想家，因其著作《自由的机制》（1973年）而闻名。

米尔顿·弗里德曼（1912—2006） 14, 17, 23, 25, 26, 104, 128, 129, 137
美国经济学家，提出了新古典经济学中著名的货币主义理论，强调通过控制通货膨胀来保持货币的稳定，认为公共干预仅应保持市场有效运作。他于1976年获得诺贝尔经济学奖。

尼古拉斯·乔治斯库–罗根（1906—1994） 289, 291, 292, 296
罗马尼亚裔美籍经济学家，主张经济去增长，发展了一种将自然界的物理和生物学法则融入经济分析的方法。

皮埃尔–诺埃尔·吉拉德（1949— ） 153, 155, 158, 264, 267, 268, 278
法国经济学家，研究全球化、金融、不平等和环境对经济的影响。

克劳迪娅·戈尔丁（1946— ） 59, 62
美国经济学家，以历史的研究方法在劳动经济学（特别是女性地位）、家庭经济学和教育经济学等领域都颇有建树。

大卫·格雷伯（1961—2020） 113, 114, 115
美国人类学家，他长期分析与比较了多国的债务与货币、官僚组织和劳资关系。

加勒特·哈丁（1915—2003） 102, 266, 267
美国生物学家，对经济和环境之间的关系进行研究，提出了"公地悲剧"：自然资源的枯竭。

弗里德里希·冯·哈耶克（1899—1992） 87, 90, 145, 200, 201
奥地利裔英国经济学家、哲学家，他为货币以及市场经济中价格的作用研究做出了贡献，并更广泛地提出了一种将自由和市场交流置于核心的政治哲学。

约翰·希克斯（1904—1989） 153, 155
英国经济学家，1972年诺贝尔经济学奖得主。他的作品很大程度上受到里昂·瓦尔拉斯所创造的新古典主义框架（即一般均衡理论）的启发，类似于凯恩斯《就业、利息和货币通论》的简化版本。

斯坦利·杰文斯（1835—1882） 258, 267, 268, 287, 291, 295
英国经济学家、新古典经济学派创始人之一，对消费者和生产者的行为理性多有分析。他也是能源经济学的先驱，预测技术进步将导致煤炭资源枯竭。

尼古拉斯·卡尔多（1908—1986） 124, 129
英国后凯恩斯学派经济学家，经济周期研究专家。

丹尼尔·卡尼曼（1934—2024） 71, 173, 174, 221, 258
以色列裔美籍心理学家，2002年因其对行为经济学的研究——在

本书提及的经济学家　　301

实验室中进行实验以测试个体选择的理性而获得诺贝尔经济学奖。

劳伦斯·卡茨（1959— ）59, 62
美国经济学家，专注于劳动经济学和不平等领域的研究。

茅阳一（1934— ）274, 275
日本经济学家，在能源与经济增长与气候关系方面多有著作。

约翰·梅纳德·凯恩斯（1883—1946）49, 51, 53, 67, 68, 73, 172, 173, 179, 201, 202, 205, 207, 209, 257, 258
英国经济学家，著有《就业、利息和货币通论》（1936年），该书理论化地分析了在没有充分就业条件下经济的运行。尽管凯恩斯学派内部观点多样，此书仍是其重要理论参考。

迈克尔·克雷默（1964— ）59, 60
美国经济学家，因其通过随机实验评估了多领域（教育、健康、劳动等）的措施，进行了被称为"微观发展"的研究，于2019年获得诺贝尔经济学奖。他是"O型环"理论的创建者，该理论强调了生产中各个要素之间的互补性。

保罗·克鲁格曼（1953— ）37, 177, 233, 237, 238, 258
美国经济学家，深入改革国际贸易理论，并发展出地理经济学的方法。2008年，因其对经济学的贡献而获得诺贝尔奖。

约翰·劳（1671—1729）119, 120
苏格兰企业家、冒险家、经济学家，他在法国创建了第一个发行纸币的货币体系。1720年，这一系统轰然倒塌，宣告破产。

罗伯特·卢卡斯（1937—2023）229, 230
美国经济学家，1995年获得诺贝尔经济学奖。他是"新古典经济学"的创始人，提出了理性预期假说，也是芝加哥学派的代表人物，推动了1980年代以来自由主义思想的复兴。

安格斯·麦迪逊（1926—2010）29, 286
英国经济学家、历史学家，其著作对很长一段时期（2000年）的经济增长进行了量化和解释。

托马斯·马尔萨斯（1766—1834）29, 77, 258, 286, 295
英国经济学家，著有关于人口增长与经济增长之间联系的著作，古典经济学运动的先驱之一，与其同时代的李嘉图同为古典经济学运动的先驱。

阿尔弗雷德·马歇尔（1842—1924）52, 53, 88, 90
英国经济学家，公认的新古典经济学派创始人之一。他的《经济学原理》（1890年）一书对新古典经济学方法进行了综合，特别是通过供求平衡的等式来分析市场均衡。

马塞尔·莫斯（1872—1950）80
法国社会学家，埃米尔·涂尔干（Émile Durkheim）的侄子和思想继承人，法国人类学的奠基人之一，他将人类学应用于经济学的交换研究中，以给予—接受—回报的三重义务为基础，说明了礼物的重要性（《礼物》, 1924年）。

加尔迪内·米恩斯（1896—1988）21, 23
美国经济学家，与阿道夫·伯利共同撰写了《现代公司与私有财产》（1932年），这本开创性的著作成为了企业治理领域的参考之作。书中，两人着重分析了不断增长的管理者权力。

卡尔·门格尔（1840—1921）258
奥地利经济学家、新古典经济学的创始人之一，认为事物的价值是由其效用决定的。

罗伯特·默顿（1910—2003）61, 173
美国社会学家，他提出的一些概念已被经济学所采纳，如"自我实现预言"。

查尔斯-阿尔伯特·米夏莱（1938—2007）240, 245
法国经济学家，研究跨国公司和海外投资的战略。

约翰·斯图亚特·穆勒（1806—1873）70
英国经济学家、哲学家，既继承了李嘉图等人的古典经济学，也是功利主义的继承人。他认为，增长不可能无限期地持续下去，应当优先考虑再分配与尊重自然的问题。

海曼·明斯基（1919—1996）182, 258
美国后凯恩斯主义经济学家，对金融周期与经济增长之间的关系有重要研究。

埃里克·蒙内（1983— ）135, 136, 137
法国经济学家，以其对中央银行的历史研究而闻名。

理查德·马斯格雷夫（1910—2007）204, 209
德裔美籍经济学家，专门研究国家干预下的经济体系。他定义了国家的三个经济职能：资源配置、收入分配和稳定经济。

威廉·诺德豪斯（1941— ）275, 290, 291, 296
美国经济学家，2018年因其在气候与经济关系中应用成本效益原则的开创性工作获诺贝尔经济学奖。

道格拉斯·诺斯（1920—2015）31, 32, 259
美国经济学家，1993年获得诺贝尔经济学奖，他的研究旨在通过运用经济学的方法重新分析历史事件，此项研究展示了制度（限制选择的规则）如何影响经济增长。

罗伯特·诺齐克（1938—2002）189
美国哲学家，1974年出版《无政府主义、国家与乌托邦》后，成为自由主义思想的核心人物之一。

罗格纳·纳克斯（1907—1959）31, 34
出生在爱沙尼亚，但在二战后获得美国国籍。发展经济学的先驱人物，指出贫困是由亟待打破的恶性循环所导致的：比如，贫困会导致储蓄不足，从而导致投资不足。

曼库尔·奥尔森（1932—1998）283, 284, 287
美国经济学家、公共选择分析师，尤其关注他所称之为"集体行动悖论"的问题：一个拥有共同利益的群体越大，个体越容易被诱导去"搭便车"。

安德烈·奥尔良（1950— ）115, 116
法国经济学家、公约经济学派的创始人，该学派分析了经济体中不同制度的出现。他在金融和货币领域的著作尤为突出。

埃莉诺·奥斯特罗姆（1933—2012）257, 267
美国政治学家，2009年因其共有资源管理方面的研究获得诺贝尔经济学奖，也是第一位获此殊荣的女性。

维尔弗雷多·帕累托（1848—1923）89, 90
意大利经济学家、社会学家，他对消费者微观经济学和福利经济学的发展颇有贡献，提出了帕累托最优的概念。

勒内·帕塞（1926— ）291, 292, 296
法国经济学家，提出了一种系统性的方法来思考经济和生命之间的关系。

阿瑟·塞西尔·庇古（1877—1959）52, 53, 282, 283, 295
英国经济学家，凯恩斯的同门与同事，以其对失业和福利经济学的研究而闻名，这些研究如今在创新经济学和环境经济学中占据核心地位。

托马斯·皮凯蒂（1971— ）59, 149, 196, 201, 202
法国经济学家、经济不平等研究专家，著有《21世纪的资本》（2013年）。

卡尔·波兰尼（1886—1964）59, 62, 77, 79, 80, 81, 259
匈牙利裔人类学家、历史学家，著有《大转型》（1944年）。他在该书中阐释了经济交换通常是嵌入在制度中的，即由社会或国家制定的正式或非正式规则中的观点。

伦纳德·里德（1898—1983）14, 16, 17
美国经济学家，于1946年创立美国经济教育基金会（FEE），撰写了大量论文与新闻文章，旨在为基于自由市场、少政府干预的经济体系正名。

卡门·莱因哈特（1955— ）169, 176, 185, 217, 218, 257
古巴裔美籍经济学家，撰写了多部国际金融相关的著作，在2020年成为世界银行首位女性首席经济学家。

大卫·李嘉图（1772—1823）11, 235, 236, 237, 238, 249, 258, 295

金融家，对当时的经济问题非常热衷。阅读亚当·斯密的《国富论》使他决定发表自己的作品，他的《政治经济学及赋税原理》（1817 年）在经济思想中具有重要影响。

琼·罗宾逊（1903—1983）81, 82, 180, 182, 257, 259
英国经济学家，她参与了约翰·梅纳德·凯恩斯《就业、利息和货币通论》一书的编撰，也是一位产量丰富的作家，作品主要涉及不完全竞争。

丹尼·罗德里克（1957— ）104, 107, 228, 229, 251, 253, 254
土耳其经济学家，在美国工作，致力于分析制度在全球化和经济发展中的作用。

肯尼斯·罗格夫（1953— ）169, 176, 185, 217, 218
美国经济学家，撰写了多部国际金融相关著作，曾担任国际货币基金组织首席经济学家。

保罗·罗默（1955— ）31, 34
美国经济学家，他提出了内生增长模型，这些模型展示了某些支出（如研发、教育、基础设施等）如何促进生产力的提高和累积性增长。他于 2018 年获得诺贝尔经济学奖。

埃马纽埃尔·赛斯（1972— ）201, 202
法国经济学家，专门研究不平等现象（与托马斯·皮凯蒂合作）和税收（与加布里埃尔·祖克曼合作）。

保罗·萨缪尔森（1915—2009）101, 116, 189
美国经济学家，在经济分析的诸多领域做出了丰富的贡献，涉及经济增长、国际贸易、公共政策（私人财产 / 公共财产）等。1970 年获得诺贝尔经济学奖。

阿尔弗雷德·索维（1898—1990）45
法国经济学家、人口学家，他的作品深入探讨了人口与经济之间的联系。在他看来，技术进步是人口增长和就业增长的推动因素，同时也导致了就业机会在不同行业之间的转移。

让-巴蒂斯特·萨伊（1767—1832）10, 11, 258, 295
法国经济学家、古典经济学派代表人物之一，深受亚当·斯密和大卫·李嘉图的影响，创造性地提出了效用价值论。

西奥多·舒尔茨（1902—1998）59, 60
美国经济学家，以其人力资本理论而闻名，该理论后来被加里·贝克尔采纳并发展。

约瑟夫·熊彼特（1883—1950）45, 46, 95, 96, 176, 180, 182
奥地利经济学家，后获得美国国籍，他强调创新作为创造性破坏力量的角色，从经济学与历史的角度对资本主义进行了深入探讨。

保罗·西布莱特（1958— ）76, 81
英国经济学家，他的研究涵盖竞争政策、产业政策与发展经济学，始终强调制度对于解释决策至关重要。

赫伯特·西蒙（1916—2001）71
美国经济学家，分析了经济参与者的决策理性，并提出了有界理性和程序理性的概念，其影响远远超出了经济学（社会学、心理学、计算机科学等）。1978 年获诺贝尔经济学奖。

亚当·斯密（1723—1790）10, 11, 14, 17, 28, 31, 114, 220, 221, 232, 237, 258, 295
苏格兰哲学家，著有经济学奠基之作之一的《国富论》（1776 年），他在书中解释了国家的财富是由完全受自身利益驱动的行为者之间的分工来实现的。

罗伯特·索洛（1924—2023）31, 32, 258, 286, 290, 291
美国经济学家，在经济增长领域做出了许多重要贡献，于 1987 年获得诺贝尔经济学奖。

理查德·塞勒（1945— ）71
美国经济学家，撰写了一系列行为经济学的开创性著作，该学派注重在实验室研究干扰决策理性的认知偏差。他于 2017 年获得诺贝尔经济学奖。

里昂·瓦尔拉斯（1834—1910）155, 258
法国经济学家，在瑞士洛桑开始其职业生涯。他提出了一种经济学的一般均衡理论，即通过价格协调理性主体的市场。他是新古典经济学派的发起人之一。

马丁·魏茨曼（1942—2019）273, 275, 276, 296
美国经济学家，在环境风险经济分析方面做出了开创性的工作，尤其提出了"悲观定理"，鼓励迅速大规模采取行动应对气候变暖。

加布里埃尔·祖克曼（1986— ）201, 202
法国经济学家，与埃马纽埃尔·赛斯合著了有关税收的作品，与托马斯·皮凯蒂合著了有关不平等的作品，对于逃税（他将其称之为"国家隐藏财富"）也有相关著作。

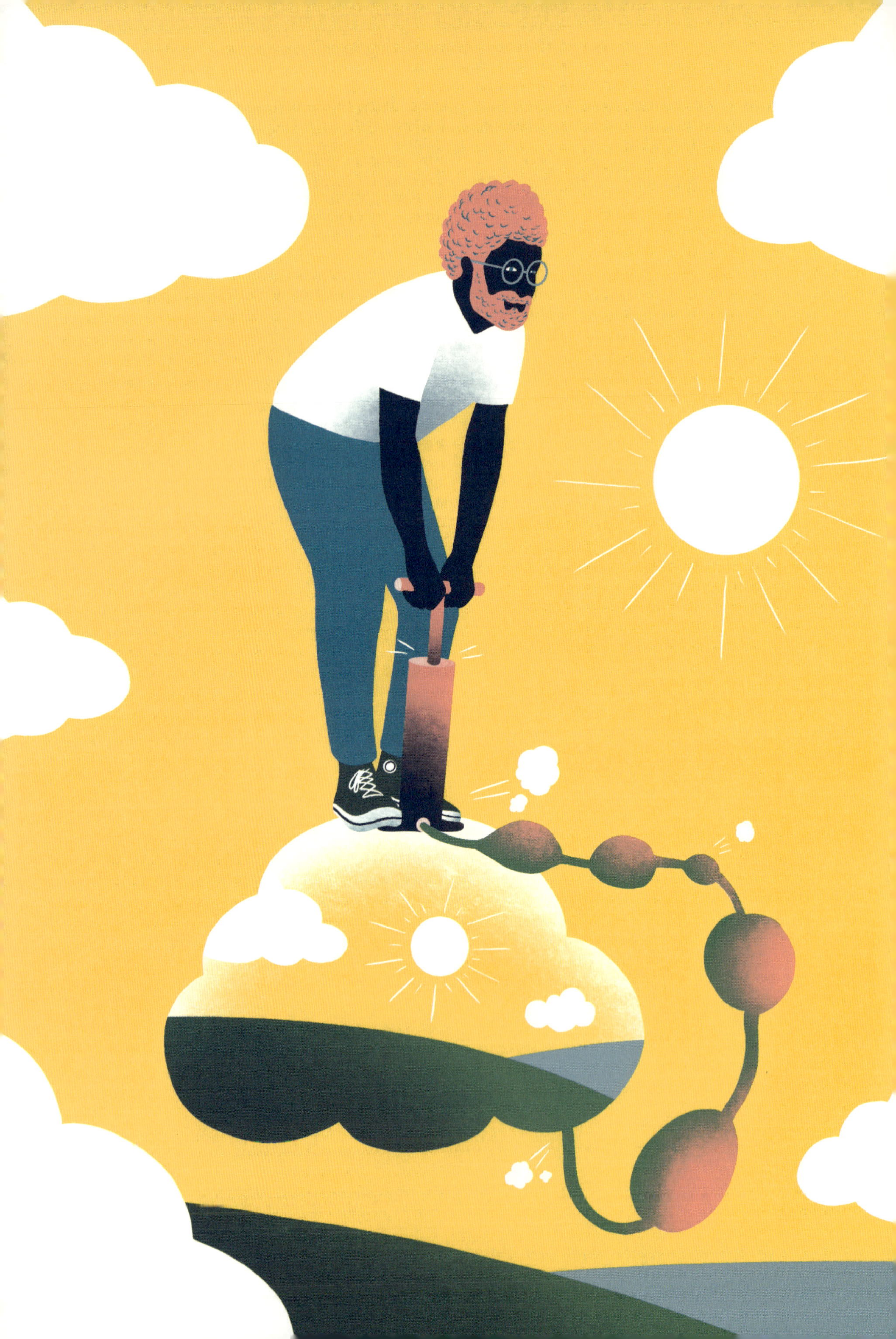

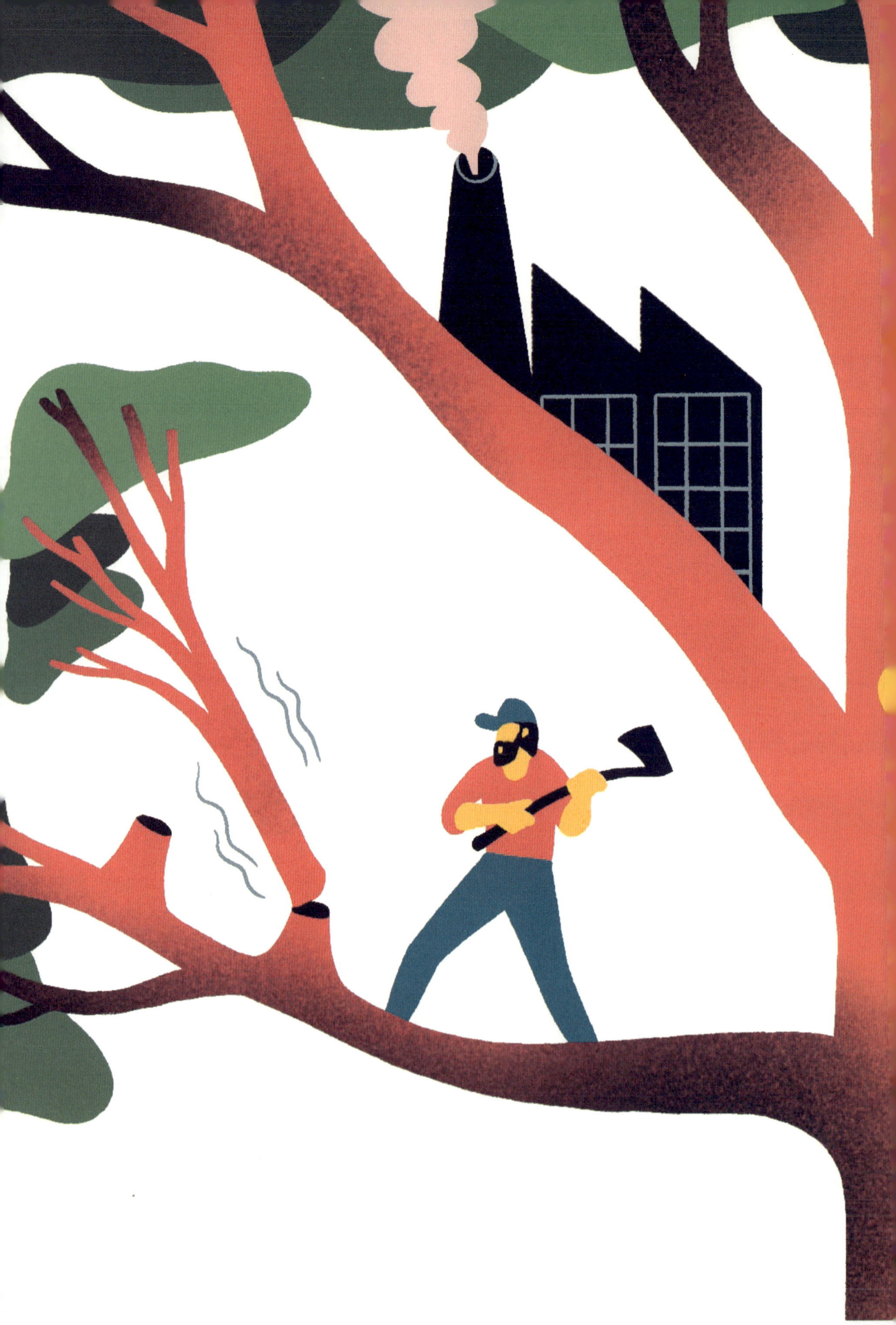

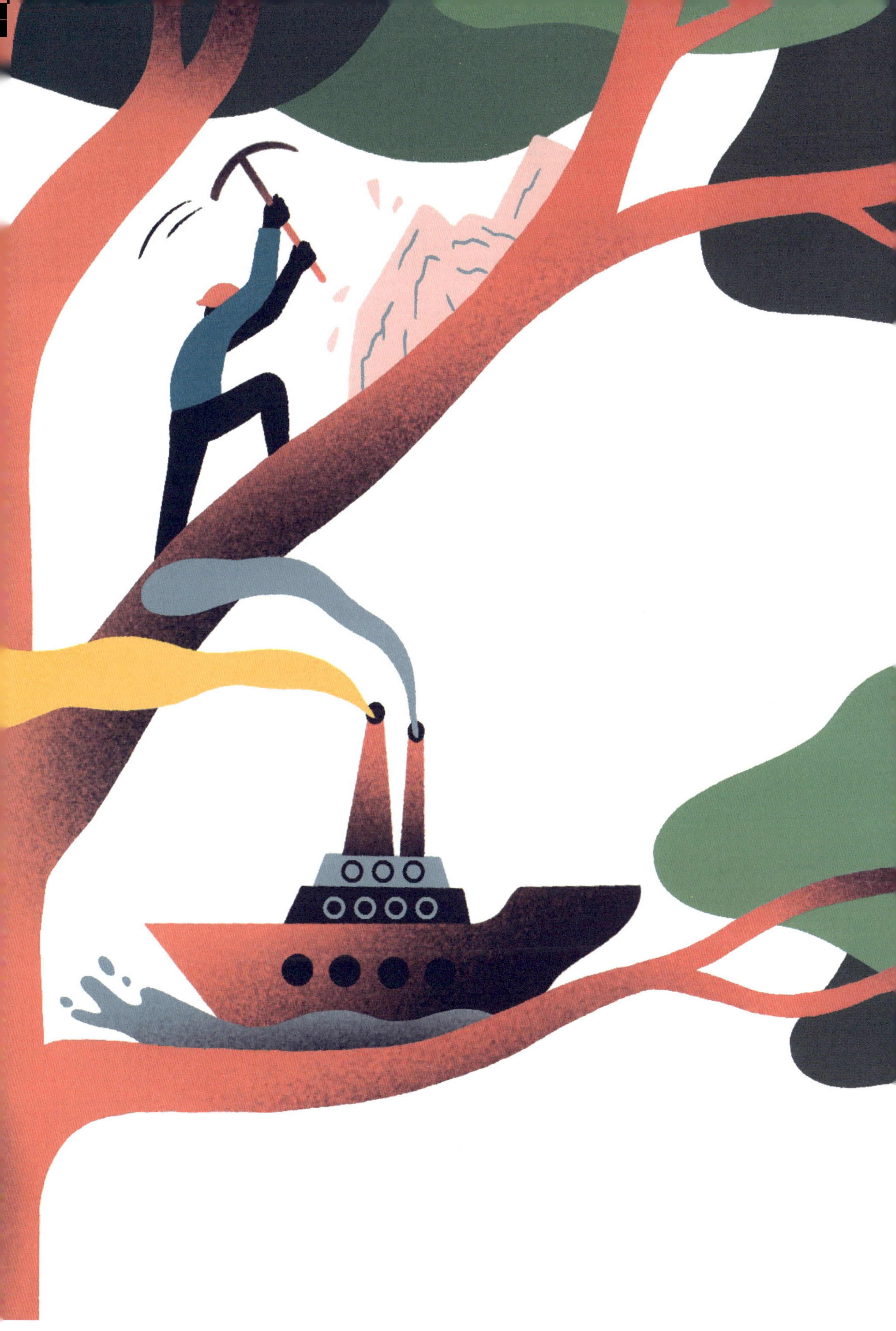

图片来源

所有彩绘插图均由 Ludwick Hernandez（Valérie Oualid 代理）创作。

其他图片来源及对应页码：
Gretchen Ertl/MIT Political Science (avec l'aimable autorisation de Suzanne Berger) : 245
istock / clu : 15 ; gorodenkoff : 7 ; HeliRy : 85 ; ilbusca : 115 ; Iridiumphotographics : 43 ; Vladi333 : 119
Getty images / Bachrach : 101 ; Bettmann : 169, 205 ; Bloomberg : 31, 165, 217 ; clu : 125 ; Heritage Images / Hulton Archive : 49 ; Hulton Deutsch / Corbis Historical : 53 ; Evening Standard : 129 ; Joe McNally : 21 ; Pascal Le Segretain : 173 ; Steve Liss : 275 ; The India Today Group : 267
University of Virginia / Darden School of Business (avec l'aimable autorisation de R. Edward Freeman) : 23

DR : 59, 77, 90, 155, 263
DR/Aus *Jahrbuch der Berliner Morgenzeitung*, Kalender 1898 : 45
DR/Cité de l'économie et de la monnaie : 11
DR/ George Grantham Bain collection de la Bibliothèque du Congrès. : 197
DR/Wilhelm Muller, « Yap », dans Georg Thilenius, Ergebnisse der Südsee-Expedition 1908 - 1910, Hambourg, Friederichsen, 1914, 378 p. : 111
DR/FC Georgio Sujet : billet de 2 dollars du Zimbabwe (année 1983) : 141
DR/ Holger.Ellgaard : 133
DR/The Friedman Foundation for Educational Choice — RobertHannah89 : 17

图书在版编目（CIP）数据

一周一堂经济学课 /（法）雷诺·夏图瓦尔,（法）雷米·让南著；施晋捷，王钰婷译. -- 太原：山西人民出版社, 2025.2

ISBN 978-7-203-13320-9

Ⅰ.①一… Ⅱ.①雷…②雷…③施…④王… Ⅲ.①经济学—通俗读物 Ⅳ.① F0-49

中国国家版本馆 CIP 数据核字（2024）第 090735 号

著作权合同登记号：04-2024-005

Le grand cours économie by Rémi Jeannin and Renaud Chartoire
© Hachette–Livre (Hachette Pratique), 2023
Current Simplified Chinese translation rights arranged through Divas International, Paris

一周一堂经济学课

著　者：（法）雷诺·夏图瓦尔　（法）雷米·让南
译　者：施晋捷　王钰婷
责任编辑：贾　娟
复　审：李　鑫
终　审：梁晋华
出 版 者：山西出版传媒集团·山西人民出版社
地　址：太原市建设南路 21 号
邮　编：030012
发行营销：0351-4922220　4955996　4956039　4922127（传真）
天猫官网：https://sxrmcbs.tmall.com　电话：0351-4922159
E-mail：sxskcb@163.com　发行部
　　　　sxskcb@126.com　总编室
网　址：www.sxskcb.com
经 销 者：山西出版传媒集团·山西人民出版社
承 印 厂：鸿博昊天科技有限公司
开　本：787mm×1092mm　1/16
印　张：19.75
字　数：288 千字
版　次：2025 年 2 月　第 1 版
印　次：2025 年 2 月　第 1 次印刷
书　号：ISBN 978-7-203-13320-9
定　价：98.00 元

如有印装质量问题请与本社联系调换